Heidrun Bründel
Klaus Hurrelmann

Konkurrenz, Karriere, Kollaps

Männerforschung und der Abschied vom Mythos Mann

Verlag W. Kohlhammer

Die Deutsche Bibliothek – CIP-Einheitsaufnahme

Bründel, Heidrun:
Konkurrenz, Karriere, Kollaps : Männerforschung und der Abschied
vom Mythos Mann / Heidrun Bründel ; Klaus Hurrelmann. –
Stuttgart ; Berlin ; Köln ; Kohlhammer, 1999
    ISBN 3-17-015902-X

Inhaltsverzeichnis

Vorwort

Seit etwa 20 Jahren gibt es eine seriöse »Frauenforschung«. Zuerst durch feministische Bewegungen angestoßen, hat sie sich inzwischen zu einem beachtlichen Zweig der interdisziplinären Wissenschaft entwickelt. Ihre Ergebnisse und Impulse haben dem weiblichen Geschlecht gutgetan, denn sie haben zu der dringend notwendigen Neudefinition der Rolle von Frauen in unserer Gesellschaft beigetragen.

Dieses Buch entstand aus der Erkenntnis, daß dringend das Gegenstück zur Frauenforschung, die »Männerforschung«, benötigt wird, um die fällige Umorientierung auch der Rolle des Mannes in unserem Kulturkreis anzustoßen. Auf der Suche nach geeigneten Theorien und Untersuchungsergebnissen wurden wir durchaus fündig: Es gibt bereits in Grundzügen eine Männerforschung, die ebenso wie die Frauenforschung auf Erkenntnisse aus Biologie, Medizin, Psychologie, Soziologie und Anthropologie zurückgreift und sich die Frage stellt, mit welcher körperlichen, psychischen und sozialen Ausstattung sich das männliche Geschlecht den Herausforderungen im Lebenslauf stellt.

Dieses Buch berücksichtigt beide Forschungstraditionen, sowohl die etablierte Frauenforschung als auch die in Gründung befindliche Männerforschung. Es ist von einer Frau und einem Mann geschrieben. Heidrun Bründel ist klinische Psychologin sowie Psychotherapeutin und hat langjährige Erfahrungen in der Beratungspraxis mit Kindern, Jugendlichen und Erwachsenen, Klaus Hurrelmann ist Sozial- und Gesundheitswissenschaftler mit intensivem Forschungshintergrund.

Bis heute ist ungeklärt, warum in fast allen Industrieländern die Lebenserwartung von Frauen um etwa sieben Jahre über der von Männern liegt, obwohl doch die Männer in Beruf und Politik das eindeutig mächtigere Geschlecht sind. Welches sind die Hintergründe für die ›Schwäche‹ des angeblich starken männlichen Geschlechts und für die ›Stärke‹ des angeblich schwachen weiblichen Geschlechts, was die Lebensdauer anbetrifft? Allgemein wird die Lebensdauer als Ausdruck von Flexibilität und Anpassungsfähigkeit eines Menschen bewertet. Stimmt die Formel etwa doch nicht, daß Gewinnstreben und Macht zu größerer Selbstbestimmung führen und Selbstbestimmung eine stabile und souveräne Gesundheit mit langer Lebenszeit zur Folge hat?

Wir wollen diesen Fragen nachgehen, indem wir über die ganze Lebensspanne hinweg nach den Impulsen von Erziehung und Sozialisation, Beruf und Lebensstil, Entwicklungskrisen, Krankheitsbewältigung, Gesundheitseinstellung und Gesundheitshandeln fragen. Wir haben drei Zugänge gewählt und sie unter die Stichworte »Konkurrenz«, »Karriere« und »Kollaps« gestellt. Wir spielen damit auf die Redewendung an, die den Frauen in unserem Kulturkreis die drei »K's« – Kinder, Küche und Kirche – zuschreibt, und gehen davon aus, daß die Festlegung des weiblichen Geschlechts auf diese drei Lebensbereiche von der aktuellen Entwicklung bereits überholt ist. Frauen haben sich weitere »K's« und damit mehr Lebensbereiche dazuerobert, sie verstehen es besser als Männer, so lautet unsere These, mit ihrer bio-psycho-sozialen Gesundheit umzugehen. Aufgrund ihrer größeren Rollenvielfalt sind sie flexibler und haben von klein auf eine emotionale Kompetenz entwickelt, die es ihnen ermöglicht, in jeder Lebensphase in Einklang mit ihren eigenen Ressourcen zu leben. Männer hingegen leben ›über ihre Verhältnisse‹ und nutzen weder ihre emotionalen Ressourcen noch achten sie auf ihre Körpersignale. Deswegen wird es höchste Zeit, daß Männer ihren bisherigen Lebensstil, vor allem ihre einseitige Fixierung auf die Erwerbsarbeit, überdenken und eine Neudefinition ihrer Geschlechtsrolle vornehmen.

Wir sind uns dessen bewußt, daß es keine homogenen Gruppen von Männern und Frauen gibt und daß Aussagen über ein bestimmtes Verhalten von Männern und Frauen nie zugleich immer auf alle zutreffen. Einige Pauschalierungen und Verallgemeinerungen lassen sich nicht vermeiden. Sie sind notwendig, um Pointierungen deutlich werden zu lassen, aus denen sich unsere Schlußfolgerungen ergeben. Unser Erkenntnisinteresse richtet sich primär auf den Mann, aber die Erfolge der Frauenbewegung, die Weiterentwicklung der Frauen und die Erkenntnisse der Frauengesundheitsforschung werden berücksichtigt, waren sie doch der Motor für den Beginn einer kritischen Männerforschung.

Heidrun Bründel

Klaus Hurrelmann

Einleitung:
Das soziale Bild des Mannes ändert sich

Im Leben der Menschen, von Männern und Frauen, gibt es zwei große gleichwertige Orientierungspunkte, nämlich Arbeit und Beziehung. Beide machen Glück und Zufriedenheit der Menschen aus, und beide sollten in einem guten und ausgewogenen Verhältnis zueinander stehen. Die gesellschaftliche Realität zeigt jedoch ein Ungleichgewicht, eine unterschiedliche Zuwendung von Männern und Frauen zu diesen Orientierungspunkten. Während Männer sich überwiegend für die Arbeit zuständig fühlen und die Beziehung vernachlässigen, fühlen sich Frauen immer noch überwiegend für die Beziehung in Familie und Partnerschaft verantwortlich.

Es sind allerdings die Frauen, die sich jetzt schon seit Jahrzehnten in harten Auseinandersetzungen den Arbeitssektor erobert haben, der ihnen jahrhundertelang vorenthalten worden war. Sie haben damit jedoch nicht die Zuständigkeit für die Beziehung, die traditionellen drei »K's« der Frauen – Kinder, Küche und Kirche – aufgegeben, sondern fühlen sich nach wie dafür verantwortlich. Frauen sind auch heute noch für die Erziehung der Kinder und die gesamte Haushaltsführung zuständig und sorgen für die soziale Einbindung der Familienmitglieder.

Mit der Eroberung des vierten »K«, der beruflichen Karriere, haben sich Frauen fast unmerklich aus dem engen Terrain der drei »K's« befreit. Noch sind sie nicht in den Führungspositionen eingetroffen, aber das soziale Rollenverständnis und damit auch das Selbstverständnis von Frauen und Müttern in unserer Gesellschaft hat sich gewandelt. Die Frauen haben, unterstützt und motiviert durch die feministische Bewegung, an der Neudefinition ihrer Geschlechtsrolle gearbeitet.

Das läßt sich so von den Männern nicht sagen. Sie verdienen häufig mehr Geld als Frauen, suchen in Beruf und Politik ihre Befriedigung, Macht und Einfluß und verleihen ihrer Familie soziale Anerkennung sowie sozialen Status in der Öffentlichkeit. Männer sitzen zwar immer noch an den Schalthebeln in Politik und Beruf und verfügen über Macht und Geld, aber so rechte Euphorie über Kraft, Stärke und Durchsetzungsfähigkeit will sich bei ihnen nicht mehr einstellen. Alle spüren, wie sich das Klischee von Männlichkeit aushöhlt, viele ahnen, wie dringlich eine Neubestimmung der eigenen Rolle als Mann in dieser Gesellschaft ist. Aber eine öffentliche Diskussion über das eigene Selbstverständnis wird ängstlich vermieden.

Die tief im kulturellen Erbe verankerten klischeehaften Vorstellungen vom Mann sind aber bereits stark in Bewegung geraten, den meisten Männern ist das nur noch nicht bewußt geworden. Der entscheidende Grund für den langsam einsetzenden Wandel der Männerrolle liegt in den schnellen und tiefgreifenden Veränderungen in Wirtschaft und Beruf, Bereiche, in denen bisher Männer ihre dominante Rolle spielten. Die Entwicklung der letzten Jahre zeigt, wie rasch sich die traditionell organisierte Erwerbsarbeit, die auf den außerhäuslich tätigen Mann zugeschnitten ist, verflüchtigen und Arbeitslosigkeit um sich greifen kann. Der Anteil des Lebens, der durch die Anforderungen des traditionellen Erwerbslebens bestimmt wird, wird sich in den nächsten Jahrzehnten wahrscheinlich weiter reduzieren. Der gesamte Lebenslauf und die Gestaltung der einzelnen Lebensphasen ist unsicher geworden und bietet keine Garantien für Stabilität. Das, was wir heute unter Erwerbsarbeit verstehen, wird für die Definition des eigenen Lebenslaufes für immer mehr Männer in Zukunft nur noch eine begrenzte Bedeutung haben.

Männer sind auf diese neuen Herausforderungen erheblich schlechter vorbereitet als Frauen, die neben der eroberten und erkämpften Erwerbsarbeit (»Karriere«) wie selbstverständlich die Beziehungsarbeit (»Kinder«), Unterhaltsarbeit (»Küche«) und Sinngebungsarbeit (»Kirche«) zusätzlich bewältigen. Frauen jonglieren mit vielen »K's«, füllen viele soziale Rollen aus, die in ihren Anforderungen und Ansprüchen in erheblicher Spannung zueinander stehen und zu einer Mehrfachbelastung führen, aber sie letzten Endes auch im gesamten Lebenslauf flexibel halten und vor allem auf die dritte Lebensphase ab 60 bis 65 Jahren wesentlich besser vorbereiten.

Der typische Mann hingegen kennt nur ein einziges »K«, die berufliche Karriere, und auf diesen Lebensbereich ist er fixiert. Fällt die Erwerbsarbeit weg, hat er keine oder nur wenige Bereiche, in denen er Erfüllung findet. Krankheits- und Sterbestatistiken sprechen eine eindeutige Sprache. Vom Jugendalter an geben zwar Frauen die höhere gesundheitliche Beeinträchtigung an, sind selbstkritischer und empfindlicher ihrem eigenen Körper gegenüber, werden auch durch die Regelblutung immer wieder an ihren Körper erinnert, aber zugleich kommen sie körperlich und psychisch mit Störungen und Belastungen besser zurecht als Männer. Frauen suchen erheblich früher Hilfe bei psychischen Spannungen und körperlichen Krankheiten, sie haben ganz offensichtlich ein wirkungsvolleres, wenn auch manchmal übersensibles, Warnsystem von Körper und Seele als Männer.

Die drei »K's« des Mannes – so könnte man hämisch sagen – sind Konkurrenz, Karriere und Kollaps. Im Unterschied zur Frau sind damit nicht unterschiedliche Lebensbereiche angesprochen, sondern alle drei »K's« stehen für ein und denselben Bereich, die Erwerbsarbeit. Die Beziehungsarbeit mit ihren spezifischen »K's«, Kinder, Küche, Kirche, bleibt außen vor.

Ausgehend von dieser These werden wir im ersten Kapitel unter dem Stichwort »Konkurrenz« die Frage stellen, ob Männer und Frauen falsch erzogen werden und schon in der frühesten Kindheit die Weichen für geschlechtsspezifisches Verhalten gestellt werden. Wir werden die Frage beantworten, indem wir die Erziehung und Verhaltensgewohnheiten von Jungen und Mädchen in Familie, Kindergarten und Schule einander gegenüberstellen. Genausowenig wie Frauen als Frauen geboren werden, werden auch Männer nicht als Männer geboren, sondern im Laufe ihres Aufwachsens in Familie und Gesellschaft dazu gemacht. In jahrelangen Lernprozessen eignen sich Männer und Frauen geschlechtsbezogenes Handeln an und erwerben damit spezifisch männliche und weibliche Rollenmuster und entsprechendes Rollenverhalten.

Im zweiten Kapitel werden wir unter dem Stichwort »Karriere« die Fixierung der Männer auf Leistung im Beruf beleuchten. Im Leben von Männern und Frauen spielt die Bedeutung der Berufskarriere und ihre Vereinbarkeit mit der Familie für beide Geschlechter eine unterschiedliche Rolle, ebenso wie auch die Bedeutung der Machtausübung in Liebe, Sexualität und Partnerschaft. Diesen Aspekt werden wir in Gegenüberstellung zum Leben der Frauen betrachten und die geschlechtsspezifische Variante der männlichen und weiblichen Lebensbewältigung in den Vordergrund stellen.

Im dritten Kapitel betrachten wir die größere Störanfälligkeit von Jungen im Vergleich zu Mädchen. Vor, während und nach der Geburt sterben mehr männliche als weibliche Säuglinge. Jungen sind anfälliger für Kinderkrankheiten, sie neigen zur Hyperaktivität, sind in ihrem Sozialverhalten in Kindergarten und Schule auffälliger, sie werden häufiger bestraft und gescholten, zeigen häufiger als Mädchen Lernschwächen, besuchen zu einem größeren Anteil als Mädchen die Sonderschulen und Hauptschulen, haben die schlechteren Zeugnisse und geraten auch sozial häufiger auf die schiefe Bahn. Wir stellen die Frage, warum sich Männer ständig überfordern müssen, warum es häufig zum »Kollaps« des Mannes und seinem frühen Tod kommt und gehen auf die unterschiedlichen gesundheitlichen Lebenslagen von Männern und Frauen im Kindes-, Jugend- und Erwachsenenalter, ihre unterschiedlichen Lebenserwartungen, ihre Krankheiten, ihr Körpererleben, ihre Krankheitswahrnehmung und ihren Zugang zur medizinischen Versorgung ein.

In einem vierten Kapitel greifen wir auf die Vielfalt von Bildern, Vorbildern und Orientierungsmustern für den Mann und die Frau zurück, die sich im Laufe der Geschichte der Menschheit entwickelt haben und ziehen für die Zukunft Schlußfolgerungen aus den historischen Lektionen. Wieviel »K's« brauchen Männer und Frauen eigentlich zum Leben?. Wäre es nicht für den Mann gesundheitlich günstiger, dem Vorbild der Frauen nachzueifern und sich in verschiedenen Lebenskontexten zu etablieren? Die einseitige Fixierung des Mannes auf die Erwerbsarbeit unter Vernachlässigung der Beziehungsarbeit hat ihm in der Vergangenheit zum Schaden gereicht. Wir diskutieren die Frage, ob die Rolle des Mannes neu definiert werden und ob der Mann andere Formen des Lebensstils und der Belastungsbewältigung finden muß, wenn er eine ähnlich hohe Lebenserwartung wie die Frauen erreichen will. Wenn Geschlecht mehr als eine naturgegebene Erscheinung und auch als kulturelle Konstruktion anzusehen und damit veränderbar ist, dann muß über neue Formen des Auslebens und der Ausgestaltung von Männlichkeit nachgedacht werden.

Konkurrenz:
Warum müssen Männer immer gewinnen?

1. Werden in der Familie »typisch« männliche und weibliche Verhaltensweisen vorgelebt und eingeübt?

Für viele Eltern ist das Geschlecht eines Kindes – vor allem des ersten – von großer Bedeutung. Die erste Frage der Mutter ist nicht die nach Größe, Gewicht oder Gesundheit ihres Babys, sondern häufig die nach seinem Geschlecht. Es hat eine lange Tradition, daß der Stolz einer Familie nicht auf der Größe der Kinderschar, sondern auf der Anzahl ihrer Söhne beruht. Die einschränkende Aussage der Hebammen bei der Geburt eines Mädchens »Es ist *nur* ein Mädchen« mag zumindest in unserer Gesellschaft der Vergangenheit angehören, aber sie gilt sicherlich noch in Kulturen, in denen Mädchen nach der Geburt getötet oder ausgesetzt wurden und in denen das Leben eines Mädchens auch heute noch weniger zählt als das eines Jungen. Aber auch in unserer Gesellschaft gibt es immer noch eine Höherbewertung des männlichen Geschlechts, auch wenn Eltern, nach ihrem Kinderwunsch gefragt, dies nicht gern zugeben werden, weil sie die Ungerechtigkeit einer solchen Aussage spüren und gleichzeitig vermeiden möchten.

1.1 Auf dem Weg zum »richtigen Jungen« und »richtigen Mädchen«

Sozialisation ist ein lebensbegleitender Prozeß, in dessen Verlauf sich der Mensch in den Lebensphasen Kind, Jugendlicher, Erwachsener und Senior ausgehend von seiner biologischen Ausstattung aktiv mit den inneren (körperlichen und seelischen) und äußeren (sozialen und physikalischen) Lebensbedingungen auseinandersetzt und zu einer sozial handlungsfähigen Persönlichkeit entwickelt (Hurrelmann 1998). Im Verlauf der Sozialisation geht jeder Mensch auf seine eigene Weise auf die geschlechtsbezogenen Erwartungen und Überzeugungen anderer ein und zeigt aktiv über alle Lebensphasen hinweg geschlechtsbezogenes Verhalten. Männlichkeit und Weiblichkeit müssen fortwährend angeeignet und immer wieder hergestellt werden, damit eine Geschlechtsidentität erworben werden kann.

Geschlechtsidentität und Geschlechtsstereotype

Die neuere empirische Säuglingsforschung sieht den Säugling von Anfang an als aktives, affektives und teilweise sich selbst regulierendes soziales Wesen, das mit seiner nächsten Bezugsperson – meistens der Mutter – ein interaktionelles System bildet, das heißt, jeder Partner der Interaktion beeinflußt das Verhalten des anderen. Aus dieser reziproken Beziehungskonstellation entwickelt sich ein wachsendes Gefühl von Autonomie in Verbindung mit einem zunehmenden Gefühl sozialer Verbundenheit. Identitätsentwicklung ist ein Prozeßgeschehen auf der Grundlage einer »fortschreitenden Individualisierung« und einer komplexer werdenden »Selbstorganisation« (Bohleber 1992). Der Prozeß des Erwerbs der Geschlechts- und Geschlechtsrollenidentität ist ein sozialer Prozeß, der sich in der Interaktion mit männlichen und weiblichen Angehörigen abspielt. Er umfaßt das Wissen über Geschlechtsstereotype, geschlechtstypische Einstellungen und die Praxis geschlechtsspezifischer Verhaltensweisen, die beobachtet, übernommen, eingeübt und gefestigt werden.

Die Grundlagen werden dazu in der Kindheit gelegt, wobei der Prozeß der Aneignung der Geschlechts- und Geschlechtsrollenidentität über Beobachtung und Nachahmung des Kindes sowie über Lob, Strafe und subtile Beeinflussung durch die Eltern verläuft. Er vollzieht sich für beide Geschlechter gleichartig, auch wenn sich die Inhalte der Identitäten oder Präferenzen in unterschiedliche, d. h. männliche oder weibliche Richtung, entwickeln.

In der Jugend erfolgt dann die Auseinandersetzung mit dem geschlechtstypischen Körperbild, das akzeptiert und in Einklang mit den geschlechtstypischen Einstellungen gebracht werden muß. Im Erwachsenenalter, speziell durch eigene Elternschaft und Arbeitsteilung in der Familie, kommt es zu einer Intensivierung und deutlichen Divergenz der Anforderungen an geschlechtsspezifisches Verhalten des einzelnen und im höheren Alter zu einer Abschwächung der Polarisierung und einem Nachlassen des divergenten geschlechtsspezifischen Verhaltens (Gloger-Tippelt 1993).

Geschlechtsstereotype sind allgemeine Annahmen über Eigenschaften von Männern und Frauen. Sie kennzeichnen das in einer Kultur und einer Region für typisch männlich und typisch weiblich gehaltene Verhalten. Geschlechtsstereotype legen öffentliche Erwartungen fest, indem sie »richtige« Eigenschaften von Männern und Frauen durch Vereinheitlichung definieren, Werthaltungen und Rangpositionen rechtfertigen und aufrechthalten. Stereotype über männliches Verhalten in unserem Kulturkreis sind: abenteuerlustig, aggressiv, kräftig, mutig, unabhängig, stark, Stereotype über weibliches Verhalten: liebevoll, einfühlsam, gefühlvoll schwach (Golombok und Fivush 1994)

In allen heute existierenden Kulturen haben die Männer die größere Macht und den größeren Einfluß im öffentlichen Leben, während die Frauen Macht und Einfluß im Haus ausüben und die Aufgaben der Kinderpflege und Kinderbetreuung übernehmen. Damit entsprechen die Machtprofile den Stereotypen, zugleich trägt das Rollenverhalten zur Aufrechterhaltung der Stereotype bei (Alfermann 1996).

Elterliche Erwartungshaltungen

Noch bevor das Geschlecht des ungeborenen Kindes bekannt ist, bestimmen unbewußte Phantasien, Hoffnungen, Wünsche und Erwartungen das Denken und Fühlen der Eltern. Sobald das Geschlecht bekannt und/oder das Kind geboren ist, setzen elterliche Erwartungshaltungen ein (Möller 1997a,b). Eltern wünschen, oft unbewußt, daß ihre Kinder »richtige« Jungen und »richtige« Mädchen werden mögen. Auch in modernen Gesellschaften gibt es in den Köpfen vieler Männer und Frauen klare Vorstellungen über Geschlechtsunterschiede mit typischen Verhaltensweisen: Mädchen und Frauen verhalten sich still, zurückhaltend und angepaßt, sind gefühlvoll und nehmen auf andere Rücksicht; Jungen und Männer dagegen verhalten sich eigennützig, dürfen laut sein, sich vordrängeln und sich kraftvoll durchsetzen.

Eine Umfrage unter Frauen aus dem Jahre 1992 hat sehr unterschiedliche Erziehungsziele für Jungen und Mädchen ergeben. Mehr als 50% der befragten Frauen sahen an erster Stelle Zärtlichkeit, danach selbständiges Denken, Durchsetzungsvermögen, Aufgeschlossenheit, Hilfsbereitschaft, Haushaltskompetenz, Flexibilität und Kritikfähigkeit als wichtig für Mädchen an, während sie für Jungen an erster Stelle selbständiges Denken mit Durchsetzungsvermögen und dann Ehrgeiz, Flexibilität, Wissensdurst, Aufgeschlossenheit, Kritikfähigkeit und Technikverständnis nannten. Dies zeigt, daß es in der Erziehung von Mädchen sehr stark um soziale und emotionale Fähigkeiten und um die Ausrichtung auf andere Menschen geht, während die Erziehungsziele für Jungen mehr selbstbezogen und handlungszentriert sind. So ergab sich in der Umfrage auch, daß bei Mädchen auf Technikverständnis und handwerkliches Können kaum Wert gelegt wurde, während umgekehrt bei Jungen die Erziehungsziele Haushaltskompetenz und Handarbeiten kaum genannt wurden (Faulstich-Wieland 1995).

Geschlechts- und Geschlechtsrollenidentität werden durch soziales Handeln, das immer geschlechtsbezogen ist, erworben, und zwar nicht innerhalb einer abgegrenzten Lebensphase, sondern in einem permanenten und lebensbegleitenden Konstruktionsprozeß aktiv hergestellt und ständig in sozialen Praktiken eingeübt. Sowohl Jungen und Männer als auch Mädchen und Frauen eignen sich ihr Geschlecht fortwährend selbst an und werden darin von anderen unterstützt.

Eltern erziehen geschlechtskonform

Zum Erwerb der Geschlechts- und Geschlechtsrollenidentität leisten Väter und Mütter durch ihren unterschiedlichen Umgang mit männlichen und weiblichen Säuglingen einen großen Beitrag. Das gesamte Verhalten der Eltern, die Länge der Still- und Schmusezeiten, die Art des Spielens, des Redens und des Umgang mit dem Kind, stellt sich auf sein Geschlecht ein. Selbst Zimmereinrichtungen, Farbe der Tapeten, der Bettbezüge, der Kleidung und Gegenstände wie Spielzeug, Puppen oder Teddys, Kuscheltiere oder Klötzchen, sanfte oder bewegte Musik werden auf das Geschlecht des Kindes abgestimmt. Mädchen werden eher zur Reinlichkeit angehalten als Jungen, früher aufs Töpfchen gesetzt und beherrschen früher ihre Körperfunktionen. Jungen dagegen werden früher zum Sitzen, Stehen und Gehen ermuntert, weniger festgehalten und mehr darin unterstützt, sich fortzubewegen (Mertens 1994; Möller 1997a,b).

Eltern bestärken ihre Kinder bewußt und unbewußt darin, sich geschlechtsrollenkonform zu verhalten. Durch vielfältige subtile Verstärkungsmechanismen formen sie das Verhalten ihrer Kinder und erreichen, daß diese sich ihrer elterlichen Vorstellung von einem Jungen oder Mädchen anpassen. Auch wenn Eltern immer wieder behaupten, sie würden Jungen und Mädchen gleich behandeln – Studien haben ergeben, daß Mütter und Väter sich häufiger und intensiver mit ihren Söhnen als mit ihren Töchtern beschäftigen, sie öfter berühren und ihnen mehr Zuwendung geben. Diese Studien, »Baby-X«-Studien genannt, nehmen Experimente vor, die darin bestehen, daß Erwachsene mit einem Säugling spielen, der einmal als Mädchen, ein andermal als Junge vorgestellt wird (Bilden 1991; Tillmann 1994; Faulstich-Wieland 1995; Möller 1997a,b).

Väter behandeln ihre Söhne rauher, spielen häufiger und bewegter mit ihnen, werfen sie schon als Säuglinge spielerisch höher in die Luft und fangen sie wieder auf, lassen sie auf ihren Knien wilder reiten, trauen ihnen mehr Aktivitäten zu, reden lauter mit ihnen als mit Mädchen. Väter verhalten sich Mädchen gegenüber sehr viel vorsichtiger und halten sie auch für ängstlicher. Tonlage und Gestik und Bewegungsformen sind anders, je nachdem, ob sie mit Töchtern oder Söhnen umgehen. Väter halten ihre Söhne für stark und munter, ihre Töchter dagegen für zart und feingliedrig, entsprechend vorsichtig gehen sie mit letzteren um. Jungen werden eher taktil und kinästhetisch stimuliert, also angefaßt und aufgenommen, Mädchen eher akustisch und visuell durch Sprechen, Anschauen und Lächeln (Baur 1988).

Für Mütter treffen diese Unterschiede im Verhalten nicht ganz so stark zu, sie verhalten sich eher individuell auf das Kind bezogen. Aber auch sie zeigen geschlechtsspezifisches Verhalten besonders dann, wenn es darum geht, kleine Mädchen »weiblich« anzuziehen und »herauszuputzen« (Röckchen,

Schleifchen, Löckchen) und sie zu sanfterem und rücksichtsvollerem Verhalten als Jungen anzuleiten (Grabrucker 1985; Möller 1997b).

Ob sich eine ungestörte Geschlechtsidentität herausbildet, hängt von einem subtilen Zusammenspiel vieler Einflußfaktoren ab, von nonverbalen und verbalen Botschaften der Eltern, von körpersprachlichen Vorgängen, von unbewußten Erwartungen der Eltern an das Kind, von elterlichen Befürchtungen, Ängsten, von der Interaktion zwischen den Eltern, von der Einstellung der Eltern zu sich selbst als Paar, von der Einstellung der Mutter bzw. des Vaters zu sich selbst und ihrer Weiblichkeit bzw. Männlichkeit, kurz von einer Fülle von Faktoren, die für die Herausbildung einer Geschlechtsidentität förderlich, aber auch hemmend sein können.

1.2 Wie man zu dem wird, was man werden soll

Zum Erwerb der Geschlechts- und Geschlechtsrollenidentität haben vor allem die klassische und zeitgenössische Psychoanalyse (Freud, 1925/1981; Mertens 1994), die Lerntheorie (Bandura 1979), die kognitive Theorie (Kohlberg 1974), die Rollentheorie (Parsons 1968; Mead 1934, deutsch 1968) und auch feministische Theorien (Chodorow 1990) bedeutende Beiträge geliefert. Allen Theorien gemeinsam ist die Überzeugung, daß Jungen und Mädchen beim Erwerb ihrer Geschlechtsidentität und beim Einüben ihrer Geschlechtsrolle zwar den Erwartungen ihrer Eltern, Freunde, Peers entsprechen und auch Fremdzuschreibungen unterliegen, jedoch auch aktiv gestalten und selbst entscheiden, wann und in welchen Situationen sie welches geschlechtsspezifisches Verhalten zeigen. Die Wechselwirkung von aktiver Selbstformung und passivem Geformtwerden kennzeichnet den Erwerb der Geschlechtsidentität.

Die Psychoanalyse betont dabei die Bedeutung der Körperempfindungen und psychosexuellen Erfahrungen, die Rollentheorie die Interaktionen und Identifikationen eines Kindes mit seinen Eltern, die kognitive Theorie die Realitätsurteile und Selbstkategorisierungsprozesse des Kindes und die Lerntheorie das Einüben und Festigen des Geschlechtsrollenverhaltens.

Körperempfindungen und psychosexuelle Erfahrungen

Schon der Säugling kann sensomotorische Erfahrungen speichern und macht spezielle sensorisch-perzeptiv-taktile Erfahrungen durch zufällige Berührung seiner Genitalien. In der phallischen Phase, die sich vom 2. bis 5. Lebensjahr erstreckt, entdeckt der Junge bewußt den Penis und das Mädchen die Klitoris als lustspendendes Organ. Nach psychoanalytischer Auf-

fassung führt das Bewußtwerden des anatomischen Geschlechtsunter-
schieds schon in der Kindheit zu Überlegenheitsgefühlen beim Jungen und
zu Unterlegenheitsgefühlen beim Mädchen. Der Junge ist stolz auf sein Geschlecht, das sichtbar ist und das er vorweisen kann. Je älter er wird, desto
mehr spielt die Länge und Größe seines Penis im Wettstreit mit anderen Jungen eine Rolle. Schon als kleiner Junge bemerkt er, daß Mädchen und Frauen
keinen Penis besitzen, und hier ist die beginnende Verachtung von Mädchen
und Frauen angelegt. Mädchen bemerken ebenfalls, daß ihnen »etwas fehlt«,
sie sind neidisch auf die Jungen und fühlen sich als Mangelwesen. Überle-
gen- und Unterlegenheitsgefühle sind nach Freud im Bewußtsein von Jungen und Mädchen tief verwurzelt und haben ihren Ursprung in den anatomischen Geschlechtsunterschieden.

Interaktion und Identifikation mit den Eltern

In der frühen Lebensphase – darin stimmen alle genannten Theorien überein – bestimmt die Mutter-Kind-Dyade den Entwicklungsverlauf des Kindes. Die Dyade ist von einer symbiotischen Abhängigkeit des Kindes von
der Mutter gekennzeichnet, in der der Vater zwar nur eine untergeordnete
Rolle spielt, aber schon bald zur treibenden Kraft wird, die Mutter-Kind-
Symbiose, insbesondere die zwischen Mutter und Sohn, aufzulösen (Freud
1981; Parsons 1968; Chodorow 1990). Vom Vater wird zusehends Druck
auf die Mutter ausgeübt, das Kind, und besonders den Jungen, aus der innigen Beziehung zu ihr zu entlassen. Der Vater möchte den Jungen möglichst schnell auf seine Seite ziehen und ihn einer »zweiten Geborgenheit«
mit sich zuführen (Schmauch 1988, 1993). Die Beziehung des Sohnes zum
Vater ist damit schon sehr früh eine »Konkurrenz-Beziehung«, der Vater
ist der erste Rivale des Jungen beim Kampf um den Erhalt der mütterlichen Liebe.

Die Mütter geben meistens – auch aus innerer Überzeugung, daß dies
richtig sei – dem Druck der Väter nach und lösen ihre Kinder aus der Beziehung zu sich selbst. Aber sie trennen sich in unterschiedlicher Weise: Sie entlassen den Jungen abrupter und auch heftiger aus der Bindung, während sie
beim Mädchen zögerlicher sind und ihre innige symbiotische Beziehung zu
ihm sanfter beenden. Jungen werden schneller von der mütterlichen Zärtlichkeit abgeschnitten als Mädchen (Golombok und Fivush 1994). Ihnen
wird körperlicher Kontakt, Schmusen und Küssen förmlich abtrainiert. Jungen stehen dann im Grunde »beziehungslos« da, sie hätten zwar grundsätzlich die Möglichkeit, mit dem Vater in eine neue Beziehung einzutreten, aber
sie erfahren von nun an leidvoll, daß der Vater meistens doch nicht zur Verfügung steht. Wenn die Jungen den Vater brauchen, fehlt er häufig, räumlich
oder mental. Söhne müssen sich in ihren Vätern »spiegeln« können, d. h. sie
erleben und erfahren, sie kennenlernen als Mann, damit sie wissen, wer sie

18

selbst sind, aber abwesende Väter versagen ihren Söhnen die Spiegelung ihres Selbst (Bohleber 1992).

Geschlechts- und Geschlechtsrollenidentität werden zwar – auch hier stimmen alle Theorien überein – im Beziehungsgeflecht von Mutter, Vater und Kind erworben, aber die Nuancen bestehen in der zugewiesenen Bedeutung von anatomischen Geschlechtsunterschieden und in den unterschiedlichen Erfahrungen, die Mädchen und Jungen bei der Loslösung aus der Mutterbindung machen. Mütter drängen ihre Söhne aus der Bindung zu sich heraus und ermuntern sie, sich gegen sie zu behaupten und sich von ihnen zu differenzieren. Die Entwicklung der Jungen ist aus feministischer Sicht eine Geschichte der Separation und der Abgrenzung, in der die Jungen aus der stark emotional besetzten Beziehung zur Mutter herausgedrängt werden (Chodorow 1990; Rebstock 1993). Aus diesen unterschiedlichen Beziehungserfahrungen ergeben sich die geschlechtsspezifischen Grundprägungen der Persönlichkeit.

Es sind nicht nur die dyadischen Beziehungen zwischen Vater-Kind oder Mutter-Kind von Bedeutung, sondern ebenfalls die triadischen, d. h. die Beziehungen zwischen den drei Personen. Die gute oder schlechte Beziehung der Eltern zueinander, die Akzeptanz oder Nicht-Akzeptanz des Partners und der Partnerin, die sexuell befriedigende oder unbefriedigende Paarbeziehung, die unbewußte gegenseitige Abwertung des Paares hinsichtlich der Männlichkeit und Weiblichkeit der Partner beeinflussen, erleichtern oder hemmen die Identifikation des Kindes mit dem gleich- oder auch gegengeschlechtlichen Elternteil. Unter Identifikation versteht man die Übernahme von begehrten und bewunderten Einstellungen und Verhaltensweisen in das eigene Verhaltensrepertoire. Ein Vater, der seine Ehefrau ständig vor seinen Töchtern abwertet und ihre Fähigkeiten geringschätzt, erschwert mit Sicherheit deren Identifikation mit der Mutter und die Übernahme von weiblichem Verhalten. Eine Mutter, die ihre Tochter nicht akzeptiert, sich lieber einen Sohn gewünscht hätte und die Tochter nach ihren männlichen Erziehungsvorstellungen erzieht, wird bei ihr keine Identifikation mit ihrer Person als Frau erreichen, da die Tochter den Widerspruch und die Nicht-Akzeptanz spürt. Aber auch väterliche Identifikationsangebote sind wichtig für das geschlechtliche Selbstverständnis von Töchtern. Sie ermöglichen es den Töchtern, sich von der Mutter zu lösen und ihren eigenen Weg zu gehen (Mertens 1994).

Eltern teilen ihren Kindern subtil mit, wie sie wünschen, daß sie sein sollen. In lerntheoretischer Sicht belohnen, verstärken und bestrafen sie bewußt, aber auch unbewußt bestimmte Verhaltensweisen und Einstellungen. Kinder spüren die Wünsche und Erwartungen ihrer Eltern und verhalten sich meistens danach. Aber sehr oft entwickeln sie sich auch nicht gemäß den Erwartungen ihrer Eltern, sondern schlagen eine ganz andere, und häufig entgegengesetzte Richtung ein. Ein Beispiel aus der Familienberatung soll das illustrieren:

Frau S., 50 Jahre alt, verheiratet, Diplom-Bibliothekarin von Beruf, war in Kindheit und Jugend sehr von ihrem Vater beeinflußt und geprägt worden. Sie hatte stets danach gestrebt, ihm besonders auf intellektuellem Gebiet zu imponieren und auch versucht, mit ihm zu konkurrieren. Es hatte sich bei ihr die Gewohnheit fest eingeprägt, sich Männern gegenüber überlegen zu fühlen und Frauen im allgemeinen abzuwerten. Ihre Beziehungen zu Männern waren immer von Konkurrenz geprägt sowie von verbalem Schlagabtausch, den sie unbedingt gewinnen mußte. Als sie relativ spät einen älteren Diplomingenieur heiratete und ein Kind erwartete, wünschte sie sich sehnlichst einen Jungen, mit dem sie das gute Verhältnis zum eigenen Vater wiederholen könnte. Ihr Mann war innerlich ganz auf ein Mädchen eingestellt und wollte es verwöhnen und verzärteln. Bei der Geburt eines Mädchens reagierte Frau S. enttäuscht, ließ sich aber nach außen nichts anmerken. Ihre ganze Hoffnung bestand nun darin, daß ihre Tochter nicht Weiblichkeit im herkömmlichen Sinne, also Ausrichtung auf Familie und Ehe, sondern männliches Leistungsstreben entwickeln, ihr ebenbürtig sein, sich Männern überlegen fühlen und große berufliche Erfolge erringen würde. Von ihrem Mann wurde sie darin nicht unterstützt, im Gegenteil, je mehr seine Frau versuchte, die gemeinsame Tochter intellektuell zu fordern und auch zu reizen, desto mehr betonte er ihre weiblichen Anteile, kaufte ihr Kleider und verwöhnte sie. Die Tochter entwickelte sich zur größeren weiteren Enttäuschung ganz anders als Frau S. erwartet hatte, sie wuchs zu einem schüchternen und zurückhaltenden jungen Mädchen heran, heiratete früh und fand ihre Erfüllung im Familienleben.

Dieses Beispiel aus der Praxis der Familienberatung zeigt, daß Frau S. in ihrer Kindheit die Identifikation mit ihrer eigenen Mutter nicht vollzogen und sich statt dessen völlig dem Vater zugewandt hat, den sie bewunderte und verehrte. Sie war stark auf den Vater fixiert und konnte mit Männern nur über Konkurrenzbeziehungen in Kontakt treten. Die große Enttäuschung kam mit der Geburt ihrer Tochter. Sie hatte sich sehnlichst einen Sohn gewünscht, den sie zum Leistungsstreben und zur Selbstständigkeit hätte erziehen wollen. Sie versuchte, ihre Tochter in diese Richtung zu drängen und vermied alle Verhaltensweisen, die die Tochter in Abhängigkeit hätte halten können. Doch genau dies trat nun ein. Die Tochter konnte oder wollte sich nicht von der Mutter lösen, zeigte wenig Entschlußkraft und Eigeninitiative und entwickelte sich genau zu dem jungen Mädchen, das Frau S. eigentlich gar nicht haben wollte. Die unbewußte Ablehnung und mangelnde Akzeptanz zwischen Mutter und Tochter führte letztlich dazu, daß die Tochter sich nach einem Gegenbild zur Mutter entwickelte.

Im Unterschied zur Psychoanalyse Freuds, der die charakterliche Minderwertigkeit der Frau aus den anatomischen Geschlechtsunterschieden zwischen Männern und Frauen herleitete, betont Chodorow (1990) aufgrund der

20

bei Mädchen und Jungen sich anders vollziehenden Ablösungsphase von der Mutter das höhere Maß an Empathie und Beziehungskompetenz der Frauen und den diesbezüglichen Mangel bei Männern. Sowohl die unterschiedlich verlaufende Ablösungsphase als auch die Anstrengungen der Jungen, sich gegen die Mutter zu behaupten und Liebe und Anerkennung des Vaters zu erhalten, bewirken im Leben von Jungen sehr früh eine kämpferische Grundhaltung, die sich durch sein gesamtes Leben hindurchzieht.

Kognitives Realitätsurteil und Selbstkategorisierung

Psychoanalyse und Kognitive Psychologie haben beide eine Stufentheorie der Entwicklung gemeinsam und stimmen in etwa in der Altersangabe überein, in der Kinder sich ihrer Geschlechtsidentität sicher sind und sie als unveränderbar ansehen. Ab dem zweiten und dritten Lebensjahr können sich Kinder zwar selbst als Mädchen oder Junge bezeichnen, aber sie sind in der Zuordnung anderer noch sehr unsicher und schwanken je nach äußeren Merkmalen (Bekleidung, Haartracht). Es finden zwar kognitive Prozesse des Wahrnehmens und Erkennens von Geschlechtsunterschieden statt, aber diese orientieren sich am äußeren Erscheinungsbild.

Aus der Sicht drei- bis sechsjähriger Kinder, die sich in der präoperationalen Phase befinden und noch nicht über die Konstanz qualitativer Merkmale verfügen, kann die Geschlechtszugehörigkeit jederzeit gewechselt werden. Diese Kinder wissen zwar sehr genau, daß ihre soziale Umwelt aus Männern und Frauen besteht, aber sie treffen ihre Unterscheidung hauptsächlich aufgrund äußerer Merkmale wie Körpergröße und Körperkraft: Jemand, der groß und stark ist, ist ein Mann, jemand, der kleiner und schwächer ist, eine Frau. Gleichzeitig attribuieren sie mit ›Mann sein‹ die Eigenschaften stark, aggressiv und kompetent (damit auch besser) und mit ›Frau sein‹ die Eigenschaften fürsorglich, freundlich, aber auch nicht so kompetent, nicht mächtig (und damit schlechter). Noch ehe Jungen und Mädchen zu einer Sicherheit über ihr eigenes Geschlecht gefunden haben, assoziieren sie bereits das Stereotyp männlicher Überlegenheit (Böhnisch und Winter 1994).

Sichere Geschlechtsidentität ergibt sich nach Kohlberg (1974) – basierend auf den vom Schweizer Psychologen Jean Piaget (1896–1980) entwickelten Vorstellungen – erst dann, wenn Kinder zu einem kognitiven Realitätsurteil fähig sind, d. h. von der Unveränderlichkeit und Konstanz ihres Geschlechts überzeugt sind. Von diesem Zeitpunkt an, etwa zwischen dem fünften und achten Lebensjahr, sind sie von der Unveränderbarkeit der Geschlechtszugehörigkeit, auch unabhängig von äußeren Merkmalen, überzeugt und betreiben bei sich selbst aktiv und bewußt eine »Selbstkategorisierung«, sie sehen sich als Junge oder als Mädchen und möchten von anderen ebenfalls so gesehen werden. Sie zeigen überwiegend eigengeschlechtliches Verhalten – dies vor allem in Kindergarten und Schule – und weisen fremdgeschlechtliches Verhalten empört von sich. In diesem Alter wollen Mädchen und Jungen meistens nichts miteinander zu tun haben und sich statt dessen voneinander abgrenzen. Progressive Eltern, die ihre Kinder bewußt entgegen den Rollenklischees erziehen wollen, sind dann oftmals entsetzt, in welch geschlechtsstereotyper Weise ihre Kinder sich dennoch verhalten.

Mit dem kognitiven Realitätsurteil und der Selbstkategorisierung ist eine positive Bewertung der Eigenschaften verbunden, die zum eigenen Geschlecht gehören. Entsprechend sind beide Geschlechter davon überzeugt, daß ihr »eigenes Geschlecht im absoluten Sinne das beste ist«, und es kommt mit ca. 12 Jahren zu einer Identifikation mit der Kategorie »Männer« oder »Frauen« im allgemeinen (Kohlberg 1974, 382). Jedoch ist die positive Selbstbewertung der Mädchen nicht so stabil wie die der Jungen, da die Mädchen schon sehr früh die allgemeine Höherbewertung des Männlichen und eine damit verbundene Abwertung des Weiblichen erfahren. Da die soziale Umwelt männlich dominiert ist, haben es die Jungen leichter, sich mit ihrer Rolle zu identifizieren, allerdings lastet auf ihnen auch mehr Druck, der allgemein akzeptierten männlichen Dominanz zu entsprechen, auch wenn ihnen nicht danach zumute ist (Böhnisch und Winter 1994).

Erlernen und Ausüben der Geschlechtsrolle

Unter einer sozialen Rolle werden normative Verhaltenserwartungen verstanden, die von Bezugspersonen an die Inhaber einer sozialen Rolle herangetragen werden. In diesem Sinne ist eine Geschlechtsrolle auch eine soziale Rolle. Bezugspersonen sind Mutter und Vater, Geschwister, Verwandte, Erzieherinnen und Erzieher, Lehrerinnen und Lehrer und vor allem auch Gleichaltrige. An die Geschlechtsrolle »Junge« und »Mädchen« sind sowohl vielfältige Vorstellungen der Jungen und Mädchen selbst als auch der anderen gebunden. Die Geschlechtsrollen sind zwar traditionell und kulturell weitgehend festgelegt, aber Jungen und Mädchen haben stets in der Ausgestaltung ihrer Rolle Spielräume. Die Rollentheorie Meads (1968) betont genau diese Flexibilität, die Jungen und Mädchen bei der Aneignung und Ausgestaltung der Erwartungen von Bezugspersonen und bei der Entscheidung zu eigenem Handeln besitzen. Sie müssen zunächst einmal genau erfassen und antizipieren, welches Verhalten von ihnen erwartet wird. Durch Übernahme der Perspektive anderer und durch Training der Selbstwahrnehmung lernt das Kind seine Geschlechtsrolle. Die Theorie der sozialen Interaktion hat durch die Betonung der ständigen – und auch symbolischen – Interaktion der Jungen und Mädchen mit ihren jeweiligen Bezugspersonen zu einem differenzierten Verständnis des Erlernens der Geschlechtsrolle beigetragen (Mead 1968).

Mädchen und Jungen erfahren, daß sie unterschiedliche Unterstützung erhalten, je nachdem ob sie sich geschlechts- und rollenkonform verhalten oder nicht. Ist ein Mädchen laut und verstößt gegen die Regeln, wird es stärker in seine Schranken verwiesen als ein Junge, weil man in dessen Verhalten – auch wenn es dem des Mädchens gleicht – eher geschlechtsrollenspezifisches Verhalten sieht und toleriert. Jungen lernen dadurch, daß sie sich viel mehr erlauben dürfen als Mädchen, sie können laut und ungestüm sein, vorlaut und sogar frech, sie dürfen raufen, sich schlagen und sich prügeln, es wird von ihrer Umgebung geduldet, ja manchmal direkt gutgeheißen und oft indirekt verstärkt.

Mit dem Begriff des »instrumentellen Lernens« ist die Unterstützung von gewünschtem Verhalten durch Lob und die Vemeidung von unerwünschtem Verhalten durch Strafe oder Entzug von Belohnungen gemeint. So kann ein in seine kleine Tochter vernarrter Vater alles tun, um die weiblichen Anteile, d. h. das weibliche Verhalten seiner Tochter zu stärken. Er sorgt dafür, daß sie immer schön angezogen ist, ihre Haare in Löckchen gedreht und sie mit Spielsachen wie Puppen und Kochherd versorgt ist. Eine Mutter, die die männlichen Seiten ihres Sohnes hervorheben möchte, wird alles daransetzen, um ihn unabhängig, kräftig und mutig werden zu lassen, indem sie ihm früh Roller, Catcar und Fahrrad zur Verfügung stellt und ihm erlaubt, sich von ihr zu entfernen.

Doch unterschiedliche Verstärkungsmechanismen allein erklären nicht den Erwerb geschlechtsspezifischen Verhaltens. Nach lerntheoretischer Auffassung kommen Identifikation und Imitation, also »Lernen am Modell«, hinzu (Bandura 1979). Im Kleinkind- und Vorschulalter stellen meistens die eigenen Eltern die »Modelle« für das Verhalten ihres Kindes dar, später dann eher Gleichaltrige oder geschätzte, geliebte und allseits anerkannte Erwachsene. In der eigenständgen Auswahl der Modelle zeigt sich, daß Mädchen und Jungen einen wesentlichen Einfluß auf ihre eigene Entwicklung nehmen können und als selbständige Akteure und Konstrukteure ihrer Umwelt fungieren. Je jünger sie sind, desto mehr entscheiden andere über die Angemessenheit ihres Verhaltens, aber je älter sie werden, desto mehr entscheiden sie selbst und desto öfter können sie sich auch über die Urteile anderer hinwegsetzen.

Aber wie Düring (1993) zeigt, gilt dies in unserer Gesellschaft nur eingeschränkt, und für Mädchen weniger als für Jungen. Am Beispiel der »wilden Mädchen«, die in ihrer Kindheit ein ungebrochenes kumpelhaftes Verhältnis zu Jungen haben, das tun, wozu sie Lust haben, ihre individuelle Freiheit genießen und sich den Raum für abenteuerliche Spiele nehmen, zeigt sie, daß diese Mädchen häufig mit der Pubertät einen Bruch und ihr Frauwerden »als eine Kette von Verlusten« erleben. Diese Mädchen werden von den Jungen ausgegrenzt, weil sie sich nicht wie erwartet weiblich-passiv verhalten. Selbst ihre Väter wenden sich von ihnen ab und sind enttäuscht über ihr wenig kokettes frauliches Verhalten, das sie sich gewünscht hätten.

In der Pubertät stehen sich Mädchen und Jungen als Geschlechtswesen gegenüber, und mehr denn je ist wieder traditionelles Verhalten gefragt: Jungen begehren Mädchen, und Mädchen sollen sich begehren lassen, es wird von ihnen erwartet, eine passive Rolle einzunehmen und die aktive den Jungen zu überlassen. Was in der Kindheit Mädchen an Autonomie und Freiheit zugestanden wurde, wird in der Pubertät und im Erwachsenenalter wieder in Frage gestellt. Den Mädchen stehen für den Verhaltensbereich in Sexualität und Liebe kaum weibliche Vorbilder für Initiative und Unabhängigkeit zur Verfügung.

Jungen und Mädchen werden in der Ausübung geschlechtsspezifischen Verhaltens direkt und indirekt von anderen unterstützt und gleichen sich allmählich den Fremderwartungen an. Die inhaltliche Ausgestaltung des gewünschten Verhaltens verläuft entlang den Geschlechtsstereotypen von männlichem und weiblichem Verhalten. Konkurrenz und Wettbewerb charakterisieren die männliche Geschlechtsrolle. Jungen werden von früh an darin verstärkt, sich durchzusetzen und sich nichts gefallen zu lassen. Sie spüren den Stolz der Eltern, wenn sie sich mutig, stark und kämpferisch geben, sie merken, daß sie sich im Spiel mit Gleichaltrigen nicht unterbuttern lassen und nur als Sieger und Gewinner aus Auseinandersetzungen hervorgehen dürfen. Jungen, die diesen Anforderungen nicht genügen, die schwach sind und sich verprügeln lassen, die sich nicht wehren und anfangen zu weinen, die wehleidig sind und keine Schmerzen ertragen können, erhalten statt Anerkennung Mißbilligung und vielleicht sogar heimliche Verachtung der Eltern. Sie werden als Memme bezeichnet, fühlen sich als Versager und spüren, daß sie in den Vorstellungen der anderen nicht »richtige Jungen« sind.

Jungen und Mädchen richten sich in ihrem Verhalten nach Modellen, doch sind männliche Modelle und Vorbilder für Jungen in der Familie und auch später im Kindergarten und Schule nur schwer zu finden, denn Väter sind oft nicht präsent oder entziehen sich ihrer Aufgabe (Benard und Schlaffer 1991). Erschwerend kommt hinzu, daß in Kindergarten und Schule Erzieher und Lehrer überwiegend weiblich sind. Daher haben es Jungen schwerer als Mädchen, Vorbilder zu finden und müssen sich männliches Verhalten selbst durch Versuch und Irrtum stets »erkämpfen«. Sie ernten dadurch – besonders wenn sie sich maß- und grenzenlos verhalten – auch viel Ärger und Unbill, erleiden vielfältige Strafen und Gewalteinwirkungen.

1.3 Mütter spielen die Hauptrolle, Väter die Nebenrolle

Die Erziehung findet bei Jungen und Mädchen in den ersten zehn Jahren in einer frauendominierten Alltagswelt statt. Mütter, Erzieherinnen im Kindergarten und Lehrerinnen in der (Grund-)Schule haben die Betreuung fest in ihrer Hand. In der Familie gilt die Frau als Innenminister, der Mann als

Außenminister. Häufig spielt die Mutter innerhalb der Familie die Haupt-rolle, und die Kinder wenden sich im häuslichen Alltag mit ihren Sorgen an sie und nicht an den Vater. Die Mutter ist die Expertin für emotionale Bezie-hungen, sie tröstet, unterstützt, rät und hilft, während der Vater sich in einer Randposition befindet und häufig weder die Namen der Freunde seiner Kinder noch die des Klassenlehrers kennt. In seiner Freizeit macht er sich zwar im und um das Haus herum nützlich, fühlt sich für das Auto, den Hob-byraum, den Keller verantwortlich, aber schon die Gartenpflege überläßt er häufig der Frau (Rebstock 1993).

Mütter regeln den Familienalltag, Väter halten sich zurück

In familiären Angelegenheiten bestimmen meistens die Frauen. Sie sind es, die Arztbesuche terminieren, dafür sorgen, daß Vorsorgetermine eingehal-ten werden, und zwar nicht nur eigene, sondern die ihrer Ehemänner und Kinder gleichermaßen. Sie fühlen sich für die Gesundheit aller Familienmit-glieder verantwortlich, sie halten die Kontakte zu Verwandten aufrecht, la-den zu Familienfesten ein, kennen die Geburtstage, sorgen für Geschenke, kümmern sich um die schulischen Angelegenheiten ihrer Kinder, helfen bei den Hausaufgaben, gehen zu den Elternsprechtagen, suchen Beratungsstel-len auf und bekommen häufig Hilfe und Unterstützung von Freundinnen.

Jungen und Mädchen nehmen die unterschiedlichen Aktivitäten ihrer El-tern und die unterschiedliche Aufgabenteilung wahr. Sie sehen, daß es in an-deren Familien ähnlich ist, daß Männer sich nicht primär für Pflege, Versor-gung und Erziehung der Kinder zuständig fühlen, sondern »familienabge-wandt, berufs- und außenweltorientiert« sind. Männer treffen die großen und Frauen die kleinen Entscheidungen (Rebstock 1993).

Die starke Präsenz der Mütter in den Familien führt dazu, daß kleine Mädchen und Jungen intensiv teilhaben an dem, was Frauen machen, wie sie sich verhalten und was sie tun. Sie übernehmen damit häufig aktiv (han-delnd) und passiv (beobachtend) weibliche Anteile des Verhaltens. Mädchen müssen sich aufgrund ihrer geschlechtlichen Identifikation mit ihren Müt-tern nicht von ihnen in dem Maße absetzen und abgrenzen, wie es Jungen tun. Mädchen können sich viel länger als Jungen bei ihren Müttern Trost und Bestätigung holen und körperliche Nähe bei ihnen suchen, sie dürfen Ängste und Schmerzen zeigen und brauchen ihre Gefühle nicht zu verstecken. Da-mit haben sie es bis zum Ende der Kleinkind- und Grundschulkindphase leichter als Jungen und wirken oft ausgeglichener und zufriedener (Hage-mann-White 1984).

Jungen haben Identifikationsprobleme

Während Mädchen bei der Identifikation mit ihren Müttern in aller Regel keine Widersprüche empfinden, spüren Jungen mit zunehmendem Alter die

Notwendigkeit, ihre Phantasien, Wünsche und Kompetenzen, die sie von ihren Müttern übernommen haben, zu bekämpfen und zu beschränken. Sie brauchen die Mutter als »emotionalen Standort, als Fluchtpunkt und Ort der Regression«, aber sie müssen sich gegen eine emotionale Vereinnahmung, gegen ein Verschlungenwerden zur Wehr setzen und immer wieder, oft auch aggressiv, ihre Unabhängigkeit betonen. Auf diese Weise geraten Jungen in ein Autonomiedilemma, und es verfestigt sich bei ihnen eine Abwertung weiblicher Anteile und immer deutlicher auch eine Abwertung der Frau an sich (Gruen 1992; Böhnisch und Winter 1994).

Auch Mütter haben ihren Söhnen gegenüber oftmals eine ambivalente Haltung. Ihr Verhalten kann durch gesellschaftliche Stereotype geprägt sein, die den Sohn als Repräsentanten von Macht und Einfluß sehen, jedoch auch von eigenen ambivalenten Erfahrungen mit Brüdern und Vätern auf der Basis von Wut, Ohnmacht und verborgenen Racheimpulsen beeinflußt sein, die den Sohn als Vertreter des unterdrückenden Geschlechts sehen. Zwischen beiden Sichtweisen sind Mütter oft hin- und hergerissen. Einerseits sind sie sehr stolz auf ihre Söhne und verhalten sich ihnen gegenüber toleranter, setzen weniger Grenzen, erlauben ihnen mehr und sehen in ihnen den männlichen Partner, den es zu verwöhnen gilt, andererseits wird die Beziehung aber auch durch Ängste beeinflußt, in Extreme zu verfallen und einen Macho oder aber im Gegenteil ein Muttersöhnchen heranzuziehen. Die Ambivalenz in den Einstellungen der Mütter zu ihren Söhnen löst bei diesen Unsicherheit und Orientierungslosigkeit aus und führt häufig zu einem Gefühl der Enttäuschung. Wenn Jungen – was selten der Fall ist – über sich sprechen, dann oft über ihre Mütter, die sie lieben, von denen sie aber auch immer wieder enttäuscht werden, die ihnen viel Liebe geben, aber letztlich doch nicht genug, die anziehend, aber zugleich auch abweisend sind (Chodorow 1985; Schmauch 1987; Böhnisch 1997).

Kinder erleben ihre Väter häufig erst am Abend oder an den Wochenenden und auch dann häufig nur aus der Distanz. »Moderne« Väter spielen zwar mit ihren Kindern, machen Ausflüge und unternehmen Fahrradtouren, üben die »hedonistischen« Tätigkeiten des Spielens, Wanderns und Erzählens aus, aber die Kinderpflege und die unangenehmen Pflichten der Haushaltsführung überlassen sie ihren Frauen (Hollstein 1993). Dem Vater gehört der Sonntag, der Mutter der Alltag. »Bei ihr gibt es Gemüse, bei ihm Pommes rot-weiß« (Schnack und Gesterkamp 1998). Väter unterstützen ihre Söhne zwar im wilden und leistungsbetonten Spiel, aber sie haben – mit Ausnahme der frühen Säuglingszeit – wenig körperlichen und zärtlichen Kontakt zu ihnen und wehren, vor allem wenn ihre Söhne älter werden, häufig eigene und die Gefühle ihrer Söhne ab. Eine Situationsbeobachtung mag dies bestätigen:

Eine Familie liegt auf Liegestühlen in der Sonne. Der 8jährige Sohn steht auf und begibt sich weiter weg, um einen Ball zu holen. Er kommt mit dem Ball unter dem Arm wieder zurück und nähert sich dem Liegestuhl seines Vaters vom Kopfende. Er beugt sich vorsichtig und zärtlich über ihn, um ihn zum Ballspielen aufzufordern und will ihm einen Kuß auf den Mund geben. Der Vater, der dies gerade noch bemerkt, wehrt den Jungen mit einer sehr hastigen Handbewegung ab, springt auf und sagt: »Was ist denn mit dir los?« Verwirrt steht der Junge da – und weiß nicht, was los sein soll.

Körperliche Kontakte wie Schmusen und Küssen werden spätestens dann von Vätern abgebrochen, wenn die Söhne um die fünf Jahre alt sind. Jungen wird mit zunehmendem Alter immer weniger gestattet, ihre emotionalen Bedürfnisse zu zeigen und auszuleben. Kommt es dennoch vor, wie in unserem Beispiel, erschrecken die Väter häufig und reagieren überstürzt. Sie erschrecken vor der Emotionalität ihrer Söhne und fühlen sich unwohl dabei, weil sie Gefühlsäußerungen bei ihren Söhnen mit Weiblichkeit und mit Homosexualität verbinden (Engelfried 1997).

Jungen haben häufig das Gefühl, sich vor ihren Vätern nicht schwach zeigen zu dürfen, und erleben ihre Väter ebenso selten als schwach. Dadurch entgeht ihnen die Erfahrung des »Spiegelns« (»mirroring«), das darin besteht, eigene Gefühle beim anderen zu erkennen oder auch Gefühle des anderen für sich übernehmen zu können. Ihnen ist der Zugang zu sich selbst verwehrt (Bohleber 1992; Winter 1994). Väter und Söhne sind Verlierer im modernen Patriarchat und sie geraten immer wieder in die »Patriarchatsfalle«, nämlich sich so zu verhalten, wie es verlangt und erwartet wird. Sie befinden sich in einem Vereinbarkeitsdilemma, Gefühle zu haben, aber sie nicht zeigen zu dürfen, sie verhalten sich außendefiniert und empfinden dabei doch auch oft Hilflosigkeit und emotionale Bedürftigkeit (Böhnisch 1997).

Emotionale Abwesenheit der Väter

Viele Väter sind, auch wenn sie körperlich anwesend sind, emotional und innerlich oft abwesend, und die Vater-Sohn-Beziehung verläuft häufig schweigend und emotionslos (Benard und Schlaffer 1991; Corneau 1993). Alice Miller (1982) hat überzeugend dargelegt, wie wichtig es für Jungen und Mädchen ist, ihre eigenen Gefühle wahrzunehmen, zu ihnen zu stehen und sie ausdrücken zu können. Gefühle und Wünsche gehören zum eigenen Selbst und wenn sie nicht akzeptiert und ausgelebt werden dürfen, entstehen Störungen, Verdrängungen und Verleugnungen, Imponiergehabe und Streben nach Grandiosität. Wenn Mädchen und Jungen sich immer nur einseitig, also nur bei der Mutter trauen, Gefühle zu äußern und diese bei ihren Vätern nicht wahrnehmen, dann entwickeln sie stereotype Vorstellungen von männlichem und weiblichem Verhalten, die letztlich, - und dies besonders für Jungen – zu einem schwachen Selbst, zu Irritation und Verunsicherung führen (Winter 1994).

Fatale Folgen für die Söhne

Die mangelnde Fähigkeit zur Empathie, der verschlossene Zugang zu den eigenen Gefühlen, die Unfähigkeit, sich »fallen zu lassen«, die Verweigerung von allem Emotionalen und Abwehr gegenüber allem Persönlichen lernen Mädchen und Jungen durch das (fehlende) Zusammenleben mit den Vätern, und es prägt sich ihnen ein Bild von Männlichkeit ein, das in dem Satz kulminiert: Ein Junge zeigt keine Gefühle. Sie spüren, daß sie Gefühle von Schwäche und Kleinsein kompensieren und sich ständig selbst inszenieren müssen. Sie werden dazu angehalten, über sich selbst hinauszuwachsen und sich größer und stärker zu fühlen als sie sind (Neutzling und Schnack 1991). Es entsteht ein hoher Normalitätsdruck, der keine Abweichungen vom Ideologisch-Männlichen zuläßt. Viele Jungen haben sich in ihrer Kindheit nach mehr Zärtlichkeit vom Vater und nach seiner Anerkennung gesehnt, und auch noch im Erwachsenenleben behalten sie diese Sehnsucht und suchen nach einem Vaterbild, das sie nie erlebt haben. Die konkreten Auswirkungen der väterlichen »inneren« Abwesenheit liegen zwar in unterschiedlichen Lebenswegen, deren gemeinsames Fundament aber häufig unterdrückte Wut, Trauer und Aggression ist (Corneau 1993; Engelfried 1997).

Das größte Problem von Söhnen im Mannesalter ist aus der rückblickenden Sicht der Söhne die väterliche Distanz und Zurückhaltung. Sie haben darunter gelitten und es sich anders gewünscht. Sie haben sich bemüht, den Erwartungen ihrer Väter zu entsprechen, dabei jedoch immer Angst haben müssen, ihren Vorstellungen von Männlichkeit nicht gerecht zu werden. Hagemann-White (1984) und Schmauch (1993) betonen, daß die Bedeutung groß sei, die Söhne ihren Vätern auch noch im nachhinein zumessen, wenn auch die emotionale Nähe zu ihnen gering war und daß die Idealisierung, die sie nachträglich vornehmen, von Emotionalität geprägt sei.

Die unterschiedlichen Rollen der Mütter und Väter in der Familie, das Überangebot an Mütterlichkeit und das Fehlen der Väterlichkeit führt bei Jungen zur Verkümmerung und Verleugnung bestimmter Persönlichkeitsanteile wie Einfühlung, Rücksichtnahme und Emotionalität, verbunden mit einer gleichzeitigen Abwertung dieser Fähigkeiten. Statt dessen neigen Jungen schon in der Familie zum verstärkten Ausleben von Dominanz, zur Durchsetzung eigener Interessen und zu kämpferischen Verhalten (Sielert 1993a; Willems und Winter 1990; Winter und Willems 1992; Böhnisch und Winter 1994; Winter 1994).

Fazit

Die Familie ist der Ursprungsort, in dem Geschlechtstypisierungen zur Geltung kommen und eine große Prägekraft gewinnen, was geschlechtstypisches Verhalten von Jungen und Mädchen anbetrifft. Während Mädchen viel länger in der zärtlichen Beziehung zur Mutter verweilen dürfen und sehr viel vorsichtiger aus ihr entlassen werden, geschieht dies bei Jungen sehr viel heftiger und abrupter. Jungen stehen von Beginn ihres Lebens an in Konkurrenz zum Vater und müssen sich früh »Männlichkeit«, und das heißt zunächst einmal Unabhängigkeit von der Mutter, aneignen. Auch Mütter fordern »Männlichkeit« von ihren Söhnen ein und muten ihnen früh Ablösung aus der emotionalen Mutter-Kind-Beziehung zu. Ihnen wird allerdings auch kein anderes adäquates Beziehungsangebot vom Vater gemacht, so daß Jungen auf sich selbst gestellt sind. Väter sind oft nicht nur räumlich, sondern auch mental und emotional abwesend und kümmern sich nicht genügend um die familiäre Beziehungsarbeit. Dadurch steht den Jungen kein männliches emotionales Identifikationsangebot zur Verfügung. Während sich Mütter ihren Söhnen und Töchtern gegenüber in ihren Stärken und Schwächen zeigen, erleben Jungen und Mädchen ihre Väter häufig nur in der einseitig starken Rolle des Mannes, der wenig Gefühle zeigt. Durch die Betonung des »starken Mannes« in den Medien wird dieses Männerbild als »normal« – gerade auch von Jungen – akzeptiert und übernommen, und damit kommt es zur einer Abwertung des Gefühlsmäßigen und Weiblichen. Jungen müssen sich die Nähe zum Vater erkämpfen und stehen gleichzeitig in Konkurrenz zu ihm, was die Liebe zur Mutter anbetrifft. In der Auseinandersetzung mit Gleichaltrigen werden sie sowohl vom Vater als auch von der Mutter direkt und indirekt zur Durchsetzung, zur Konkurrenz, zum Siegen und Gewinnen angehalten und darin unterstützt.

2. Stellen Kindergarten und Schule einen Trainingsort für Wettbewerb und Rivalität dar?

Nicht nur Eltern haben einen großen Einfluß auf die Identitätsentwicklung ihrer Kinder, sondern auch sozialpädagogische Einrichtungen wie Hort und Kindergarten (Verlinden 1995). Diese Institutionen haben einen eigenen Erziehungs- und Bildungsauftrag im Elementarbereich unseres Bildungssystems. Ihre Aufgabe ist die Förderung der Persönlichkeitsentwicklung der Jungen und Mädchen unter Berücksichtigung ihrer sozialen und emotionalen Bedürfnisse sowie ihrer Freizeitinteressen (Bründel und Hurrelmann 1996)

2.1 Jungen spielen in der Bauecke, Mädchen in der Puppenecke

Kinder kommen mit von den Eltern übernommenen und internalisierten (verinnerlichten) Rollenbildern in den Kindergarten. Schon Dreijährige wissen, welches Verhalten von ihnen als Mädchen und als Junge erwartet wird: Mädchen spielen mit Puppen, schlagen sich nicht und dürfen Hilfe in Anspruch nehmen; Jungen bauen, spielen gerne draußen, raufen und schlagen sich. Schon im Kindergarten gibt es eingefahrene geschlechtsspezifische Verhaltensweisen: Jungen bevorzugen eher Jungen zum Spielen, Mädchen lehnen häufig die rauhen und wilden Spiele der Jungen ab und fühlen sich von ihrer Aggressivität abgeschreckt. Jungen grenzen sich von Mädchen ab und wählen fast ausschließlich Jungen als Anführer. Geschlechtsspezifisches Verhalten hat sich mit Eintritt in den Kindergarten schon erschreckend konsolidiert.

Ein typischer morgendlicher Beginn im Kindergarten:

Frau M., 32 Jahre alt, verheiratet und eine erfahrene Erzieherin und Leiterin eines Kindergartens einer mittleren Großstadt, hat schon alles vorbereitet. Sie wartet auf das Eintreffen der Kinder, diese kommen nach und nach an, zunächst drei Mädchen, die gemeinsam von einer Mutter gebracht werden, dann zwei Jungen und anschließend noch einmal drei Jungen und vier Mädchen. Die Jungen stürzen in die Bauecke und drei von ihnen beginnen dort ein wildes und lautes Spielen, indem sie Klötzchen zu einem Turm aufbauen, dann alles unter Gejohle umwerfen und zum Einstürzen bringen, anschließend die Klötzchen in die Luft werfen. Besonders einer von ihnen scheint der Anführer zu sein, er bestimmt und dirigiert die anderen, die sich ihm willig unterordnen. Ein kleinerer zarter Junge spielt auch in der Bauecke, aber ein wenig abseits von den andren und für sich. Er hat eine tolle Brücke gebaut mit Pfeilern und Verstrebungen, doch ehe er es sich versieht, wird auch diese unter dem allgemeinen Gerangel zum Einstürzen gebracht. Der kleine Junge fängt an zu weinen und kann sich der anderen wilden Jungen nicht erwehren. Die Erzieherin muß einspringen, helfen und die anderen Jungen ermahnen, nicht so wild zu spielen.

Im Gegensatz zu den Jungen hatten die Mädchen nach ihrem Eintreffen in den Kindergarten zunächst noch mit der Entscheidung, welches Spiel sie spielen wollten, gezögert, sich dann jedoch in die Puppenecke und an den Maltisch begeben. Bei ihnen ging es wesentlich ruhiger zu, sie spielten ein Rollenspiel mit Vater, Mutter und Kind. Die Erzieherin brauchte sich um die Mädchen gar nicht zu kümmern, sie hatte ständig ein Auge auf die Jungen geworfen, deren Spiel wie beschrieben zusehends eskalierte, bis der Streit vom Zaun brach, die Jungen anfingen, über einander herzufallen, sich zu schubsen und zu treten, und die Erzieherin schlichtend eingreifen mußte.

Das Beispiel zeigt, daß Jungen im Kindergarten bestimmte »Räume«, wie z. B. die Bauecke, für sich beanspruchen. Jungen wählen sich häufig einen Anführer und überlassen ihm die Wahl und Durchführung des Spiels. Ihr Spielen kann sehr wild und zerstörerisch sein und geht oft auf Kosten der schwächeren, kleineren und zarteren Jungen. Das Beispiel zeigt auch, daß die Erzieherinnen, hier Frau M., sich mehr um die Jungen, die ihre ganze Aufmerksamkeit in Anspruch nehmen, kümmern und häufiger lenkend und auch disziplinierend eingreifen müssen, daß sie die Jungen mehr im Blick haben als die Mädchen. Einerseits achten sie genauer auf sie und versuchen, aufkommende Konflikte schnell zu lösen, andererseits ermahnen und schimpfen sie aber auch mehr mit Jungen als mit Mädchen; ein Verhalten, das sich später in der Schule bei Lehrerinnen und Lehrern weiter fortsetzt.

Auch in Gesprächskreisen gehen Erzieherinnen mehr auf das ein, was Jungen erzählen, messen ihren Argumenten und Gedanken mehr Bedeutung zu, halten ihre Ideen für wichtiger. Jungen erhalten sowohl in den Innenräumen als auch draußen auf dem Spielplatz in den Außenbereichen des Kindergartens mehr Raum und Platz bzw. nehmen sich ihn ungefragt und wie selbstverständlich (Faulstich-Wieland 1995).

Jungen machen sich oft durch ihr Störverhalten bei Erzieherinnen unbeliebt. Viele sind unruhig, können nicht stillsitzen, reden dazwischen, sind zu Schabernack aufgelegt, verhalten sich aggressiv, prahlen und geben an. Sie verhalten sich destruktiver als Mädchen, sind in ihrem Verhalten lauter und neigen zu Grobheiten und körperlichen Attacken. In der Mehrheit zeigen Jungen nicht wie die Mädchen Freude an Stillbeschäftigungen, am Basteln, Malen und Zuhören, sondern sie haben überwiegend Spaß am Toben, Raufen, Umherlaufen, an wilden und körperbewegten Spielen (Zielke 1998).

Schon im Kindergarten kommt es beim Spielen sehr oft zu geschlechtsgetrennten Gruppenbildungen. Sitzen mehrere Mädchen z. B. am Maltisch und nähert sich ihnen eine Gruppe von Jungen, dann fühlen sich die Mädchen oft schnell irritiert, schreien los und geben deutlich kund, daß sie die Jungen nicht dabeihaben wollen. Manchmal ergibt sich daraus dann ein Machtkampf, die Jungen haben verstanden, daß sie unerwünscht sind, lassen jedoch nicht locker, holen Verstärkung und das gegenseitige, zunächst noch spaßige Ärgern beginnt, bis es sich dann zum Streit zuspitzt (Verlinden 1995).

Entweder sprengen Gruppenspannungen zwischen Mädchen und Jungen fast jedes Zusammenspiel, oder aber sie werden positiv umgemünzt in ein Abenteuer- und Actionspiel, in dem Mädchen und Jungen traditionelle Rollen einnehmen, die ihnen auch in Medien vorgespielt werden. Mädchen lassen sich von den Jungen fangen und fesseln, werden dann aber auch wieder von ihnen befreit und gerettet. Bei solchen Spielen geben Mädchen nur äußerst selten den Ton an und sind so gut wie nie Anführerinnen. Meistens sind die Jungen die Tonangebenden und stellen den Anführer, dem sich Jungen und Mädchen unterzuordnen haben. Mädchen übernehmen die passive (die frauenspezifische) Rolle, spielen zwar mit, aber gestalten das Spiel häufig nicht aktiv.

Die Spiele von Mädchen und Jungen im Kindergarten sind stark von Medienvorlieben, von Märchen und Fernsehsendungen, geprägt. Mädchen spielen – genau wie schon vor Jahren – auch heute gerne noch die Rolle von Prinzessinnen, der glücklichen Braut bei Hochzeiten, sie spielen gern alltägliche Situationen wie kochen, telefonieren, saubermachen, während Jungen eher auf Männlichkeitsbilder zurückgreifen, den Boss und Anführer spielen, den Arzt, Bauarbeiter oder Lokomotivführer. Es ist die Frage, ob solche geschlechtsspezifischen Verhaltensweisen, die Jungen und Mädchen ihren Alltagserfahrungen entnehmen, von den Erzieherinnen gefördert oder gebremst werden sollen. Die meisten Erzieherinnen gehen von einer Gleichbehandlung von Jungen und Mädchen aus und reflektieren nicht die Notwendigkeit der Gegensteuerung bei Festschreibungen von geschlechtsspezifischen Verhalten. Sie laufen damit Gefahr, daß geschlechtsstereotype Verhaltensweisen von Jungen und Mädchen unkritisch toleriert, unterstützt und damit gefestigt werden.

2.2 Typisch Junge, typisch Mädchen – auch in den Köpfen der Erzieherinnen?

Die Mehrheit des erzieherischen Personals sind Frauen. Erzieherinnen sind selbst als Mädchen und Frauen sozialisiert worden und erliegen damit Einflüssen, die es ihnen erschweren, sich vorurteilsfrei zu verhalten. Das Männliche wird in unserer Gesellschaft gegenüber dem Weiblichen – trotz aller Fortschritte auf diesem Gebiet – immer noch höher bewertet, und so kommt es auch in den Kindergärten nicht selten vor, daß Erzieherinnen herausragende Konstruktionen von Jungen in der Bauecke mehr wertschätzen als gelungene Bilder von Mädchen am Maltisch oder gar ein gutes Rollenspiel in der Puppenecke. Welche Anstrengungen unternehmen Erzieherinnen zum Beispiel, um Jungen mehr zum Malen und Basteln und Mädchen mehr zum Bauen zu motivieren? Bauecke und Maltisch sind Spielformen, die zu getrennten Domänen beider Geschlechter geworden sind und Schranken zwischen ihnen aufbauen. Je mehr Jungen in dem einen Bereich sind, desto mehr Mädchen halten sich in dem anderen auf und umgekehrt (Verlinden 1995).

Mit der eigenen Sozialisation der Erzieherinnen hängt nicht nur zusammen, wie geschlechtsspezifisch sie Jungen und Mädchen gegenübertreten, sondern auch den Vätern und Müttern. Wenn sie es zulassen, daß Mütter immer nur für das Ausschmücken von Festen und für das Kuchenbacken verantwortlich sind, die Väter dagegen für das Streichen, Schrauben und Werken im Innen- und Außenbereich, und wenn sie es zulassen, daß die wenigen Väter, die auf Elternversammlungen erscheinen, den zahlreich anwesenden Müttern das Wort abschneiden und dann auch noch als Elternvertreter gewählt werden, dann tragen sie mit dazu bei, daß sich traditionelle Verhaltensmuster konsolidieren.

Viele Erzieherinnen erkennen die Überbewertung der Geschlechtszugehörigkeit in unserer Gesellschaft und versuchen, diese durch eine bewußte koedukative Erziehung abzubauen, indem sie Mädchen und Jungen gleichberechtigt behandeln und sie darin unterstützen, Vertrauen zu sich selbst, Achtung vor dem anderen Geschlecht zu entwickeln und sich kooperativ zu verhalten. Eingefahrene Vorstellungen über Geschlechtsrollen erschweren jedoch den Kontakt zwischen Mädchen und Jungen. Daher tragen Erzieherinnen eine besondere Verantwortung dafür, daß Mädchen und Jungen partnerschaftlich miteinander umgehen und sich nicht gegenseitig abwerten.

Um dies zu erreichen, müssen sie selbst erst einmal eigene Vorstellungen über weibliches und männliches Verhalten kritisch überdenken. Immer wieder kommt es vor, daß Erzieherinnen traditionelle Muster von geschlechtsspezifischem Verhalten ungewollt weitergeben und die Kompetenzen von Jungen und Mädchen unterschiedlich fördern, indem sie sie zum Beispiel nicht immer zu denselben Aktivitäten anhalten, sondern geschlechtsspezifisches Verhalten tolerieren. Sie übersehen häufig die Mädchen, übergehen sie in ihrer Aufmerksamkeit, weil diese sich still und angepaßt verhalten und wenden sich weit mehr den dominierenden und unangepaßten Jungen zu. Weil Jungen schwieriger im Umgang sind, werden sie mehr beachtet – und dadurch letztlich in ihrem Verhalten verstärkt.

2.3 Jungen erkämpfen sich Rangplätze, Mädchen möchten beliebt sein

Die Schule gehört neben der Familie zu den wichtigsten Lebensbereichen von Kindern, und zwar von Mädchen und Jungen gleichermaßen. Neben dem Leistungsaspekt spielen die sozialen Beziehungen in der Schule eine große Rolle, und viele Kinder sagen, daß sie wegen der Kontakte zu Freunden und Freundinnen gerne in die Schule gehen. Freundschaften haben im gesamten Schulleben eine große Bedeutung.

Das soziale Miteinander von Mädchen und Jungen in der Schule ist sehr unterschiedlich. Während es für Mädchen sehr wichtig ist, beliebt zu sein, geht es Jungen vor allem darum, sich einen Rangplatz in der Gruppe zu erkämpfen. Jungen stehen in ständiger Konkurrenz zueinander, und immer geht es darum, wer der beste und größte ist, wer am weitesten springen, am schnellsten laufen, am geschicktesten Fußball spielen kann oder die besseren Noten hat. Ähnlich wie Mädchen streben sie nach Anerkennung untereinander, aber anders als Mädchen nicht über emotionale Beziehungen, sondern über Leistungen. Sie erklimmen über Fertigkeiten und Fähigkeiten Rangpositionen und weisen einander einen Platz in hierarchischer Abstufung zu. Die Fähigkeiten müssen sich nicht auf schulische Leistungen beziehen, sondern beinhalten oftmals sportliche Begabungen und Talente (Pekrun und Fend 1991).

Schon in der Grundschule verhalten sich die Mädchen sehr viel unterstützender als die Jungen, sind die beliebteren und achten mehr auf Einhalten von Regeln und Absprachen. Sie üben eine soziale Kontrolle aus und weisen auch manchmal die Jungen in ihrem Verhalten zurecht, zeigen sich oft hilflos gegenüber dem Dominanzgebaren der Jungen, doch werden sie keineswegs von ihnen an den Rand gedrängt. Mädchen sind nach wie vor die beliebteren, sind leistungsstark und schulerfolgreich (Preuss-Lausitz 1991, 1992, 1993).

Das Spielverhalten von Jungen ist in der Grundschule – wie auch schon im Kindergarten – ganz auf Konkurrenz, Durchsetzung, Machtanspruch, Dominanz und Rangeleien ausgerichtet. Jungen, die unbeliebt sind, sind dies sowohl bei den Mädchen als auch bei den Jungen, und zwar aufgrund ihrer Aggressivität anderen gegenüber. Auf den Pausenhöfen sind es überwiegend die Jungen, die in Bewegung sind, die laufen, jagen, fangen und miteinander raufen. Mädchenspiele dagegen bestehen eher aus Kommunikations-, Koordinations- und Empathiespielen und beinhalten selten körperliche Auseinandersetzungen. Eher liefern sich Mädchen Wortgefechte, als daß sie sich raufen oder schlagen, oder aber sie ärgern und necken die Jungen, was häufig dazu führt, daß sich die Jungen gegen die Mädchen solidarisieren und das Spiel Formen annimmt, die den Mädchen nicht mehr gefallen. Auf den Schulhöfen nehmen die Jungen weit mehr Raum ein als die Mädchen, ihre Spiele sind bewegungsintensiv und raumgreifend. Dadurch kommt es oft zu Konflikten und Grenzüberschreitungen (Pfister 1993; Faulstich-Wieland 1995).

Sozialklima und Interaktionen im Unterricht

Die Anwesenheit von Mädchen beeinflußt das Sozialklima und die Atmosphäre in der Klasse positiv. Lehrerinnen und Lehrer unterrichten gleichermaßen lieber in gemischtgeschlechtlichen als in reinen Mädchen- oder Jungenklassen. Mädchen gelten als »pflegeleicht«, verhalten sich angepaßter, bemühen sich mehr, den Lehrererwartungen zu entsprechen, sorgen mit für die Einhaltung von Regeln und üben damit einen mäßigenden Effekt auf die Jungen aus, zeigen selbst weniger Verhaltens- und Aufmerksamkeitsprobleme, sind durchweg fleißiger und bringen die besseren Noten. In Gegenwart von Jungen verhalten sich Mädchen auch weniger albern und kichern weniger (Schmidt-Denter 1994; Kauke 1995; Krappmann und Oswald 1995; Struck 1996).

Jungen werden im Unterricht deutlich häufiger beachtet, aufgerufen und ermahnt. Ihre Beiträge werden wichtiger genommen als die von Mädchen und ihre inhaltliche Bedeutung als weiterführender angesehen. Selbst diejenigen Lehrerinnen und Lehrer, die sich ihrer unbewußten Bevorzugung be-

34

wußt waren und versuchten gegenzusteuern, konnten nicht verhindern, daß sich die Jungen weiterhin lautstark durchsetzten und sie weiterhin den größten Teil ihrer Unterrichtszeit den Jungen widmen sowie auf deren störendes Verhalten, ihre Zwischenrufe und Provokationen eingehen mußten (Faulstich-Wieland 1995).

Als Gruppe sind Jungen weit mehr auf Konkurrenz ausgerichtet als Mädchen. Jungen konkurrieren nicht nur untereinander, sondern ebenfalls mit Schülerinnen und Lehrerinnen. Häufig zeigen sie ein Überlegenheitsverhalten und wollen sich nichts sagen lassen. Lehrerinnen nehmen Mädchen als Unterstützung ihres Unterrichts wahr und schätzen ihre Kooperationsfähigkeit.

Lehrerinnen und Lehrer als Vorbilder

Die Verteilung der weiblichen und männlichen Lehrer auf die einzelnen Schulformen ist immer noch sehr unterschiedlich. Während in Grundschulen eindeutig die Lehrerinnen überwiegen, gibt es in Haupt-, Real- und Gesamtschulen ungefähr gleich viele weibliche und männliche Lehrkräfte, nur in Gymnasien überwiegt der Anteil der Lehrer. Vereinfacht läßt sich sagen: Je höher das Anspruchsniveau einer Schule, desto weniger weibliche und desto mehr männliche Lehrkräfte. Die zahlenmäßige Ungleichverteilung wiederholt sich dann noch einmal bei der Aufteilung in sprachlich-kulturelle und mathematisch-naturwissenschaftliche Fächer, in letzteren dominieren die Lehrer. Die Frage des Geschlechts der Lehrkraft spielt eine große Rolle für das Angebot von Vorbildverhalten durch Lehrerinnen und Lehrer und die Übernahme von Verhaltensweisen durch Schülerinnen und Schüler. Auf der einen Seite wird die Feminisierung im Erzieher- und Lehrberuf für problematisch gehalten, auf der anderen Seite jedoch auch als Chance gesehen, wenn es um Emotionalität und Kooperation geht.

Geschlechtsspezifische Unterschiede der männlichen und weiblichen Lehrkräfte gibt es hinsichtlich eines mehr sach- bzw. eher personenorientierten Aspekts des Unterrichtens sowie in der Intensität der persönlichen Zuwendung zu ihren Schülerinnen und Schülern. Jüngere Lehrerinnen mit Kindern müssen sehr oft Kompromisse zwischen Erwerbstätigkeit und ihren Familienpflichten machen, sie sind deshalb jedoch nicht weniger engagiert und motiviert als ihre männlichen Kollegen, im Gegenteil, die persönlichen und erzieherischen Aspekte ihres Berufs sind ihnen wichtiger als ihren Kollegen, und sie lassen sich auf intensivere Beziehungen zu ihren Schülerinnen und Schülern ein. Ihr Beruf ist ihnen keineswegs zweitrangig. Bei ihnen, mehr bei den jüngeren Lehrerinnen als bei den älteren, besteht die Gefahr eines emotionalen Überengagements und einer zu starken persönlichen Beteiligung zu Lasten der Übernahme institutioneller Aufgaben. Lehrer dagegen vermeiden es, sich auf intensivere Beziehungen zu ihren Schülerinnen und Schülern einzulassen und versuchen, ihre emotionale Beteiligung eher gering zu halten. Sie haben die Tendenz, sich auf abgrenzende und distanzierende Funktionen innerhalb der Schulverwaltung und des Schulmanagements zurückzuziehen (Flaake 1989; Terhart u. a. 1993).

Frauen besetzen weit weniger Funktionsstellen als ihre männlichen Kollegen, schätzen ihre eigenen Kompetenzen für Verwaltungstätigkeiten deutlich geringer ein als die ihrer männlichen Kollegen, sehen diese allerdings auch nicht als so wichtig für den Lehrberuf an, und sind häufiger mit halber oder dreiviertel Stundenzahl tätig. Sie legen sehr viel Wert auf abwechselungsreichen Unterricht und bereiten sich außerordentlich gut vor (Schümer 1992; Hilgers 1994). Bei männlichen Studienanfängern und jungen Lehrern an Grund- und Hauptschulen läßt sich eine Tendenz zu einer weniger restriktiven Geschlechtsrollensozialisation beobachten. Männer mit ausgeprägter geschlechtsspezifischer Sozialisation streben dagegen eher eine Karriere in der Lehrerlaufbahn an. Ähnlich wie Schülerinnen und Schüler kooperieren Frauen mehr miteinander als Männer, beraten sich öfter, sprechen über Mißerfolge und suchen beieinander Trost und Rat, während Männer einzelkämpferischer agieren (Flaake 1988; Hänsel 1991; Terhart u. a. 1993; Willer 1993).

Gewalt in der Schule

Wenn man unter Gewalt überwiegend die physische Gewalt versteht, dann ist sie überwiegend ein Jungenproblem. Sehr häufig sind Jungen in körperliche Auseinandersetzungen verwickelt. Sie schlagen bei nichtigen Anlässen zu, zeigen wenig Mitgefühl und prügeln auch dann noch weiter, wenn der andere schon am Boden liegt. Ihnen fehlt häufig das Unrechtsbewußtsein, sie geben keine Gründe für ihr Tun an und reagieren häufig nur mit einem Achselzucken. Nimmt man jedoch die verbale und psychische Gewalt hinzu, dann muß man auch die Mädchen mit in die Gewaltdiskussion einbeziehen, und letztlich auch die Lehrerinnen und Lehrer, denn diese agieren nicht selten gegenüber den Schülerinnen und Schülern mit Ausgrenzungen, verbalen Demütigungen, Demoralisierungen und Entwertungen. Ihre Bemerkungen sind oft sarkastisch, zynisch und ironisch (Bründel und Hurrelmann 1994).

Mädchen und Jungen neigen zu sehr unterschiedlichen Formen, mit Belastungen umzugehen. Während letztere ihre Emotionen aggressiv nach außen wenden und ausagieren, versuchen Mädchen, sie defensiv abzufangen und eher gegen sich selbst als gegen andere zu richten. Mädchen fallen eher in depressive, denn in aggressive Stimmungen. Natürlich werden diese Verarbeitungsformen von Belastungen und Anspannung auch durch unterschiedliche Erziehungsstile verstärkt. Bei Mädchen werden keine Tätlichkeiten und gewalttätige Auseinandersetzungen geduldet, während sie bei Jungen häufig geradezu gefördert werden. Der elterliche Ausspruch: »Junge, wehr dich, laß dir nichts gefallen«, gilt auch heute noch, während Mädchen sich oft anhören müssen: »Mädchen schlagen sich nicht«. Jungen werden in Familie, Kindergarten und Schule dazu ermuntert, sich durchzusetzen – und wenn es sein muß – auch zuzuschlagen. Es scheint so zu sein, daß starke und schlagkräftige Jungen bei Gleichaltrigen und auch Erwachsenen ein besseres Image haben als schwache und weinerliche Jungen. Stark sein, sich nichts gefallen zu lassen, ein Siegertyp zu sein, steht bei Jungen – und selbst in der Vorstellung von Mädchen über Jungen – hoch im Kurs. Die Ausübung körperlicher Gewalt wird zwar theoretisch bei beiden Geschlechtern verurteilt, aber sie wird im Vergleich beider Geschlechter immer noch Jungen eher zugestanden als Mädchen. Rivalität, Kampf, körperliche Auseinandersetzung, Wettbewerb und Konkurrenz – das ist die stillschweigend tolerierte und unterstützte Domäne von Jungen.

Fazit

Kindergarten und Schule stellen für Jungen ein Trainingsort für Wettbewerb und Konkurrenz dar. Wenn Jungen und Mädchen mit drei bis vier Jahren in den Kindergarten gehen, haben sie schon ein Großteil ihres geschlechtsspezifischen Rollenverhaltens verinnerlicht und wissen genau, wie sie sich als Junge oder als Mädchen zu verhalten haben. Sie üben diese Verhaltensweisen täglich ein und werden von ihren überwiegend weiblichen Erziehern unbewußt darin unterstützt. Bilderbücher, Märchen und Medien verstärken den geschlechtsspezifischen Aspekt des Verhaltens.

Viele der im Kindergarten angetroffenen Verhaltensweisen wiederholen sich und festigen sich in der Schule: das störende, kämpferische und auf Konkurrenz und Wettkampf ausgerichtete Verhalten der Jungen auf der einen Seite und das angepaßte, fleißige und stille Verhalten der Mädchen auf der anderen. Jungen prügeln sich untereinander und werden auch oft verprügelt. Sie teilen Gewalt aus, erleiden aber auch viel Gewalt. Dies nehmen sie in Kauf, da ihr vorrangiges Ziel die Durchsetzung ihrer Interessen ist und sie darin auch von Erwachsenen unterstützt werden.

Jungen konkurrieren untereinander weit mehr als Mädchen. Ihnen ist es nicht so wichtig, beliebt zu sein, sondern in bestimmten Fähigkeiten und Fertigkeiten als der beste anerkannt zu werden. Das Miteinander der Jungen ist auf Durchsetzung und Unter- bzw. Überordnung ausgerichtet. Bei Jungen gibt es viel häufiger als bei Mädchen einen Anführer, einen Boss, einen, der das Sagen hat. Jungen üben schon in Kindergarten und Grundschule Gruppenverhalten ein, während Mädchen Zweierbeziehungen vorziehen.

Jungen und Mädchen werden unabhängig vom Schultyp und der Klasse unterschiedlich stark von ihren Lehrerinnen und Lehrern beachtet und ihre Beiträge unterschiedlich bewertet und geschätzt, wobei die Jungen stark bevorzugt werden. Damit wird ihr Selbstbewußtsein stärker gefördert als das der Mädchen, und führt dies bei ihnen zu einem Gefühl der männlichen Überlegenheit.

3. Ist der Freizeitbereich überwiegend ein Ort für männlich dominierte Raumaneignung und Auseinandersetzung?

Freizeit ist für Jungen und Mädchen gleichermaßen ein Ort der Selbstentfaltung und der Auseinandersetzung mit Gleichaltrigen. Mit Freizeit verbinden sie hohe Erwartungen, Entspannung, Muße und Freude, endlich einmal das tun zu können, wozu sie Lust haben. Um Freizeitaktivitäten durchführen zu können, benötigen Jungen und Mädchen Erfahrungsräume, die es ihnen ermöglichen, Handlungsbereitschaft zu zeigen, Handlungskompetenz zu erwerben und sich Handlungsweisen anzueignen.

Raumaneignungsprozesse erfolgen geschlechtsspezifisch. So erschließen sich Mädchen tendenziell weniger außerhäusliche Handlungsräume als Jungen, ihr Aktionsspektrum ist enger, und sie verbleiben eher innerhalb der Grenzen von kontrollierten und übersichtlichen Spielflächen. Damit unterscheiden sich ihre Lebensräume von denen der Jungen erheblich. Die Räume, die Mädchen und Jungen zugestanden werden, sagen nicht nur etwas aus über die subjektiven Möglichkeiten der Raumaneignung, sondern auch über geschlechtsspezifische Wertigkeiten, über Macht, Dominanz und Hierarchien.

Beim vorhandenen Angebot der »Räume« für Kinder unterscheidet Nissen (1992, 1998) zwischen öffentlichen Freiräumen (Grünflächen, Parks, Wälder, Spielplätze) und öffentlich zugänglichen verhäuslichten Räumen (Kaufhäuser, Bahnhöfe, U-Bahnen), zwischen institutionalisierten öffentlichen Räumen (Sportanlagen, Vereine, Schulräume, Ballett- und Musikschulen), in denen Freizeitangebote gemacht werden, und Räumen, in denen Aktivitäten stattfinden, die ehemals in Privaträumen stattfanden, wie z. B. Hausarbeiten in Nachhilfeinstituten. In welchem Maße werden diese Räume von Mädchen und Jungen besetzt?

38

3.1 Jungen erobern Außenräume, Mädchen Innenräume

Mädchen und Jungen wachsen sowohl in privaten als auch in öffentlichen Räumen auf, wobei letztere Jungen besser zugänglich sind als Mädchen. Für beide Geschlechter gilt, daß sich ihre Lebenswelt in den letzten Jahrzehnten immer mehr von der Straße weg und in geschlossene und geschützte Räume hinein verlagert hat. Der Begriff der »Verhäuslichung (Zinnecker 1990) beschreibt diesen Prozeß der Verlagerung von der »Straßenkindheit« in die immer besser eingerichteten Kinderzimmer, jedoch trifft er für Jungen weniger zu als für Mädchen. Auch wenn es für beide Geschlechter gefährlich ist, sich »auf der Straße« aufzuhalten und zu spielen, so wird dies dennoch eher von Jungen praktiziert als von Mädchen.

Jungen werden dazu ermuntert, sich vom Elternhaus zu entfernen, Raum und Spielmaterial zu erkunden, ihnen wird ein »distaler Verhaltensmodus« zugemutet, während Mädchen eher veranlaßt werden, einen »proximalen« Verhaltensstil zu wählen, sich in der Nähe des Wohnhauses aufzuhalten, möglichst in Sicht- und Rufweite (Baur 1988).

Die öffentlichen Freiräume wie Grünflächen, Parks und Stadtwälder sind zwar nicht eigens für Kinder gedacht und geplant, aber Kinder halten sich gerne dort auf, allerdings sehr viel häufiger Jungen als Mädchen. Mädchen werden in elterlicher Sorge vor sexuellen Belästigungen von diesen Orten eher ferngehalten, mit dem Hinweis, sich dort nicht ohne elterliche Kontrolle und schon gar nicht allein aufzuhalten. Spielplätze werden zwar auch von Jungen häufiger frequentiert als von Mädchen, aber mehr noch als in der Nutzungsfrequenz unterscheiden sich Mädchen und Jungen in der Nutzungsart. Jungen besetzen die Spielgeräte zum Klettern, Hangeln und Rutschen, sie nutzen alle handwerklichen Aktivitäten wie Bauen und Konstruieren, und sie bevorzugen Wasser- und Sandspiele. Letztere sind auch bei Mädchen beliebt. Generell läßt sich sagen, daß Jungen eher die bewegungsorientierten Angebote wahrnehmen, Spielplätze gern in Bolzplätze umfunktionieren, um dort Fußball zu spielen, und die Tischtennisplatten okkupieren. Mädchen dagegen beschäftigen sich eher am Platz, mit Materialien, oder aber sie benutzen bevorzugt Schaukel und Rutsche (Nissen 1998).

Mit dem Aufenthalt in öffentlichen Räumen ist die Frage verbunden, wie Mädchen und Jungen dorthin gelangen. Hier zeigt sich ein geschlechtsspezifischer Unterschied, der darin besteht, daß Mädchen abhängiger von ihren Eltern sind, was das Hinbringen und Abholen anbetrifft. Ausschlaggebend für den Autotransport von Kindern sind einmal das Alter des Kindes – je jünger, desto öfter wird es mit dem Auto gefahren –, zum anderen aber auch sein Geschlecht – Mädchen werden gerade auch mit zunehmendem Alter eindeutig häufiger gefahren als Jungen – sowie die Gefährlichkeit und Länge des Weges. Durchschnittlich werden Mädchen häufiger als Jungen mit dem Auto transportiert und zu bestimmten Spielorten, zu Verabredungen und zu

Terminen gebracht und wieder abgeholt. Mädchen müssen vor Einbruch der Dunkelheit wieder zu Hause sein und dürfen sich prinzipiell nicht weit von zu Hause wegbewegen. Mädchen werden von ihren Eltern mit größerer Sorge um Verletzungen und Belästigungen behandelt, ihnen wird weniger erlaubt und zugestanden, und ihnen wird damit zwangsläufig das Gefühl gegeben, nicht nur gefährdeter als Jungen zu sein, sondern auch abhängiger und hilfloser (Nissen 1992, 1998).

Unterschiedliche Lieblingsbeschäftigungen von Jungen und Mädchen

Jungen dürfen die Umgebung explorieren und dazu das Fahrrad nehmen. Mädchen dagegen werden in ihren grobmotorischen Fähigkeiten eher eingeschränkt (Baur 1988). Dennoch fahren Mädchen und Jungen gleich gern Fahrrad und geben dies sogar gleich häufig als Lieblingsbeschäftigung an, aber Jungen dürfen eher als Mädchen größere Entfernungen mit dem Fahrrad zurücklegen, und ihnen wird eine größere Mobilität zugestanden. Mädchen und Jungen haben auch ein ganz unterschiedliches Verhältnis zu ihrem Fahrrad (Nissen 1992; Fölling-Albers und Hopf 1995; Bründel und Hurrelmann 1996). Viele Jungen und Mädchen verhalten sich so wie Guido und Elke:

Guido, 15 Jahre alt, wohnt in einer verkehrsberuhigten Straße in einem schönen Wohnviertel einer Kleinstadt mit seiner 12jährigen Schwester Elke und seinen Eltern. Sein Hobby ist Fahrradfahren, zu seinem Geburtstag hat er eine nagelneues BMX-Rad bekommen, das er hegt und pflegt. Er putzt und säubert es liebevoll, benutzt Sprays und Reinigungsöl. Er fährt mit seinem Fahrrad stundenlang durch die Stadt, kreuz und quer, ohne konkretes Ziel und genießt dabei die bewundernden und auch neidvollen Blicke von Gleichaltrigen. Sonntags morgens aber legt er manchmal große Entfernungen zurück und stoppt die Zeit, die er braucht. Er liebt schnelles, rasantes und riskantes Fahren. Sein altes Fahrrad benutzt er zum Basteln, funktioniert es um, sägt Teile ab, baut und schweißt sie wieder zusammen.

Elke besitzt auch ein neues Fahrrad, mit dem sie zur Schule fährt oder nachmittags zu ihrer Freundin oder zu Terminen wie Schwimmen und Reiten. Sie putzt es ungern, läßt es auch oft im Regen draußen stehen.

Das Beispiel zeigt, daß Guido sein Fahrrad eher als Sportgerät betrachtet denn als reines Fortbewegungsmittel wie Elke. Dies trifft für die meisten Jungen und Mädchen zu. Jungen fahren um des Schnell-Fahrens willen, auch ohne Ziel, während Mädchen eher das Fahrrad als Fortbewegungsmittel nutzen, um ein Ziel zu erreichen (Nissen 1998). Sie haben auch eine andere

Einstellung zu ihrem Fahrrad, betrachten es nicht als Experimentierfeld für technisches und handwerkliches Können und nehmen es nicht wie Jungen auseinander, um es mit Eifer wieder zusammenzubauen. Elke betrachtet ihr Fahrrad als Gebrauchsgegenstand, sie benutzt es zielorientiert und nicht zur Aufbesserung ihres Images. Für Guido stellt sein Fahrrad Hobby und Statussymbol zugleich dar, und Fahrradfahren ist für ihn ein technisches und sportliches Medium, um sich selbst auszuprobieren und an den Rand seiner körperlichen Kräfte zu kommen.

In der Inanspruchnahme institutionalisierter Räume wie Sportanlagen, Vereine, Musik- und Malschulen unterscheiden sich Mädchen und Jungen kaum, doch die inhaltlichen Interessensunterschiede sind erheblich. Jungen nehmen vor allem Sportangebote wahr, in erster Linie Fußball und Kampfsportarten, Mädchen interessieren sich mehr für musisch-kreative Angebote wie Malen, Basteln, Singen, Instrumente und Theater spielen, Ballett und Tanzen. In diesen Kursen stellen Mädchen eindeutig und seit Jahren unverändert die Mehrheit der Teilnehmer (Deutsches Jugendinstitut 1992; Wilk und Bacher 1994; du Bois-Reymond u. a. 1994; Nissen 1998; Zinnecker und Silbereisen 1998).

Jungen suchen mehrmals in der Woche denselben Freizeitort (z. B. Fußballplatz) auf, Mädchen dagegen halten sich öfter in mehreren unterschiedlichen sozialen Räumen auf, sie stellen sich damit auf unterschiedliche Personen ein und werden unterschiedlichen Ansprüchen gerecht. Noch immer müssen Mädchen mehr im Haushalt helfen als Jungen und werden daher auch gerne von den Müttern im Haus behalten. Du Bois-Reymond u. a. (1994) unterscheiden bei der Mithilfe im Haushalt allerdings zwischen »modernen« und »traditionalen« Mädchen und Jungen. Traditionale Mädchen sehen die Mitarbeit im Haushalt als selbstverständlich an, helfen freiwillig, akzeptieren die Sichtweise, wonach die Frau für den Haushalt zuständig ist, und betrachten die häusliche Mithilfe auch als Interaktionsfeld mit der Mutter. Interessant ist, daß Jungen aus traditionalen Familien sehr viel weniger helfen, dies auch nur ungern tun und sehr viel weniger dazu angehalten werden. Aber sie verweigern sich nicht, während moderne Mädchen und Jungen eine Mithilfe strikt ablehnen und sie zum Anlaß für zahlreiche verbale Auseinandersetzungen mit den Eltern nehmen.

Viele Spiele in den Kinderzimmern und im sozialen Nahraum sind geschlechtsspezifisch und auch altersabhängig. Mädchen bevorzugen im Vergleich zu Jungen Rollenspiele und das Spielen mit Puppen. Sie sitzen gern am Tisch und zeichnen, malen und basteln. Sie zeigen bei Lern- und Brettspielen Ausdauer und Konzentration und entwickeln dabei Fähigkeiten, die ihnen später in der Schule zugutekommen. Wenn sie draußen spielen, auf Höfen, in Hauseinfahrten, vor Garagenplätzen oder im Garten, dann bevorzugen sie Bewegungsspiele am Platz wie Seilhüpfen und Hinkeln, Spiele im Sandkasten und an Spielgeräten.

3.2 Jungen lieben das Gegeneinander, Mädchen das Miteinander

Jungen lieben wilde Bewegungs-, Mannschafts- und Wettkampfspiele. Jungen spielen gern in Gruppen, in denen es auch um Status, Rangpositionen und Dominanz geht. Konkurrenzdenken und Wettbewerb untereinander (»wer ist der bessere«?) spielen immer eine Rolle, während Mädchen gerne auf der Basis von Gleichheit zu zweit spielen und bei sportlicher Betätigung individuelle Sportarten wie Turnen, Schwimmen und Reiten vorziehen. Gerade beim Reiten und der vielzitierten Vorliebe von Mädchen für Pferde zeigt sich die enge Verbindung von Sport mit Pflege und Einfühlung; Eigenschaften, die Mädchen und Frauen zugesprochen werden (Herzberg 1992; Nagl-Kirchler 1994, Krappmann und Oswald 1995; Zinnecker 1996; Nissen 1998).

Während es bei Jungen hauptsächlich um Siegen und Gewinnen geht und sie sich jederzeit mit anderen Jungen messen wollen, sei es im Kindergarten, in der Schule, auf dem Schulhof oder auf dem Spielplatz, ziehen Mädchen es vor, miteinander, am liebsten zu zweit, zu spielen, ohne daß sie ihr Selbstwertgefühl von Sieg oder Niederlage abhängig machen. Mädchen treten nicht in dauernde Konkurrenz zu Freundinnen, zumindest nicht, was Spielaktivitäten anbetrifft, und müssen sich auch nicht ständig mit ihnen messen oder auseinandersetzen.

Mädchen reden sehr gern miteinander über Beziehungen zu Freundinnen und tauschen Kummer und Freude aus. Dies ist ein Verhalten, das sich durch die gesamte Kindheit und Jugendzeit zieht, ja noch bis ins hohe Erwachsenenalter anhält. Wie Kolip (1993, 1997a,b, 1998) hervorhebt, spielen für Mädchen Freundschaftskontakte, enge Gefühle zueinander und intime Gespräche miteinander eine ganz andere Rolle als für Jungen. Mädchen neigen eher zu exklusiven dyadischen Beziehungsformen mit hoher Intimität, Jungen eher zu Gruppenbeziehungen mit geringer Selbstöffnung (Schmidt-Denter 1994). In gleichgeschlechtlichen Freundschaften stehen für Jungen eher Aspekte des gemeinsamen Tuns, Handelns und Erlebens im Vordergrund und nicht so sehr die Gesprächskultur (Golombok und Fivush 1994). Während die beste Freundin für Mädchen die Rolle der Vertrauten und Ratgeberin hat, mit der alle Probleme besprochen werden können, ist der beste Freund für Jungen eher ein Partner bei gemeinsamen Unternehmungen und Aktivitäten. Gespräche unter Jungen werden eher in allgemeiner Form als Austausch von Meinungen geführt, häufig fehlt die persönliche und emotionale Komponente (Bründel 1993).

Fazit

Gruppen-, Wettkampf- und Mannschaftsspiele, in denen es um den Einsatz körperlicher Kräfte geht und in denen das Messen der Körperkraft an oberster Stelle steht, sowie Skateboardfahren und Inlineskaten sind klassische Domänen der Jungen und stehen stellvertretend für ihr Interesse an raumgreifenden und bewegungsintensiven sportlichen, aber auch waghalsigen Aktivitäten. Viele Stürze, Verletzungen, auch tödliche Unfälle von Jungen sind darauf sowie auf Fahrradunfälle im Straßenverkehr zurückzuführen. Wie Bilden (1991) betont, wird der männliche Körper eher »grobmotorisch« und »leistungs- und funktionsbezogen« sozialisiert, der weibliche dagegen eher »feinmotorisch und ästhetisch-attraktivitätsfördernd«. Mädchen lieben nicht so sehr das Gegeneinander, und schon gar nicht das Messen ihrer Körperkräfte, sondern sind eher auf Gemeinsamkeiten, auf ein Miteinander gerichtet.

3.3 Jungen bevorzugen die Gruppe, Mädchen die Zweierbeziehung

Die Gleichaltrigengruppe hat für Jungen und Mädchen eine große, wenn auch unterschiedliche, sozialisatorische Bedeutung, die mit zunehmendem Alter wächst und auch vom guten familiären Zusammenhalt abhängt. Je mehr die Familien an Bindungskraft im zweiten Lebensjahrzehnt der Kinder und Jugendlichen verlieren, desto größer ist die Anziehungskraft der Gleichaltrigen- und Freundesgruppen sowie der Cliquen, Banden und Gangs. Kinder und Jugendliche brauchen Gleichaltrige als zusätzliche Interaktionspartner zu Eltern, Erziehern und Lehrern, die ihnen auch als Modelle für geschlechtsspezifisches Verhalten dienen und ihnen Bekräftigung und Unterstützung geben. Jugendliche finden in den Gleichaltrigengruppen »ihre eigene Welt« mit eigenen Wertvorstellungen in Mode- und Konsumverhalten sowie im Musikgeschmack und eigenen Normen für das Verhalten (Böhnisch und Winter 1994).

Schon im Grundschulalter gesellen sich Mädchen und Jungen überwiegend geschlechtshomogenen Gleichaltrigengruppen zu, wobei jedoch auch schon zu diesem Zeitpunkt die homogene Jungengruppe für Jungen eine weit größere Rolle spielt als die homogene Mädchengruppe für Mädchen. Mädchengruppen sind in jenem Alter der Mädchen zeitlich weniger überdauernd und zerfallen bei Streit und Auseinandersetzungen sehr schnell. Ihnen fehlt das »libidinöse« Band, das für eine Geschlechtsidentität notwendig wäre und das Jungen in Jungengruppen finden. Sechs- bis zehnjährige Mädchen brauchen die Gruppe nicht, um ihre Geschlechtsidentität zu stärken, sie konkurrieren nicht auf derselben Basis miteinander, wie Jungen es tun, sie treten zwar auch in Wettbewerb miteinander, aber nicht in dem Ausmaß und so körperbezogen wie Jungen. Abenteuer und Körperrisiko spielen für Mädchen keine große Rolle, sie haben nicht denselben Spaß an riskanten Erfahrungen wie Jungen, und daher bieten reine geschlechtshomogene Aktivitäten Mädchen nur wenig Anreize (Hagemann-White 1984).

In der Pubertät kommt es zu zahlreichen körperlichen Veränderungen, aber auch zu Umgruppierungen im sozialen Verhalten. Mädchen nehmen in der Pubertät ihre Weiblichkeit vor allem als Einschränkung wahr, viele der Aktivitäten, die gleichaltrige Jungen mühe- und gefahrlos ausüben können, sind ihnen verboten, und alle elterlichen Verhaltensregeln kreisen nur noch und in erster Linie um den Schutz ihrer sexuellen Integrität. Mädchen fühlen sich jetzt verstärkt zur Gruppe der gleichaltrigen Mädchen hingezogen, um der elterlichen Aufsicht und Kontrolle zu entkommen und um eine gemeinsame Definition der Sexualität durch die Gruppe herzustellen. »Bezugspunkt der Gruppe ist eine Neudefinition der Identität des Mädchens als sexueller Person« (Hagemann-White 1984). Gruppenaktivitäten der weiblichen Jugendlichen sind jedoch nicht so sehr wie die der männlichen Jugendlichen auf gemeinsame Unternehmungen, auf sportliche Betätigung oder auf Gruppenhandeln bezogen, sondern finden eher in der Kleingruppe und in Zweierbeziehungen statt und haben oft gemeinsames Ausprobieren körperlicher Veränderungen (Kleidung, Haartracht) zum Thema oder Gespräche über Eltern, Familie und Jungen zum Inhalt. Mädchen üben in Freundschaftsbeziehungen zu Mädchen eine Gesprächskultur ein, in der nicht nur Alltagsbelastungen ausgetauscht und besprochen werden, sondern auch konkrete Hilfe bei der Bewältigung schwerwiegender Probleme angeboten und gegeben wird, die in Freundschaftsbeziehungen von Jungen so nicht zu finden ist (Bründel 1993). Wenn weibliche Jugendliche Gruppenaktivitäten ausüben, dann mit Vorliebe gemeinsam mit Jungen und Mädchen. Sie treffen sich, sie unternehmen gemeinsam etwas, sie besuchen Diskos und Fêten und sind zusammen sehr handlungsaktiv.

Im Unterschied zu Mädchen bevorzugen männliche Jugendliche es, in Gruppen und festen Cliquen mit ihresgleichen, also nur mit Jungen, zusammen zu sein. Es geht ihnen dabei nicht nur um den Austausch von Gesprächen, sondern vor allem um gemeinsame Aktivitäten. Für Jungen ist die Gruppe »männerdominant«, d. h. in der Gruppe werden männliche Verhaltensweisen wie riskantes Verhalten, Sich-Beweisen, Kraftmeierei, Trinkgelage und Anmache gegenüber Mädchen ausprobiert und gefestigt. Wenn Jungen sich vermehrt und sehr gerne in Gleichaltrigengruppen aufhalten, dann beschleunigt dies für sie den Prozeß der vermehrten Übernahme traditionell männlicher Verhaltensweisen. Gleichaltrigengruppen stellen für Jungen ein Übungsfeld für geschlechtsspezifisches Verhalten dar. Die Suche nach männlicher Geschlechtsidentität, die in der Familie aufgrund des »fehlenden« Vaters erschwert war, findet in der Gruppe ihr Ziel (Böhnisch und Winter 1994).

Für männliche Jugendliche stellt die Gleichaltrigengruppe ein identitäts-förderndes Medium dar, in der ein Wir-Gefühl (»wir Männer«) zum einen über die Orientierung an Statussymbolen wie Motorradfahren, Besitz von Waffen, Alkohol trinken, Kleidung etc. und zum anderen auch wieder über die Abwertung von Mädchen und Frauen erreicht wird. Männliche Verhaltensweisen werden eingeübt, weibliche ausgeschlossen. Meistens werden Mädchen und Frauen in den rein männerdominierten Gruppen nicht zuge-lassen, allenfalls zu bestimmten Anlässen (Feste) und Zwecken (Sexualität). Den Ausschluß von Mädchen und Frauen findet man nicht nur in Gruppen von Jungen mit einfacher Schulbildung, sondern auch heute noch in Gymnasiasten- und Hochschulgruppen, die traditionsgemäß bestimmte Sportarten oder musische Tätigkeiten wie (Instrumental-)Chöre pflegen und sich dagegen wehren, Mädchen aufzunehmen.

Jungen und Gruppengewalt

Viele männliche Jugendliche verfügen über klischeehafte Männlichkeitsbilder, wonach Gewalt ein alltägliches und legitimes Mittel der Interessens-durchsetzung ist. Sie sind sich ihrer Körperkräfte bewußt und setzen sie ein, um sich durchzusetzen und um Anerkennung in der Gruppe zu erhalten. Gemeinsam kämpfen männliche Jugendliche in Cliquen, Gruppen und Banden gegen andere Cliquen, Gruppen und Banden (Gottschalch 1997). Gewalthandlungen sind im Jugendalter fast immer Gruppenhandlungen. Kraft und Stärke gelten unter Jungen als beneidenswerte Eigenschaften und führen zu Macht und Ansehen in der Gruppe; eine Erfahrung, die Jungen schon im Kindergartenalter gemacht haben. Gruppen verschaffen dem einzelnen Jugendlichen ein Gefühl der Stärke, der Solidarität und der Gemeinschaft. Um den Gruppenzusammenhalt immer wieder aufs neue zu erleben, bedarf es permanenter Aktionen und gemeinsamen Handelns gegen andere Gruppen, deren Verhältnis zueinander durch Rivalität und Konkurrenz gekennzeichnet ist. Der Reiz von Gruppenhandlungen besteht im gemeinsamen Erleben von Spaß und Spannung, und sei es durch Gewalt. Gleichzeitig setzen sich die Jugendlichen damit von anderen ab, die nicht zur Gruppe gehören, das sind einmal Mädchen und zum anderen fremde Jugendliche, die verachtet, und ausländische Jugendliche, die abgewertet werden. Jungen werden nach Winter und Willems (1992) auf das Prinzip Gewalt hin sozialisiert, das sich auch auf den Stärke- und Konkurrenzzwang zwischen Jungen und zwischen Jungengruppen bezieht. Durch Herrschaft und Macht im Inneren der Gruppe und durch Abgrenzung von anderen nach außen entsteht ein Wir- und ein identitätssteigerndes Männlichkeitsgefühl. Das Verhalten in Gruppen hat neben den Vorteilen für den einzelnen auch seine Schattenseiten. In

45

Gruppen herrschen Wettbewerbszwang und Konkurrenzdruck, der vom einzelnen den Einsatz aller Kräfte verlangt, um sich immer wieder neu seinen Platz zu erobern (Bründel und Hurrelmann 1994).

Sport, Nervenkitzel und männliche Gewaltbereitschaft

Dem Sport, besonders dem gesellschaftlich favorisierten und dominanten Sport wie Fußball, kommt eine hohe Bedeutung in der Sozialisation von Jungen und Männern zu. In der »Verschmelzung von Aggressivität und Körperbewegung wird Mann-Sein trainiert« (Hagemann-White 1993). Bestimmte Sportarten schaffen durch den (überwiegenden) Ausschluß von Frauen ein identitätsstiftendes Band unter Jungen und Männern (Klein 1990). Die in unserer Gesellschaft so populären Mannschaftssportarten wie Fußball, Rugby und Eishockey werden überwiegend von Jungen, männlichen Jugendlichen und Männern ausgeübt, und sie profitieren damit von dem hohen gesellschaftlichen Prestige und der breiten Anerkennung durch die Bevölkerung, die mit diesen Sportarten verbunden sind. In ihnen schlagen sich männliche Wert- und Orientierungsmuster nieder, nämlich Kraft- und Muskeleinsatz, Konkurrenz- und Wettbewerbscharakter, Sieg oder Niederlage, Punktegewinn oder -verlust auf einer Tabellenskala. In der sportlichen Betätigung, speziell den Mannschaftssportarten, geht es um Ein- üben von Härte, Unverletzbarkeit und Dominanz. Wer siegen will, muß Schmerzen ertragen können – und anderen Schmerzen zufügen. Es handelt sich um Kampf, nach dem Muster Mann gegen Mann. Der Sinn dieser Spiele besteht in Angriff und Verteidigung. Die Jungen und Männer rasen, stürzen, jagen und verfolgen einander, sie rempeln, foulen, brüllen sich an und beschimpfen sich. Es sind aggressive und oft auch gewalttätige Sportarten, die den ganzen Mut und den gesamten körperlichen Einsatz der Spieler verlangen. Vor und nach den Spielen gibt es häufig unter den Zuschauern Ausschreitungen, Zerstörungen, Randale und gewalttätige Auseinandersetzungen (Petri 1997).

Gerade die letzten Fußballweltmeisterschaften haben gezeigt, daß die gewalttätigen Ausschreitungen von Hooligans neue Dimensionen erreicht haben. Über 90 % der Hooligans sind männliche Jugendliche oder männliche junge Erwachsene. Es handelt sich um gewaltbereite junge Männer, denen es nicht mehr um das sportliche Ereignis geht, sondern um Krawall und Randale. Sie sind hochorganisiert und ausgerüstet mit modernsten Kommunikationsmitteln. Sie schlagen mit größter Kaltblütigkeit zu und lassen jegliche Hemmungen vermissen. Sie benutzen die sportlichen Veranstaltungen als Forum, um zuzuschlagen, ihr Lebensinhalt ist Gewalt.

In männlich dominierten Sportarten geht es um permanentes Miteinander-Konkurrieren, um Macht und Herrschaft, um Leistungssteigerung, um Sich-Beweisen und Sich-Bestätigen. Sport bereitet auf das Berufsleben vor, auf das kämpferische Sich-Durchboxen, auf das Ertragen von Niederlagen, auf das Durchstehen von Anstrengungen und Kränkungen (Hollstein 1991). Sportliche Erziehung steht als Synonym für Wettstreit, Männlichkeit und Erfolg. Er vereint die Männer aller sozialen Klassen. Frauen dagegen mögen in der überwiegenden Anzahl den Kampfsport nicht und ziehen das Trainieren des Körpers dem Wettstreit vor (Badinter 1992).

Individuelle Extrem-Sportarten wie Free-Climbing, alpines Bergsteigen, Wildwasser-Rafting oder auch Gruppenveranstaltungen wie die Trecking-Tours oder die von Camel oder Marlboro organisierten Abenteuerfahrten und Überlebenstrainings werden häufig von männlichen Jugendlichen und jungen erwachsenen Männern ausgeübt, die bis an die Grenzen ihrer Leistungsfähigkeit gehen und herausfinden wollen, wozu sie körperlich in der Lage sind. Ihr Bedürfnis nach Individualität und Einzigartigkeit ist so stark ausgeprägt, daß sie sich nur noch in einer permanenten Ausnahmesituation spüren und erleben können. Viele männliche (aber auch einige weibliche) Jugendliche haben für sich das Bunjee-Springen entdeckt und stürzen sich an starken Gummibändern von Brücken und Kränen, sie »surfen« auf Dächern und Trittbrettern von S- und U-Bahnen, rasen in Autos und auf Motorrädern nachts über die Autobahnen oder durch die Städte und wollen dabei den »Thrill« oder auch »Kick« erleben, den ultimativen Nervenkitzel oder auch das Throw-Erlebnis (Csikszentmihalyi 1992; Huber 1994). Sie wollen damit einer »aggressiven Langeweile« entfliehen und eine Steigerung ihres Ich-Gefühls erleben. Daß sie dabei mit ihrem Leben »spielen«, ist ihnen nur mehr oder weniger bewußt, im Vordergrund steht ihr unstillbarer Erlebnishunger nach Abenteuer und Grenzüberschreitung, nach extremen Sinneserfahrungen.

Fazit

Die Gleichaltrigengruppe ist ein Übungsort für Auseinandersetzung mit Gleichaltrigen. In ihr erreicht das Konkurrenzverhalten der Jungen eine Zuspitzung und Intensivierung. Der Druck auf den einzelnen Jungen, sich geschlechtskonform und damit männlich zu verhalten, ist immens hoch. Es werden nicht nur die körperlichen Kräfte beim Sport gemessen, sondern auch Fähigkeiten bei vielen anderen Aktivitäten, z. B. bei Mutproben, Trinkgelagen und der Anmache von Mädchen. Immer geht es darum, wer der beste in der Gruppe ist. Sich-Beweisen, einen Platz in der Gruppe erobern und miteinander konkurrieren, gegeneinander kämpfen, der Gewinn von Macht und Ansehen, Herrschaft im Inneren der Gruppe und Abgrenzung nach außen haben eine hohe Bedeutung für Jungen. Daß damit auch hierarchische Rangpositionen, Konformitätszwang und Unterordnung, das

Ausüben und Erleiden von Gewalt verbunden sind, nehmen sie in Kauf. Für Mädchen hat das geschlechtshomogene Gruppenverhalten kaum eine Bedeutung, sie sind zwar gerne in Gruppen und Cliquen integriert, aber seltener in reinen Mädchengruppen. Sie ziehen geschlechtsheterogene Gruppen vor und fühlen sich dort bei gemeinsamen Unternehmungen sehr wohl. Die Einübung in Gruppenverhalten von Jungen scheint bei männlichen Erwachsenen ihre Fortsetzung in Männerbünden und Männerbanden zu finden. Der Sport, und vor allem männlich dominierte Sportarten, ist häufig ein Austragungsort für gewalttätige Handlungen. Die Erfahrungen der letzten Jahre haben gezeigt, daß Gewalt von männlichen jungen Erwachsenen, besonders der Hooligans, bei Weltmeisterschaftsspielen Dimensionen erreicht hat, denen neu begegnet werden muß und denen mit herkömmlichen Präventivmaßnahmen nicht beizukommen ist.

Zusammenfassung

Jungen werden nicht als Jungen geboren, sondern dazu gemacht. Durch subtile Beeinflussungsmechanismen der Eltern werden Jungen darauf gedrillt, sich »typisch« männlich zu verhalten. Sie werden eher als Mädchen aus der engen Beziehung zur Mutter entlassen und zu Selbständigkeit und Unabhängigkeit erzogen. Väter trauen und muten ihnen mehr zu, aber auch Mütter unterstützen raumgreifendes und sich von ihnen entfernendes Verhalten. Jungen erfahren tagtäglich in Kindergarten und Schule, daß sie sich mehr herausnehmen dürfen als Mädchen, daß ihr oft störendes Verhalten zwar bestraft, aber immerhin registriert wird. Die Gleichaltrigengruppen stellen ein Übungsfeld für geschlechtsspezifisches Verhalten und damit ein identitätsstiftendes Medium dar. Jungen müssen sich stets beweisen und behaupten, sie stehen unter starkem Wettbewerbs- und Konkurrenzdruck. Bei sportlichen Betätigungen wählen sie häufig Sportarten, die mit dem Einsatz von Körperkraft, Muskelstärke und Nervenkitzel verbunden sind und auch die Möglichkeit zur Gewaltausübung offenlassen. Sie sind darauf geeicht, erwachsenenspezifisches Verhalten vorwegzunehmen, dies zeigt sich in ihrer Neigung, Mädchen und Frauen von ihren Gruppenaktivitäten auszuschließen

Pädagogisches Handeln, ob in Familie, Kindergarten, Schule oder Freizeitbereich muß einerseits am Geschlecht des Kindes ansetzen und das Kind als Junge oder als Mädchen akzeptieren, aber gleichzeitig darauf achten, daß dies nicht in einseitiger Weise geschieht. Erzieherinnen sollten Mädchen und Jungen im Kindergarten gleichermaßen dazu ermuntern, für Ordnung zu sorgen, aufzuräumen, den Tisch zu decken, sauberzumachen und die Blumen zu pflegen oder die Fische zu füttern. Weder nur Neigung und nur Interesse, welche ja schon in der Familie einseitig erworben sind, noch die Geschlechtszugehörigkeit sollten darüber bestimmen, ob diese Aktivitäten ausgeführt werden oder nicht, sondern Einsicht in die Notwendigkeit der Tätigkeiten und in eine gerechte Arbeitsteilung von Jungen und Mädchen (Bründel und Hurrelmann 1996).

Pädagogisches Handeln muß sich allerdings auch an den spezifischen Interessen von Jungen und Mädchen orientieren und dafür Sorge tragen, daß sowohl Jungen als auch Mädchen die ganze Bandbreite möglicher Verhaltensweisen ausloten können, ohne dabei in Schablonen gepreßt zu werden. Nicht die Vorstellungen von Männlichkeit und Weiblichkeit an sich sind problematisch, sondern ihre Hierarchisierung, d. h. die Höherbewertung männlicher und die Unterbewertung weiblicher Eigenschaften und Verhaltensweisen. Eine rigide Festlegung auf weiblich und männlich hat für beide Geschlechter Nachteile, besonders aber für die Jungen, denn sie sind es, die am häufigsten negativ auffallen, ermahnt, bestraft, geschlagen werden und die ihrerseits häufiger streiten, bestrafen und schlagen. Jungen sind in allen Bereichen Opfer und Täter zugleich. Sie tauschen die Privilegien, die sie haben, gegen Leid, Schmerz, gegen Konkurrenz und häufige Niederlagen ein. Ihr Konkurrenz- und auf permanenten Wettbewerb ausgerichtetes Verhalten, ihre mangelnde Fähigkeit, Grenzen wahrzunehmen, und das Gefühl, sich ständig und überall gegenüber Jungen behaupten und profilieren sowie sich gegenüber Mädchen abgrenzen zu müssen, führen vielfach zu Anspannungen, Frust und Ärger und zu Problemen mit anderen. Jungen befinden sich in einer »doppelten Konkurrenz«, einmal gegenüber Jungen, zum anderen gegenüber Mädchen, die ihnen – das spüren sie – in der Kooperationsfähigkeit, im Aufbau und Erhalt von Freundschaften sowie in ihrer Fähigkeit zur Empathie überlegen sind.

Wir brauchen in unseren Kindergärten und Grundschulen nicht nur weibliche, sondern auch männliche Erzieher und Lehrer. Schnack und Neutzling (1990, 1993, 1997) plädieren für mehr männliche Vorbilder in der Erziehung, damit Jungen sich nicht mehr bewußt gegen die Übermacht der Frauen behaupten und typisch männliches Verhalten zeigen müssen. Die Vorbilder, die Jungen gegenwärtig in den Medien antreffen, sind überwiegend aggressiv und auf Kämpfen, Durchsetzen, Gewinnen getrimmt. Wo sind die männlichen Vorbilder, die Väter, Erzieher, Lehrer, Trainer, die den Jungen zeigen, daß männliches Verhalten mehr Facetten beinhaltet als nur schlagen und stark sein, daß es drauf ankommt, Selbstvertrauen zu entwickeln, Konflikte mit Worten zu lösen und eigene Gefühle zu erkennen und auszudrücken sowie die anderer zu verstehen und zu berücksichtigen?

Karriere: **Warum müssen Männer Macht ausüben?**

1. Stellt die Berufsausübung einen Schalthebel der Macht dar?

Erwerbsarbeit und die damit verbundene Ausübung eines Berufs ist im Leben der Menschen von außerordentlich großer Bedeutung. Sie ist »zur Achse der Lebensführung« geworden und bildet »zusammen mit der Familie das zweipolige Koordinatensystem«, das das Leben bestimmt (Beck 1986). Sie dient nicht nur der finanziellen Unabhängigkeit und der Sicherstellung des Lebensunterhalts sowie der eigenen Altersversorgung, sondern entspricht als zielgerichtete und planmäßige Tätigkeit auch dem Bedürfnis von Männern und Frauen nach Selbstbestätigung und Selbstverwirklichung und dem Wunsch, ein aktives Leben zu führen. Berufsausübung und das Eingebundensein in die Arbeitswelt beeinflussen in ganz spezifischer Weise über Jahrzehnte hinweg die Persönlichkeit und die Lebensführung des einzelnen Menschen sowie die seiner Familie, sichern seine materielle Lage und führen zu einem bestimmten gesellschaftlichen Ansehen, sozialen Prestige und Sozialstatus. Schon im Kindesalter wird der Heranwachsende vom Beruf seines Vaters (und seiner Mutter) geprägt. Sozialer Wohlstand und Lebensstil, auch Leistungsdenken und Leistungsstreben sind davon beeinflußt.

1.1 Erwerbsarbeit als existentielles Bedürfnis für Männer und Frauen

Ähnlich verunsichernd, wie es ist, nicht zu wissen, ob man einem Jungen (einem Mann) oder einem Mädchen (einer Frau) gegenübersteht, ist es, nicht zu wissen, welchen Beruf jemand ausübt, den man kennengelernt hat. Dies zeigt sich besonders im Urlaub. Die erste Frage bei Urlaubsbekanntschaften ist meistens: »Was machen Sie im Leben?« Oder direkt: »Was sind Sie von Beruf?« Mit dem Wissen um den Beruf des anderen scheint eine soziale Einstufung gegeben zu sein, eine Positionierung auf einer sozialen Hierarchieleiter, die der Mensch anscheinend braucht, um sich selbst gegenüber anderen einzuordnen. Wenn wir den Beruf unseres Gegenüber kennen, glauben wir, ihn oder sie in seiner Persönlichkeit zu kennen. Der Beruf eines Menschen ist von so großer Bedeutung, daß er wie eine »wechselseitige Identifikationsschablone« benutzt wird, mit deren Hilfe Menschen nach ihren Fähigkeiten eingeschätzt und kategorisiert werden (Beck 1986).

Der berufstätige Mensch erwirbt im Laufe seines Berufslebens ein stabiles System von Handlungsregeln, die es ihm zum einen ermöglichen, den Anforderungen am Arbeitsplatz gerecht zu werden, und zum anderen einen »beruflichen Habitus« nach außen zu vertreten (Heinz 1991). Der Beruf ermöglicht grundlegende Sozialerfahrungen, er fördert die Persönlichkeitsentwicklung und prägt in der Auseinandersetzung mit der Arbeitstätigkeit das eigene Leben, gibt (in der Idealvorstellung) Sicherheit und ist der soziale Ort, an dem Beziehungen gestiftet werden und Kommunikation erfolgen kann.

Durch die Anforderungen der Berufstätigkeit, aber auch durch den sozialen Kontext, das Betriebsklima am Arbeitsplatz, die Beziehungen zu den Kollegen werden neue Erfahrungen gewonnen und Kompetenzen erworben (Brüderl 1992). Viele männliche und weibliche Erwerbstätige erfüllt der Beruf mit Selbstbewußtsein und Stolz und gibt ihnen das Gefühl, fachlich-qualifizierte Arbeit zu leisten. Einerseits sind die Tätigkeitsinhalte für sie von großer Bedeutung, andererseits die damit verbundenen Beziehungsaspekte. Männer und Frauen möchten subjektive Ansprüche in der Arbeit verwirklichen, Frauen noch mehr als Männer. Frauen möchten stärker als Männer in ihre Arbeit Emotionalität einbringen und ihre Persönlichkeit entfalten. Sehr wichtig – besonders für Frauen – ist die bedürfnisgerechte Arbeitszeitregulierung, d. h. die Vereinbarkeit von Erwerbsarbeit und Familienarbeit (Baethge 1994).

Frauen treten in Konkurrenz zu Männern

Während vor einigen Jahrzehnten die Frauenerwerbsarbeit nur als vorübergehende Erscheinung begriffen wurde und ihnen überwiegend auch nur Tätigkeiten mit geringen Qualifikationsanforderungen zugewiesen wurden, hat sich dies heute, wenn auch nicht ganz, aber doch entscheidend verändert. Die Erwerbstätigkeit von Frauen lag 1989 in der alten Bundesrepublik bei 55,5 Prozent, in der ehemaligen DDR lag sie, bezieht man Studierende und Lehrlinge mit ein, bei über 90 Prozent, heute liegt sie bei 70 Prozent (Maier 1993; Nickel 1993).

In der ehemaligen DDR waren schon immer weit mehr Frauen als in der alten Bundesrepublik erwerbstätig. Dort wurde seit Beginn der Staatsgründung im Jahr 1949 das Leitbild der »berufstätigen Mutter« propagiert. Frauen wurden ermuntert, berufstätig zu sein und trotzdem Kinder zu bekommen. »Eine gute Mutter« war »eine arbeitende Mutter« (Helwig und Nickel 1993), und sie bekam alle nur erdenklichen staatlichen und finanziellen Hilfen weit mehr als in der alten Bundesrepublik. Dementsprechend war der Anteil der berufstätigen Frauen in der ehemaligen DDR auch sehr viel höher. Für sie war es selbstverständlich, ein Leben lang berufstätig zu sein, Beruf und Familie waren gleich wichtige Lebenswerte (Hampele 1993).

51

Mit dem Vordringen der Frauen in die Berufswelt kam es zu einem Prozeß des Umdenkens bei den Männern, der vielen unter ihnen sehr schwer fiel. Nur zähneknirschend akzeptierten sie die Berufstätigkeit ihrer Frauen und sahen sie häufig als Kränkung ihres Selbstwertgefühls an. Doch allmählich akzeptierten sie die Tatsache, daß sie sich nicht mehr als die Alleinverdiener definieren konnten. Heute ist es eine Selbstverständlichkeit, daß Männer und Frauen berufstätig sein wollen, auch wenn sie dies aus Gründen der hohen Arbeitslosigkeit nicht immer sein können. Womit Männer so schnell nicht gerechnet haben, ist die Tatsache, daß auch immer mehr Frauen eine Karriere trotz aller damit noch verbundenen Schwierigkeiten anstreben. Dies bedeutet für Männer noch mehr Konkurrenz auf dem Arbeitsmarkt. Konkurrenten in der Verteilung von Aufstiegs- und Karrierechancen sind nicht nur Männer, sondern nun auch Frauen, was den Druck beträchtlich erhöht. Es ist zwar eher selten, daß Frauen mehr Geld als Männer verdienen, aber es kommt doch schon immer öfter vor. Woran Männer sich noch gewöhnen müssen, ist das Arbeiten unter einer weiblichen Vorgesetzten oder Chefin. Aber auch dies wird ihnen immer häufiger »zugemutet«, es funktioniert, und sie werden es akzeptieren müssen (Hollstein 1991). In Zusammenhang mit der Berufsausübung werden von Männern und Frauen gleichermaßen Ziele wie Sinnerfüllung, Arbeitszufriedenheit und soziale Kommunikation genannt. Auch wenn der Wunsch nach einer Berufsausübung für Männer und Frauen ähnlich groß ist, erweist sich doch sowohl die Einstellung zum Beruf als auch die Arbeitsplatzsituation für Männer und Frauen trotz aller Wandlungen der letzten Jahre als unterschiedlich.

Zur Berufsidentität von Männern und Frauen

Jahrhundertelang übten nur Männer einen Beruf aus, von jeher wurde der Mann als Haupternährer der Familie angesehen und sein Selbstbewußtsein gründete sich darauf, eine vielköpfige Familie ernähren und versorgen zu können. Traditionsgemäß ist das Leben eines Mannes mit seiner Berufstätigkeit verbunden, und schon von Kindheit an wird der Junge darin sozialisiert, ›später einmal einen ordentlichen Beruf zu ergreifen‹. Die psychische Bindung an den Beruf wird Männern schon sehr früh eingeimpft (Schnack und Gesterkamp 1998). Männer wurden in der Vergangenheit und werden auch heute noch über ihre Berufstätigkeit definiert. Grundpfeiler ihrer sozialen Identität ist ihr Beruf. Bei Frauen ist es zwar ähnlich, auch für sie ist heute das Erlernen eines Berufes und damit verbunden eine gute Berufsausbildung sehr wichtig und gehört zur »Ausstattung für's Leben« (Mertens 1996), aber ob sie ihren Beruf und in welchem zeitlichen Ausmaß auch wirklich ausüben, ist von einer Vielzahl von Faktoren abhängig, ob sie verheiratet sind, ob sie Kinder haben und wenn ja, wie viele.

Maria, eine in der ehemaligen DDR aufgewachsene Schülerin und jetzige Studentin der Medizin, hat zeit ihres Lebens eine berufstätige Mutter (Krankenschwester) und einen berufstätigen Vater (Arzt) erlebt. Es ist für sie keine Frage, ebenfalls berufstätig zu sein, und sie hat mit der Medizin ein anspruchsvolles Studium ausgewählt. Ihr langjähriger Freund, den sie schon als Schülerin kannte und der aus derselben kleinen Stadt in Thüringen kommt wie sie, studiert ebenfalls Medizin. Beide wollen zusammenbleiben, heiraten, und natürlich sind auch Kinder eingeplant. Nachdem Maria ihr Physikum mit der Note »sehr gut« bestanden hat, trägt sie sich gedanklich immer öfter mit der Frage, welche Spezialisierung sie als zukünftige Ärztin wohl wählen solle. Während ihr Freund sich schon ganz klar für die Augenheilkunde und für eine eigene Praxis, also die spätere Selbständigkeit, entschieden hat, schwankt Maria und möchte sehr wahrscheinlich Fachärztin für Anästhesie werden, weil sie – so glaubt sie – diese Tätigkeit am besten halbtags im Krankenhaus wird absolvieren können

Das Beispiel zeigt, daß sich Frauen alle Optionen offen halten müssen, während es für Männer keine Frage ist, ihr späteres Leben ganz auf den Beruf hin auszurichten. Für Männer ist die Vereinbarkeit der Lebensbereiche Beruf und Familie eine Selbstverständlichkeit, die sie nicht in Frage stellen (Mertens 1996). Sie entscheiden sich primär für den Beruf und glauben, daß alles andere sich schon finden werde. Frauen verbinden gedanklich – ganz anders als Männer – schon sehr frühzeitig Familienplanung und Berufswahl miteinander und suchen nach Möglichkeiten, den Beruf familiengerecht auszuüben. Sie rechnen viel bewußter als Männer damit, daß sie heiraten und Kinder haben werden, die meisten unter ihnen übernehmen und akzeptieren auch diese traditionelle Geschlechtsrollenverteilung, sie ist Bestandteil ihrer Selbstdefinition (Petri 1997). Der Beruf hat für Frauen und Männer dieselbe hohe Wertigkeit, und doch sind Frauen eher bereit, Kompromisse zugunsten einer familiengerechten Berufsausübung zu machen, z. B. eine Teilzeitarbeit anzunehmen oder auch vorübergehend ganz auf die Ausübung des Berufes zugunsten der Familie zu verzichten.

Berufstätigkeit in der Lebensplanung von Männern und Frauen

In der Lebensplanung von Männern und Frauen spielt die Berufstätigkeit eine herausragende Rolle. In der Vergangenheit konnten Männer von einer kontinuierlichen und lebenslangen Berufstätigkeit ausgehen und arbeiteten nicht selten 25 bis 30 Jahre ohne nennenswerte Unterbrechungen in einer Firma oder einem Betrieb. Dies hat sich zwar heute aufgrund der tiefgreifenden Veränderung im Wirtschaftsleben und auf dem Arbeitsmarkt verändert, auch Männer können nicht mehr davon ausgehen, daß sie ein Leben lang in ihrem erlernten Beruf tätig sein werden. Aber dennoch haben sie im Unterschied zu Frauen eine andere Lebensplanung, was ihre Berufsausübung angeht. Generell gehen sie davon aus, daß sie, wenn keine widrigen äußeren Umstände wie Arbeitsmarktkrise, Beschäftigungsabbau, Konkursanmeldungen sie daran hindern, kontinuierlich berufstätig sein werden und auch wollen.

Frauen dagegen kalkulieren in ihrer Lebensplanung von vornherein zeitlich befristete Erwerbsunterbrechungen und spätere Teilzeitarbeit mit ein. Sie nehmen berufliche Statusverluste in Kauf und müssen damit rechnen, daß ihre Chancen bezüglich Karriere und Aufstieg geringer als die der Männer sein werden. Ihre Lebensläufe gleichen oftmals Patchwork-Biografien (Schnack und Gesterkamp 1998). Dennoch streben die meisten Frauen danach, nicht nur eine qualifizierte Berufsausübung zu erhalten, sondern ihren Beruf möglichst, wenn auch nicht langfristig, auszuüben. Sie sind in der Lebensplanung ihrer Berufsausübung wesentlich flexibler als Männer und nehmen auch vorübergehend Arbeiten in ausbildungsfremden Bereichen an.

Die Perioden der weiblichen Erwerbsarbeit verteilen sich alters-, familien- und berufsbedingt anders als bei Männern sehr unterschiedlich über den gesamten Lebenslauf. Es gibt Lebensphasen, in denen Frauen im erlernten Beruf arbeiten, dann eine Zeitlang in nicht-erlernten Berufszweigen oder auch in nicht-versicherungspflichtigen Arbeitsverhältnissen. Bei Frauen gibt es sehr viel weniger Normalitätsvorstellungen bezüglich einer kontinuierlichen und ununterbrochenen Erwerbstätigkeit als bei Männern. Berufsspezifisch gibt es bei den typischen Frauenberufen viele Unterschiede. So arbeiten z. B. kaufmännische Angestellte sehr lange in ihrem Beruf und wechseln selten in ausbildungsferne Bereiche, gelernte Kinderpflegerinnen und Friseurinnen dagegen nur kurz, entweder wechseln sie dann oder scheiden aus dem Erwerbsleben aus. Verkäuferinnen und Schneiderinnen arbeiten überdurchschnittlich häufig in Berufen, für die sie nicht ausgebildet wurden (Born 1994).

Männer- und Frauenberufe

Männer üben im Vergleich zu Frauen die körperlich schwereren und auch gesundheitsgefährdetsten Berufe aus. Sie dominieren in der Schwerindustrie (Stahlbau, Bergwerk, Steinbruch) und in den gefährlichen Off-Shore Arbeitsbereichen (z. B. auf Bohrinseln) sowie in der Druckluftarbeit. Männer überwiegen bei weitem im Transportwesen und in der Bauindustrie (Haus-, Straßen-, Tunnel- und Brücken-, U-Bahn- und Eisenbahnbau). Für bestimmte riskante Tätigkeiten wie Gebäude- und Fassadenreinigungen werden fast ausschließlich Männer herangezogen.

Frauen sind überwiegend im Dienstleistungsbereich beschäftigt. Ihnen werden im allgemeinen ganz spezifische Arbeitsplätze zugewiesen: mit kognitiver Unterforderung trotz ihrer im Vergleich zu Männern besseren Bildungsabschlüssen, mit hohen Anforderungen an psychische Belastbarkeit und Konzentration (Akkordarbeit) sowie an die Fähigkeit, Monotonie und Eintönigkeit, einseitige Muskelbeanspruchung, statische Halte- und Haltungsarbeit zu ertragen. Frauen werden von bestimmten Arbeitsplätzen, besonders von einigen männerdominierten Berufsbereichen wie Baugewerbe und Autoindustrie ferngehalten, mit den Argumenten, daß Mädchen und Frauen nicht interessiert genug wären, daß die Arbeitsbedingungen die physischen Anforderungen überträfen, die an Mädchen und Frauen zu stellen seien, daß soziale und hygienische Einrichtungen fehlten und daß die Ausfallquoten durch Mutterschaft einfach zu hoch wären.

Die beliebtesten Frauenberufe sind Bürofachfrau und Groß- und Einzelhandelskauffrau, und danach kommen die Berufe im Gesundheits-, im Sozialpflege- und im Reinigungsbereich sowie im Bildungswesen (Maier 1992). Die Unterscheidung von typischen Männer- und Frauenberufen läßt sich nicht immer aufrechterhalten, wenn man auf die Arbeitsinhalte blickt. Viele Berufe, die ehemals reine Männerberufe waren, wie die des Sekretärs, haben sich zu reinen Frauenberufen gewandelt und umgekehrt. Das Gemeinsame an den typischen Frauenberufen heute ist, daß sie einen geringen Sozialstatus haben (Gildemeister und Wetterer 1992).

Mehr als 50 Prozent aller Frauen arbeiten in nur fünf Berufsgruppen und – im Vergleich zu Männern – überwiegend als Arbeiterin oder Angestellte in unteren Positionen. Obwohl viele Mädchen und Frauen bessere Bildungsvoraussetzungen als Jungen und Männer aufweisen, haben sie auf dem Arbeitsmarkt immer noch schlechtere Chancen. Merkmale ihrer Tätigkeit sind gegenüber Männern eine schlechtere Bezahlung, weniger Aufstiegsmöglichkeiten, weniger Qualifizierungschancen und restriktivere Arbeitsbedingungen (Brück, Kahlert, Krüll u. a. 1992; Beckmann und Engelbrech 1994; Keiser 1997).

Noch vor einigen Jahrzehnten war es so, daß Erwerbstätige damit rechnen konnten, vom 18. bis spätestens 60. und 65. Lebensjahr berufstätig sein zu können. Das hat sich heute völlig verändert. Das Vertrauen in eine lebenslange Erwerbsarbeit ist verlorengegangen. Männer und Frauen können nicht mehr sicher sein, daß sie ihren einmal erlernten Beruf ein Leben lang ausüben können, und sie müssen stets damit rechnen, daß sie plötzlich nicht mehr gebraucht und damit arbeitslos werden. Die Erwerbstätigkeit bietet keine Sicherheit mehr und auch keine Garantien für lebenslange Dauer. Der Zeitpunkt des Eintritts in das Erwerbsleben hat sich nach hinten verschoben und der Zeitpunkt des Austritts nach vorne. Zwischendurch liegt eine Zeit der Unsicherheit, und niemand kann von sich sagen, daß er seines Arbeitsplatzes sicher wäre. Damit erhöht sich die Bedeutung des einmal errungenen Arbeitsplatzes noch einmal erheblich, und Männer und Frauen, die in der glücklichen Lage sind, eine Arbeitsstelle zu haben, halten an ihr fest, machen Überstunden, verzichten z.T. auf Urlaubsgeld, nur um den Arbeitsplatz nicht zu verlieren. Was heißt das für Männer und Frauen?

Männer arbeiten wie besessen

Für Männer bedeutet Berufsausübung sowohl die Sicherung ihrer Existenz als auch die ihrer Familie. Es ist eine Frage männlichen Selbstverständnisses, seine Familie ernähren zu können. Sie ist Quelle und Bezugspunkt für Statusgewinn und Ansehen (Böhnisch und Winter 1994). Der Beruf übt auf Männer nach wie vor eine unwiderstehliche Faszination aus. Viele verlassen morgens das Haus und kommen erst abends wieder. Sie stürzen sich in die Arbeit und planen dabei bewußt ihre Karriere. Sie denken an Beförderung und Gehaltserhöhungen. Ihre Konkurrenzkämpfe untereinander sind stark, viele Männer setzen ihre ganze Energie und ihren Ehrgeiz ein, um auf der Pyramide der Hierarchien eine Gehaltsstufe höher zu klettern. Von leitenden Angestellten und Managern in Führungspositionen wird erwartet, daß sie »rund um die Uhr« für die Firma erreichbar sind, und ein 14-Stundentag ist geradezu selbstverständlich. Positions-, Rang- und Dominanzkämpfe sind an der Tagesordnung, immer geht es darum, wer die Macht hat. Im allgemeinen sind die Führungspositionen und Chefetagen von den Männern besetzt. Dies trifft nicht nur für die freie Wirtschaft zu, sondern auch für den Angestelltenbereich, in Krankenhäusern, in Banken, Versicherungen und Schulen. Auch in Politik und Gewerkschaften haben mehrheitlich die Männer das Sagen. In der Wissenschaft, an den Universitäten, im Kunstbetrieb, überall haben Männer die höher angesehenen und besser besoldeten Ämter inne. Unter den Selbständigen sind weit mehr Männer als Frauen anzutreffen.

Männer planen ihre Karriere

Berufswahl und Berufsausübung sind nicht nur an bestimmte Kompetenzen gebunden, die in Schule, Lehre und Studium erworben sein müssen, sondern auch an bestimmte Karriereerwartungen und an Verdienstmöglichkeiten gekoppelt. Männer planen ihre Karriere bewußt und gezielt. Sie treten nicht nur, aber auch aus diesem Grund schon während des Studiums in Studentenverbindungen ein, haben dort Kontakt zu »alten Herren«, knüpfen Beziehungen und schaffen Netzwerke, die ihnen für später, z. B. bei Stellensuche und Ersteinstellungen, nützlich sein können. Männer üben Vereinstätigkeiten aus, sind in Aufsichtsräten und im Vorstand von Sportvereinen, Kegelclubs und anderen Institutionen tätig, erstreben den Eintritt in Lions- und Rotaryclubs und haben dort vielfältige Kontakte, die sie auch für Karrierezwecke nutzen.

Männer pflegen Kollegialität, gehen mit Kollegen und Kolleginnen nach Dienstschluß gerne noch in Gaststätten oder Kneipen, trinken in der Firma auf erfolgreiche Abschlüsse und Verträge, nehmen an betriebsinternen geselligen Feierlichkeiten teil und haben oft feste berufliche Stammtisch-Gewohnheiten. Hier werden Karriere-Pläne vorbereitet, geschmiedet, Karrierechancen verteilt, Beschlüsse gefaßt, feste Absprachen und Vereinbarungen getroffen, Abstimmungsergebnisse in die gewünschte Richtung gelenkt, es wird die große und die kleine Politik gemacht. Männer gehen dabei gezielter als Frauen vor, verhalten sich strategisch geschickter und ziehen aus den vielfältigen kollegialen Kontakten auch beruflichen Nutzen. Sie müssen – im Unterschied zu Frauen und Müttern – ja auch nicht pünktlich nach Hause kommen. So können sie ungehindert das Angenehme mit dem Nützlichen verbinden. Da Vereins- und Trinkgewohnheiten von Frauen andere sind als von Männern und ihre Zeitbudgets aufgrund familiärer Verpflichtungen auch sehr viel eingeschränkter sind, nehmen Frauen meistens an den kollegialen Treffen nach Dienstschluß nicht so oft teil wie Männer und sind auch nicht so häufig bei Stammtisch- oder abendlichen Vereinsterminen anzutreffen. Auf diese Weise nutzen Frauen weit weniger als Männer berufliche Beziehungen und Netzwerke, um in ihrer Karriere voranzukommen.

Im Beruf erleiden Männer auch Demütigungen und Frustrationen, Enttäuschungen und Kränkungen. Es läuft nicht immer alles so, wie sie sich das vorstellen. Aber sie sprechen nur selten darüber und halten häufig eine »Männerfassade« aufrecht (Böhnisch und Winter 1994). Zu klagen und Gefühle der Kränkungen und der Niederlage wahrzunehmen und zuzugeben, paßt nicht in das männliche Selbstverständnis. Die Angst, sich eine Blöße zu geben, verhindert das Zulassen und Bearbeiten von Gefühlen. Statt dessen wird verdrängt und verbissen weitergekämpft.

Männer zwischen Beruf und Familie

Es gibt viele im Beruf erfolgreiche Männer, die im Privatleben unglücklich und einsam sind. Sie haben ihre Energien auf die Erklimmung von Machtpositionen gerichtet und haben keine oder nur wesentlich weniger Kräfte in die Entwicklung persönlicher Zufriedenheit investiert. Ohne ihre Tätigkeit und ohne ihr tägliches Arbeitspensum fühlen sie sich leer, nutzlos und verloren. Sie glauben, daß das Wichtigste in ihrem Leben die Karriere und der berufliche Erfolg sei, so daß sie ihnen alles andere untergeordnet haben. Sie merken meistens zu spät, daß sie ihre Prioritäten falsch gesetzt und ihre Jahre mit der Jagd nach Karriere, Höhergruppierung und Aufstieg verschleudert haben. Nicht wenige von ihnen fühlen unter der glitzernden Oberfläche von Erfolg und Ruhm Anzeichen von Desillusionierung, und sie merken mit zunehmendem Alter – spätestens mit der Pensionierung –, wie bedeutungslos ihr Leben eigentlich war und daß die wahren Dinge wie Familie, Freunde, Freizeitinteressen, Glück und Authentizität an ihnen vorübergegangen sind. Diese Männer haben ihre eigenen Bedürfnisse zugunsten von Verantwortung und Verpflichtung geopfert (Halper 1992; Hollstein 1992a, b).

Interessant ist, daß in Umfragen nur ein geringer Teil der Männer angibt, daß der Beruf das Wichtigste in ihrem Leben sei. Über die Hälfte der Männer gibt Partnerschaft als das Allerwichtigste an, und ein Drittel von ihnen wünscht sich einen Teilzeitarbeitsplatz, den jedoch nur ca. 2 Prozent der Männer innehaben. Die meisten Männer stimmen der Vorstellung zu, daß es für sie schön sein könnte, Erziehungsurlaub zu nehmen und ihre Kinder intensiv von Anfang an zu erleben – doch sie tun es nur selten. Die Diskrepanz zwischen Alltagshandeln und verbalen Beteuerungen ist groß (Schnack und Gesterkamp 1998).

Die Welt der Väter ist nicht die Familie. »Papa kommt heute später«, »Papa macht eine Geschäftsreise«, wie oft hören Kinder diese Worte von ihren Müttern. Die wenigsten Männer verzichten auf einen angebotenen Job oder eine befristete Auslandstätigkeit oder auf berufliche Aktivitäten, die mit einem Karrieresprung versehen sind, mit Rücksicht auf ihre Familie oder mit dem Argument, dann könnten sie ihre Kinder weniger sehen. Während Mütter sehr viel häufiger das Risiko eingehen, die »Verankerung im Berufsleben« zu verlieren, gehen Männer häufiger das Risiko ein, die »Verankerung im Privatleben« zu verlieren (Schnack und Gesterkamp 1998).

Männer argumentieren immer mit Zeitgründen, wenn es darum geht, sich der Familie zu widmen. Wegen beruflicher Anforderungen müssen sie »leider« die Erziehungskompetenz ihren Frauen überlassen. Der Prozeß der Entfremdung des voll berufstätigen Mannes von seiner Familie findet in sehr vielen Familien statt und weitet sich oft zu einem Teufelskreis aus: Je höher das monatliche Einkommen, je angesehener die Berufstätigkeit und je mehr sich der Mann in der Außenwelt engagiert, desto weniger ist seine Präsenz in der Innenwelt zu spüren und desto geringer auch oft seine Bedeutung als Vater in der Familie.

1.2 Männer haben nur einen Arbeitsplatz, Frauen mindestens zwei

Das Leben des Erwachsenen wird ganz und gar von seiner Berufstätigkeit ausgefüllt. Dies gilt besonders für Männer. Sie haben im allgemeinen einen und nur einen Arbeitsplatz, nämlich ihre Firma, ihren Betrieb, ihr Büro. Leistungs-, Erfolgs- und Aufstiegsdenken prägen ihr Verhalten. Ihr Ziel ist es, Karriere zu machen, und diesem Ziel ordnen sie normalerweise alles andere unter. Viele Männer arbeiten mehr als acht Stunden pro Tag, sie betrachten ihre Arbeitsstelle als zweites Zuhause und verbringen dort den größten Teil des Tages. Viele Männer sind mit dem Betrieb verheiratet.

Frauen haben, wenn sie berufstätig sind, meistens zwei Arbeitsplätze, einen Erwerbsarbeitsplatz und einen zweiten Arbeitsplatz in der Familie (Abb. 1). Haus- und Familienarbeit sei Frauensache, so denken immer noch viele Männer und auch Frauen. Aus diesem Grunde partizipieren Männer nur sehr wenig an der Hausarbeit und überlassen diese weitgehend den Frauen. Väter engagieren sich – abgesehen von den ersten 14 Tagen nach der

Arbeitsteilung von Ehepaaren (Unbezahlte Arbeit, in Stunden je Tag in Haushalt, Familie)

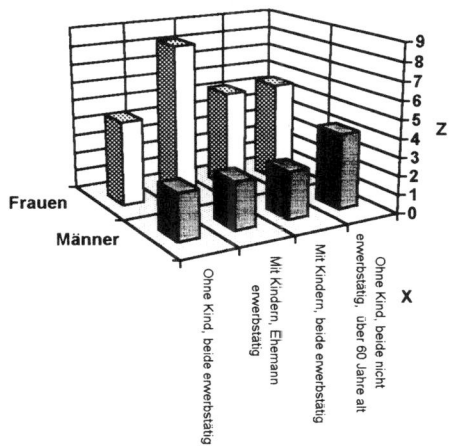

Abb. 1: Arbeitsteilung von Männern und Frauen in der Familie
Quelle: Mertens 1996, 113

Geburt eines Kindes – noch weniger als Nicht-Väter bei der Hausarbeit. Nur jeder 20. Mann ist bereit, beruflich zugunsten der Hausarbeit oder der Kindererziehung zurückzustecken. Nicht mehr als ca. 2 % der Väter nehmen Erziehungsurlaub (Ochel 1993).

Allerdings tragen viele Frauen auch selbst zu dieser Inaktivität der Männer bei, indem sie Hausarbeit nicht abgeben und meinen, daß die Betreuung von Kindern in ihre Zuständigkeit falle. Erwerbstätige Mütter verdoppeln häufig ihre Anstrengungen zu Hause, damit niemand unter ihrem beruflichen Engagement leiden muß und leisten damit den Löwenanteil in den drei häuslichen Bereichen Erziehungsarbeit, Hausarbeit und Beziehungspflege (Ochel 1989, 1993).

Während sie sich in der Hausarbeit oft geistig unterfordert fühlen und sie als lästige Routine betrachten, fühlen sie sich in der Erziehungs- und Beziehungsarbeit häufig emotional und psychisch überfordert und empfinden es als ganz besonders belastend, daß sie in diesen Bereichen von ihren (Ehe-)Männern alleingelassen werden. Der Arbeitsplatz »Familie« stellt also keineswegs immer ein Ort des Glücks für Frauen dar, sondern im Gegenteil ein Ort der Abhängigkeit, der fehlenden Anerkennung und Abgrenzung.

Aber Frauen können es sich gar nicht leisten, der Erwerbsarbeit die absolute Priorität einzuräumen, weil sie sich immer auch gleichzeitig für die

Familie zuständig fühlen (Mertens 1996). Hausarbeit und Kinderbetreuung belasten sie zusätzlich, geben ihnen andererseits aber auch die Möglichkeit, sich auf andere Bereiche zu konzentrieren und diese auch als Ergänzung zur Erwerbsarbeit zu sehen. Allerdings werden Hausarbeit und Familienarbeit nicht bezahlt und in der Gesellschaft als selbstverständlich akzeptiert, sehr wenig anerkannt und nur gering gewürdigt (Ochel 1989, 1993).

Hausarbeit und Familienarbeit bestehen aus materiellen und psychosozialen Versorgungsleistungen, die sowohl den Kindern als auch den (Ehe-)Männern zugutekommen. Frauen können sich zwar ihre Arbeit zeitlich einteilen, unterliegen dabei aber auch vielfältigen Zwängen und Terminverpflichtungen. Familienarbeit ist überwiegend Beziehungsarbeit und besteht aus emotional affektiven Elementen, aus Zuwendung geben, sich Sorgen machen, Verantwortung übernehmen, aus Ernähren, Trösten, Schützen, Zuhören. Familienarbeit schafft Bindung und Nähe, aber auch Abwehr, Distanz und Aggressionen. Familienarbeit erfordert Selbstlosigkeit und das Zurückstellen eigener Bedürfnisse (Schreyer 1991; Mertens 1996).

Während Männer in ihrem Leben sich mit ganzer Kraft auf die Erwerbsarbeit stürzen und hier Anerkennung ernten, Prestige gewinnen, so ist die Erwerbsarbeit von Frauen oft von Brüchen begleitet, die durch die Geburt und das Aufziehen von Kindern begründet sind. Frauen müssen viele Dinge gleichzeitig erledigen. Sie müssen Balanceleistungen erbringen und oftmals Prioritäten setzen. Gedanklich besteht immer die Notwendigkeit, Beruf und Familie möglichst reibungslos zu verbinden. Beruf und Familie bleiben für Frauen immer »konkurrierende Bezugspunkte des Selbstbewußtseins« (Hoff 1994). Vollzeitberufstätigkeit läßt sich nur schwer mit dem Familienleben verbinden, Teilzeitarbeit verhindert den beruflichen Aufstieg. Während dieser für Männer ungehindert möglich ist und nur vom Einsatz ihrer Kräfte und ihres beruflichen Könnens und Engagements abhängt, ist er für Frauen oftmals durch geschlechtsstereotype Barrieren, nämlich durch Gebären und Erziehen von Kindern versperrt.

Die Vereinbarkeit von Familien- und Berufsarbeit erfordert ein kompliziertes Zeitmanagement, Organisationskompetenzen und einen kontinuierlichen Abstimmungsprozeß zwischen Männern und Frauen (Mertens 1996). Auch wenn Männer und Frauen mittlerweile die Arbeit in Haushalt und Familie gleich hoch bewerten wie die Erwerbsarbeit, so bestehen in der praktischen Ausführung immer noch erhebliche Verhaltensunterschiede zwischen Männern und Frauen. Die Ungleichheit der Arbeitsaufteilung und auch -belastung zu Ungunsten der Frauen besteht immer noch, allerdings wird sie auch von Frauen selbst mitaufrechterhalten (Hollstein 1993).

1.3 Die Bedeutung der Arbeitslosigkeit für Männer und Frauen

Obwohl die Entwicklung in der Arbeitswelt von steigender Produktivität gekennzeichnet ist, geht sie doch in fast allen Industrieländern mit reduzierter Erwerbsarbeit einher. Mehr als 4,5 Millionen Menschen sind in Deutschland arbeitslos, ein Drittel von ihnen länger als ein Jahr. Im Westen Deutschlands liegt der Beschäftigungsabbau knapp unter 10 Prozent, im Osten Deutschlands, in dem bis 1989 Vollbeschäftigung herrschte, fast 20 Prozent und trifft dort Männer und Frauen besonders hart. Eine Wende auf dem Arbeitsmarkt ist bislang noch nicht in Sicht. Arbeitslosengeld, Arbeitslosenhilfe, Sozialhilfe, diese Reihenfolge bedeutet für die Betroffenen zugleich auch eine soziale Einordnung und Abstufung. Der Verlust des Arbeitsplatzes wird von den meisten Männern und Frauen als »fundamentales Verlustgefühl« geschildert, das mit einer wachsenden Verunsicherung und Orientierungslosigkeit, einem Empfinden von Nutzlosigkeit und Leere, einer sich immer mehr ausdehnenden Hoffnungslosigkeit, sich verfestigenden seelischen Problemen, einem Rückzug ins Private, einem Status- und Selbstwertverlust sowie immer größerer Inaktivität und einer zunehmenden Neigung zum Alkoholkonsum einhergeht (Hanesch, Adamy, Martens u. a. 1994).

Wer von Arbeitslosigkeit betroffen ist, fühlt sich stigmatisiert, traut sich kaum noch in die Öffentlichkeit und meidet zusehends Kontakte zu ehemaligen Arbeitskollegen. Er verliert das Vertrauen zu sich selbst und zu seinen Fähigkeiten und glaubt bei lang anhaltender Arbeitslosigkeit schließlich nicht mehr daran, jemals wieder einen Job zu finden. Arbeitslosigkeit macht physisch und psychisch krank. Von den Folgen der Arbeitslosigkeit ist nicht nur derjenige betroffen, der den Arbeitsplatz verloren hat, sondern auch seine Familie, die Ehefrau und die Kinder. Alle leiden unter der materiellen Einschränkung und empfinden ihre Situation als finanziell belastend, aber als besonders bedrückend empfinden sie die vermeintliche Geringschätzung durch andere und die erlebte Diskriminierung sowie den unterschwelligen Vorwurf, selbst an der Entlassung aus dem Arbeitsverhältnis schuld zu sein. Sie fühlen einen Rechtfertigungsdrang und schämen sich ihrer Situation.

Der Verlust des Arbeitsplatzes ist für Männer und Frauen ein schwer belastendes Lebensereignis, und bei vielen Betroffenen kommt es zu bestimmten Reaktionen nach dem Vier-Phasen-Modell: Schock, Optimismus, Pessimismus und Fatalismus (Friedrich und Wiedemeyer 1992). Im Schock reagieren Männer und Frauen wie gelähmt, sie glauben nicht, was ihnen widerfahren ist, sondern denken zunächst an einen Irrtum. Manche handeln überhaupt nicht, und warten darauf, daß alles wieder so wird wie vorher, manche aber lehnen sich auf, protestieren und fühlen sich ungerecht behandelt. Der Phase des Schocks folgt die Phase des Optimismus, die durch Aktionismus gekennzeichnet ist, durch intensive Bemühungen, den Arbeitsplatzverlust wieder rückgängig zu machen oder möglichst schnell wieder andere Arbeit zu finden. Auf den Optimismus folgt häufig – vor allem nach vielen fehlgeschlagenen Bemühungen, nach zunehmenden Geldsorgen und immer größer werdender Hoffnungslosigkeit – ein schleichend einsetzender Pessimismus, die Betroffen verzweifeln und glauben nicht mehr an eine Veränderung der Situation aus eigener Kraft. Ihr Selbstwertgefühl wird immer geringer, auch die eigenen Anstrengungen, wieder Arbeit zu finden, lassen nach. Sie werden mißtrauisch gegenüber Hilfe von außen, z. B. der Arbeitsvermittlung, und Gefühle der Wut und Resignation wechseln einander ab, bis das Stadium des Fatalismus erreicht ist, in dem nur noch Handlungsohnmacht gefühlt und komplette Resignation erlebt wird.

Die objektive Situation ist für Männer und Frauen ähnlich, allerdings gibt es zur Zeit mehr arbeitslose junge Männer als junge Frauen. Ältere Frauen dagegen, vor allem auch gerade die Frauen der ehemaligen DDR, für die die Berufstätigkeit ein viel größeres Selbstverständnis war als für die Frauen der alten Bundesrepublik, sind wiederum stärker als jüngere Frauen von der Arbeitslosigkeit betroffen. Männer verkraften den Verlust des Arbeitsplatzes schwerer als Frauen, denn im Gegensatz zu Frauen haben sie gefühlsmäßig alles verloren, was bis dahin ihren Lebensinhalt ausmachte. Während arbeitslose Frauen immer noch ihre Familie als Lebensinhalt besitzen, diese betreuen und den Haushalt versorgen und damit weiterhin einen durchstrukturierten Arbeitstag mit festen Verpflichtungen und Orientierungspunkten haben, erscheint arbeitslosen Männern der Tag endlos, sie wissen oft nichts mit ihrer Zeit anzufangen, langweilen sich und fallen in ein großes Loch. Sie leiden am eigenen Nichtstun.

Die Bewältigung der Arbeitslosigkeit ist sehr unterschiedlich und hängt sowohl von der psychischen Stabilität des einzelnen Mannes und seiner Fähigkeit ab, mit Mißerfolgen fertig zu werden, aber auch von der Hilfe und Unterstützung seiner Familie. Viele Männer versuchen, das beste aus der Situation zu machen, über das Gefühl der Langeweile und Nutzlosigkeit, der Leere wegen des fehlenden Kontakts zu Kollegen hinwegzukommen und führen Reparaturen in Haus und Garten aus, versuchen, sich nützlich zu machen, helfen beim Einkauf oder – nur wenige tun dies – übernehmen einen Teil der Hausarbeit. Aber die meisten können sich nicht daran gewöhnen, daß sie keinen geregelten Tagesablauf mehr haben, daß sie bis auf wenige Unterbrechungen zu Hause bleiben müssen. Viele Männer fühlen sich total überflüssig, sehr häufig kommt es zu Streitigkeiten und Auseinandersetzungen mit der Ehefrau und den Kindern, die es ihrerseits auch nicht gewohnt sind, mit Ehemann und Vater den ganzen Tag zusammenzusein. Manche Männer flüchten sich in Wehleidigkeit, Selbstmitleid und spüren zunehmend psychosomatische Beschwerden.

Oft genug übernehmen die Frauen von arbeitslosen Männern, ob sie nun selbst erwerbstätig sind oder nicht, eine zusätzliche Funktion, nämlich die des Konfliktmanagements innerhalb der Familie und der »Arbeit« am Selbstwertgefühl des Mannes. Sie leisten intensivste Beziehungsarbeit, stützen ihre Männer psychisch, versuchen sie zu beschäftigen, schonen sie, lenken sie ab, vermitteln Kontakte, versuchen, ihnen wieder einen Lebenssinn zu vermitteln, behandeln sie aber gleichzeitig auch häufig wie ein krankes Kind, in dessen Verhaltensweisen sie ja auch nicht selten zurückfallen. Darüber hinaus organisieren und planen Ehefrauen von arbeitslosen Männern, reduzieren eigene Bedürfnisse, passen sich der Realität an, sparen und schränken sich ein, um mit der Armut fertigzuwerden. Aber nicht selten brechen auch alte Konflikte zwischen den Ehepartnern auf, die nun angesichts der finanziellen Not und psychischen Unsicherheit ausgetragen werden (Schreyer 1991).

Männern fällt es besonders schwer, ihre Situation für sich zu akzeptieren, und es kommt häufiger als bei Frauen vor, daß sie die Realität verdrängen und sie auch der Familie nicht eingestehen mögen. Es gibt Männer, die verlassen weiterhin pünktlich und zu derselben Uhrzeit wie gewohnt das Haus, um »zur Arbeit« zu gehen, sie packen Butterbrot und Thermoskanne ein, um die Ehefrau nicht zu beunruhigen, und sie erzählen abends von Gesprächen, die sie mit Kollegen geführt hatten.

Mit der Arbeitslosigkeit gerät das innere Gleichgewicht von Männern aus den Fugen, sie sind in ihrem Selbstwert gekränkt, und es kommt zu Suchtmittelmißbrauch und häufig auch zu Selbsttötungen. Der Krankenstand sowie speziell der Alkoholmißbrauch unter den Arbeitslosen ist besonders hoch (Hanesch, Adamy, Martens u. a. 1994).

Man könnte annehmen, arbeitslose Männer hätten nun Zeit, sich vermehrt um ihre Kinder zu kümmern. Doch sie behalten das Ausmaß der vor der Arbeitslosigkeit ausgeübten Beschäftigung bei und überlassen die Beziehungsarbeit zu den Kindern weiterhin ihren Frauen. Dies zeigt, daß es nicht die mangelnde Zeit ist, die Männer daran hindert, als Väter stärker in Erscheinung zu treten, sondern vielmehr ihre Einstellung.

1.4 Die Macht der Männer und die Macht der Frauen

Traditionsgemäß liegt die Macht der Männer im öffentlichen Raum, die der Frauen im privaten. Öffentlicher und privater Raum erfahren auch heute noch eine unterschiedliche Bewertung: alles was sich in der Öffentlichkeit, im Außenbereich abspielt, was sichtbar ist und mit Geld honoriert werden kann, ist hoch angesehen, während das, was im Stillen, Verdeckten und im Kreis der Familie geschieht, was nicht in Geldwert umgerechnet, und daher auch nichts »wert« ist, sondern als selbstverständlich hingenommen wird, wenig angesehen ist. Wir leben in einer von Männern beherrschten Gesellschaft und überwiegend mit von Männern diktierten Normen und Werten. Die öffentliche Welt dominiert über der privaten. Im öffentlichen wie im privaten Leben wird nicht Frauen, sondern Männern die größere Aufmerksamkeit entgegengebracht. Das Verhältnis von Männern und Frauen zueinander ist noch immer durch die Macht der Männer über die Frauen gekennzeichnet. Machtausübung und Herrschaftsinteresse scheinen Bestandteil des Mannes zu sein. Männer wollen dominieren, konkurrieren, brillieren, und zwar in allen Bereichen. Sie müssen dominieren, sonst werden sie dominiert, und zwar von anderen Männern. Männer messen sich an anderen Männern, ihr Selbstbewußtsein hängt davon ab, wie gut sie sich unter Männern behaupten können und welchen Platz sie sich in der Männerwelt erkämpfen (Ericsson 1994).

Die Schaltstellen der Macht, ob in Politik, Wirtschaft, Wissenschaft, in öffentlichen Ämtern, in Universitäten und Betrieben liegen in Männerhand. Die bestbezahlten Jobs in den Betrieben werden von Männern ausgefüllt, Frauen dagegen besetzen die Positionen der Sekretärinnen, Krankenschwestern, sie helfen und arbeiten den Männern zu und arbeiten hauptsächlich in Dienstleistungsbetrieben in unteren Positionen. Durch die Unterordnung der Frauen erhalten die Männer die besseren Arbeitsplätze, nämlich diejenigen mit höherem Status, höherem Einkommen, mit mehr Macht und Anerkennung. Männer werden auch dann häufig besser bezahlt, wenn sie dieselben Leistungen wie Frauen erbringen (Brzoska 1992; Hollstein 1993).

Unterdrückung und Ausbeutung der Frauen durch Männer, Patriarchat (Herrschaft der Männer) und Androzentrismus (Vorherrschen der männlichen Sichtweise) sind klassische Vorwürfe, die im Zuge der autonomen Frauenbewegung und der Frauenforschung erhoben worden sind, Vorwürfe, die heute auch von vielen kritischen Männern als berechtigt angesehen werden. Männlichkeit – so sagt selbst die Männerforschung – ist machtorientiert, und wie kämen Männer dazu, die Praxis machtorientierter Männlichkeit aufzugeben (Brzoska 1992)? Unter »Hegemonialer Männlichkeit« ist eine Männlichkeit gemeint, die durch Herrschaft und Einfluß auf privates Leben, zugleich jedoch auch durch ein hohes Maß an Einverständnis von Männern und auch Frauen bestimmt wird (Connell 1987). Sie geht zwar immer auch mit Frauenunterdrückung und -abwertung einher, aber gleichzeitig auch mit Machtausübung über Männer, über andere, fremde, schwächere, untergebene (Böhnisch und Winter 1994).

Hegemoniale Männlichkeit wird in der Öffentlichkeit durch Medien unterstützt und gefestigt. Auch die herkömmlichen Beziehungen von Mann zu Mann sind machtorientiert und bringen damit dem Mann häufig viele Vorteile. Daher entspricht die machtorientierte Männlichkeit auch dem Interesse der meisten Männer (Brod 1987). Im Verein, im Club, im Berufsleben

64

geht es immer um Machtpositionen, um den Vorsitz, den Vorstand, den ersten Platz, um Leitung und Führung. Meistens erkämpfen sich Männer diese Positionen, Frauen erhalten allenfalls die der Kassenwartin oder Schriftführer.

Männer und Frauen haben im öffentlichen, vor allem im politischen Leben ungleiche Positionen inne. Während Frauen sich sehr wohl in bürgernahen selbsthilfeorientierten Gruppen, in Elternräten und Gemeindevorständen, in Ökologie-, Friedens- und Alternativbewegungen engagieren und gegenüber Männern zu 80 Prozent ehrenamtlich tätig sind, zeigen sie – im Vergleich zu Männern – ein eher distanziertes Verhältnis zur institutionalisierten Politik, zu Parteiämtern und Kandidaturen. In den Spitzenpositionen der Gewerkschaften, der Parteien, der Bundes- und Landespolitik, z. B. den Ministerämtern, sind sie im Vergleich zu Männern und in Relation zu ihrem Anteil an der Bevölkerung oder auch an Parteimitgliedschaften unterrepräsentiert, dies trifft vor allem auch auf verheiratete Frauen mit Kindern zu. Je mehr Kinder eine Frau hat, desto weniger öffentliche Macht kann sie – rein zeitlich gesehen – ausüben. »Politische Macht« ist immer noch »männlich« (Hollstein 1993).

Das Machtverständnis von Frauen, speziell in der Politik, ist nach Meyer (1989) anders als das von Männern. Es ist eher egalitär statt hierarchisch ausgerichtet, prozeß- statt zielorientiert, personen- statt sachbezogen, eher kooperativ statt konkurrent und mehr kompetenz- als karriereorientiert. Frauen lehnen es häufiger als Männer ab, die Effektivität ihres Engagements durch Professionalität und Institutionalisierung zu steigern, dadurch geraten sie leichter in Gefahr, daß ihre Aktionen verpuffen und nicht gehört werden. Männer dagegen verstehen es weit besser, ihre Aktionen auch nach außen hin darzustellen und sich damit Gehör zu verschaffen (Cornelissen 1993a,b).

Selbst in der ehemaligen DDR, in der die berufliche und gesellschaftliche Stellung der Frauen vom Staat offiziell gefördert und unterstützt wurde, um ihnen völlige rechtliche Gleichheit und ökonomische Unabhängigkeit zuzusichern und um sich zugleich ihre Mitarbeit beim Aufbau der sozialistischen Gesellschaftsordnung zu sichern, gab es keinen gleichen Zugang zur öffentlichen und politischen Macht von Männern und Frauen. Auch dort waren Frauen in den Machtzentren unterrepräsentiert, je höher die Hierarchien, desto niedriger ihre Präsenz und ihr Einfluß (Hampele 1993). In der Partei (SED) waren Frauen bis zu 40 Prozent vertreten, in den politisch weniger einflußreichen Organisationen, auf der Ebene der Grundqualifikationen mit rund 50 Prozent, in den mittleren Leistungsfunktionen bis zu 40 Prozent, in den höheren bis 20 Prozent, an der Spitze der Hierarchie nur noch vereinzelt.

Im Vergleich mit der alten Bundesrepublik besaßen die Frauen der ehemaligen DDR zwar theoretisch mehr Mitsprachemöglichkeiten, aber von den

Schlüsselpositionen der Macht waren auch sie ausgeschlossen und die Männer blieben auch dort unter sich. Insgesamt gesehen haben sich mit der Vereinigung der beiden deutschen Länder im Jahre 1989 die Partizipationsmöglichkeiten der Frauen in den neuen Bundesländern verschlechtert und sich denen der alten Bundesländer angeglichen, so daß Frauen in Deutschland heute gemeinsam ähnlich schlechte Bedingungen vorfinden (Hampele 1993).

Männer und Frauen haben unterschiedliche Grundorientierungen in ihrem Verhältnis zu anderen Menschen. Die Macht der Frauen liegt in der Beziehungsdimension und in ihren Fähigkeiten, persönliche Bindungen zu schaffen und zu bewahren. Die Stärke der Frauen besteht in der Fürsorge für diejenigen, die klein, schwach und hilfsbedürftig sind: die Kinder und für diejenigen, die sich von der Belastung durch die täglichen Machtkämpfe erholen müssen: die Männer. Frauen entwickeln ein Feingefühl für die Gefühle und Bedürfnisse anderer Menschen. »Beziehungsorientierung« und »Fürsorgerationalität« sind Fähigkeiten, in denen Mädchen und Frauen ein Leben lang unterwiesen und verstärkt werden und die sie gut beherrschen. Es sind Frauen, die nähren, trösten, heilen, schützen und diese Funktionen nicht nur Kindern, sondern auch Erwachsenen, Kranken, Älteren und vor allem Männern zukommen lassen (Brück, Kahlert, Krüll, u. a. 1992). Die Stärke der Frauen liegt in der Bindungsfähigkeit und in dem Suchen von Nähe. Sie sorgen dafür, daß andere sich in ihrer Gesellschaft wohlfühlen und schaffen eine fürsorgliche Atmosphäre (Ericsson 1994).

Damit besitzen auch Frauen Machtstrategien, die sie jedoch anders als Männer nicht direkt, sondern eher indirekt ausüben. Durch ihre »Fürsorgerationalität« verschaffen sie sich Abhängigkeiten und machen sich unentbehrlich. Wissen und Wunsch, gebraucht zu werden, stellen private Machtpositionen dar (Hagemann-White 1993). Männer sind häufig in der Verrichtung alltäglicher Tätigkeiten hilflos und unselbständig und sind damit auf ihre Frauen angewiesen. Sie haben keine Erfahrung im Umgang mit den einfachsten Dingen und sind im Haushalt fast handlungsunfähig. Frauen sind für andere da und geben und verteilen und verschenken. Durch dieses demonstrative Geben – sie hören Männern zu, sind gute Gesprächspartnerinnen, bestätigen Männer, ermutigen und stärken sie in ihrem Selbstbewußtsein – üben sie zwar Macht aus, aber wer die wahre Macht hat, kann »nehmen« und nicht nur »geben« und seine Wünsche und Bedürfnisse deutlich äußern, wer wenig Macht besitzt, kann nur geben.

Frauen haben weniger Macht als Männer, ihre Wünsche durchzusetzen, daher sagen sie oft nicht deutlich, was sie selbst wünschen und wollen, sondern verstecken sich hinter den Bedürfnissen anderer und schieben diese vor. Sie wenden diese Taktik selbst bei ihren Kindern an – so als ob sie es sich nicht zutrauen, selbst Anweisungen zu geben – und argumentieren mit den Worten ihrer Ehemänner: »Papa hat gesagt, der Keller muß aufgeräumt werden!« Oder sie versuchen, Einfluß auf das Handeln ihrer Ehemänner zu nehmen, indem sie Aussagen ihrer eigenen Mutter anführen: »Meine Mutter meint, du arbeitest zuviel und solltest einmal wieder ausspannen und Ferien machen«. Häufig nehmen Frauen auch eine fürsorgerische Rolle für andere ein und verbergen damit eigene Belange: »Kinder, habt ihr Hunger? Ich mache euch etwas zu essen« oder »Ihr seid müde und müßt jetzt ins Bett«. Das Tarnen eigener Bedürfnisse hat nicht nur für die Frauen selbst schädliche Folgen, sondern auch für ihre Umgebung. In der Literatur wird sogar von einer »schizophrenogenen« Wirkung gesprochen, das heißt, daß durch das indirekte Kommunizieren und auch durch Doppelbotschaften vor allem bei Kindern Gefühlsverwirrungen und psychiatrische Erkrankungen die Folge sein können (Ericsson 1994).

Doch auf einem Gebiet haben Frauen Macht, die sie häufig auch bewußt ausüben, nämlich auf dem Gebiet der Sexualität. Sexualität – und dies wird von Männern beklagt – gerät leicht zu einer Verhandlungskarte, die Frauen ausspielen, weil sie andere Karten kaum haben. Der Satz: »Ich habe keine Lust« oder »Heute nicht, Liebling« hat schon manchen Mann zur Verzweiflung gebracht und ihn Ohnmacht spüren lassen – ein Gefühl, das kaum mit seinen Männlichkeitsvorstellungen zu vereinbaren ist. Sexualität stellt für Männer ein ganzes Spektrum von emotionalen Befriedigungsmöglichkeiten dar, und gerade deshalb reagieren sie häufig so gekränkt, wenn Frauen ihnen dazu die »Erlaubnis« versagen. Erlaubnis geben bzw. nicht geben, ist auch Machtdemonstration, nur daß diesmal die Frauen die Gebenden oder Nehmenden sind. Sexualität wird damit zu einem »Geschenk«, um das Männer manchmal »betteln« müssen, und damit befinden sie sich in Positionen, die sie nicht gewohnt sind. Zu seinen Gefühlen – auch Unlustgefühlen – zu stehen, wenn sie denn wahrgenommen werden, ist eine Sache und gewiß nicht zu verurteilen, eine andere jedoch, Macht bewußt und gezielt einzusetzen, um den anderen zu erniedrigen (Fliegel 1998).

Fazit

Macht auszuüben, ist – auch wenn sie auf manchen Gebieten ebenfalls von Frauen bewußt ausgespielt wird – eine vorrangige Domäne der Männer. Männer bringen das Geld nach Hause, und damit verfügen sie über Macht, Kontrolle und Unabhängigkeit. Erwerbsarbeit, und zwar ununterbrochene und kontinuierliche, wird immer noch überwiegend von Männern verrichtet, sie ist der Königsweg zur Karriere, der gezielt und bewußt in der Mehrheit von Männern beschritten wird.

Auch wenn Erwerbsarbeit und Familie die zentralen Kategorien im Leben von Männern und Frauen sind, so werden doch die Prioritäten sehr unterschiedlich gesetzt. Im Mittelpunkt des Lebens von Männern steht eindeutig die Erwerbsarbeit und oft genug auch die Karriere. Auch Frauen machen Karriere, das ist keine Frage, aber sie sind in dieser Hinsicht sehr viel ambivalenter und unsicherer und müssen dabei weit mehr Überlegungen anstellen und Aspekte berücksichtigen als Männer. Bei Frauen steht immer auch gleichzeitig die Familie im Vordergrund, und im Zweifelsfall verzichten immer noch viele Frauen – zumindest für eine bestimmte Zeit – zugunsten der Familienarbeit auf die Erwerbsarbeit.

Während Familienarbeit von Frauen auch in ihrer Freizeit absolviert wird, nämlich in Form von Hausarbeit und Kindererziehung, diese allerdings häufig auch als Kompensation zur Teilzeiterwerbsarbeit angesehen werden kann, stellt die Erwerbsarbeit und damit Berufslaufbahn und Karriere für Männer den eigentlichen und überwiegenden Lebensinhalt dar. Im Vergleich zwischen Männern und Frauen ist die Familienorientierung bei Frauen stärker ausgeprägt als bei Männern, bei diesen dagegen die Berufs- und Karriereplanung. Solange noch keine Kinder da sind, verwirklichen beide Partner oft die volle Erwerbstätigkeit, jedoch verzichten darauf meistens die Frauen, sobald das erste Kind da ist. Speziell in den alten Bundesländern dominiert in der Kleinkindphase immer noch das Hausfrauen-Modell, d. h. die Frau bleibt vorübergehend und zeitlich begrenzt ganz zu Hause. Mit zunehmendem Lebensalter der Kinder versuchen die Frauen meistens wieder einzusteigen, reduzieren dann allerdings häufig die Stundenanzahl ihrer wöchentlichen Erwerbstätigkeit und nehmen mit steigernder Kinderzahl eine gleichzeitige Erhöhung ihrer Familienarbeitszeit oft widerspruchslos in Kauf.

Berufsmotive von Männern und Frauen ähneln sich darin, daß sie Interesse und Freude an der Tätigkeit beinhalten und soziale Kontakte ermöglichen, sie unterscheiden sich jedoch darin, daß für Männer die Höhe des Einkommens, die beruflichen Aufstiegschancen, die Karriere und die damit verbundene Anerkennung eine größere Rolle als für Frauen spielen. Für Frauen ist der finanzielle Verdienst auch wichtig, besonders für alleinerziehende Mütter stellt er eine existentielle Notwendigkeit dar, aber der materielle Aspekt steht eher bei Frauen stellvertretend für Unabhängigkeit vom (Ehe-)Mann, für Selbständigkeit und Handlungsfreiheit sowie für Abwechselung zur Familienarbeit. Auch wenn das »Dasein für andere« bei Frauen nicht mehr Selbstzweck, sondern den Ansprüchen auf Selbstverwirklichung und auf ein »eigenes Lebens« (Beck-Gernsheim 1983) gewichen ist, so sind sie doch immer noch überwiegend und auch notgedrungen familienorientiert.

Männer sind in der Berufswelt wettbewerbs- und leistungsbetont. Jede Begegnung zwischen Kollegen und auch Kolleginnen ist gleichzeitig Rivalität und Kräftemessen. Männer haben von klein auf gelernt, daß »Mann-sein« mit harter Arbeit, mit sich Durchsetzen und Erfolg haben zusammenhängt. Männer sind weit karrierebewußter als Frauen, sie sind aufstiegsorientiert und schaffen sich schon sehr früh in ihrem Karrierestreben ein berufliches

Netzwerk. Sie treten in Verbindungen ein, nehmen Vereinsaktivitäten wahr, sind in Clubs und diversen Aufsichtsräten. Durch möglichst viele Mitgliedschaften, auch in Parteien, schaffen sie sich nützliche Beziehungen und Unterstützung, wenn es um Fragen von Bewerbungen, Aufstiegsmöglichkeiten oder Gehaltserhöhungen geht. Männer planen bewußt ihre Karriere und lassen sich darin auch nicht von familiären Bedürfnissen beeinträchtigen, geschweige denn hindern. Männer nehmen ihre beruflichen und gesellschaftlichen Möglichkeiten zu Karriereplanung anders und gezielter wahr als Frauen und erklimmen auch aus diesem Grund die höheren Sprossen auf der Leiter zum Erfolg.

Beide Geschlechter spielen im Leben Spiele um Macht, Kontrolle und Unabhängigkeit, doch sie spielen sie mit ungleicher Gewichtung. Das männliche Spiel ist sichtbar, direkt und durchschaubar, das weibliche dagegen unsichtbar, eher versteckt und indirekt. Sowohl Männern als auch Frauen geht es auch um Bindung und Gefühle, aber sie zeigen dies unterschiedlich.

2. Ist der Umgang mit Gefühlen bei Männern und Frauen unterschiedlich?

Beziehungen, Liebe, Privatheit und Intimität haben nach wie vor für Männer und Frauen eine große Bedeutung, und persönliches Glück ist für beide sehr wichtig. Wenn sich auch das Leitbild der romantischen und dauerhaften Liebe verändert hat, einer eher realistischen Einstellung von einer Beziehung, die notfalls auch wieder gelöst werden kann, gewichen ist und einer »Normalisierung der Brüchigkeit« gleicht (Beck-Gernsheim 1997), so haben doch Männer und Frauen gleichermaßen die Vorstellung, ihrem Leben durch Zusammenleben mit einem anderen Menschen einen Sinn und innere Stabilität zu geben. Viele unterschiedliche Lebensformen werden praktiziert, wobei die eheliche nicht nur weit zurückreichende Wurzeln hat, sondern auch heute noch von den meisten Menschen bevorzugt wird (Trost 1995; Matthias 1995).

2.1 Beziehungspflege – eine Männern unbekannte Domäne

Wie immer auch die Beziehung gestaltet und formalisiert ist, die Beziehungspflege bleibt auch heute noch überwiegend den Frauen überlassen. Fast alle, und besonders die im Beruf erfolgreichen Ehemänner, verlassen sich darauf, daß ihnen ihre Ehefrauen (auch wenn sie selbst berufstätig sind) den Rücken freihalten und die gesamte emotionale Hintergrundarbeit abnehmen. So können sie sich frei von familiären Problemen und Belastungen ihrer Karriere widmen und Berufserfolge anstreben (Beck-Gernsheim 1980).

Trotz aller Emanzipation und trotz ihrer oft vollen Berufstätigkeit bleiben Frauen im Vergleich zu Männern die Fürsorglicheren und diejenigen, die die Beziehungen zu den Kindern, dem Ehemann, zu Eltern und Schwiegereltern, zur weiteren Verwandtschaft, zu Freunden und Freundinnen pflegen. Auch wenn Frauen selbst eine Berufskarriere anstreben, bleibt an ihnen die Aufgabe der Beziehungspflege »hängen«. Es sind Frauen und nicht Männer, die an die Geburtstage der Familienmitglieder denken, sich die Geschenke überlegen und einkaufen, die Feste vorbereiten, an wichtige Termine im Verwandten- und Freundeskreis erinnern, Urlaubsorte aussuchen, Fahrten organisieren und Unterkünfte reservieren. Frauen gehen auf Ehemann, Partner und Kinder emotional ein, unterstützen und pflegen Eltern und Schwiegereltern im Krankheitsfall, hören zu, zeigen Verständnis, helfen bei Problemen, treffen Entscheidungen, sorgen für den Ausgleich von Spannungen, geben Zuwendung und Geborgenheit. Auch heute noch wird die familiäre Gefühlsarbeit überwiegend von Frauen und nur selten von Männern verrichtet. Die gesellschaftliche Realität wird immer noch von dem Gegensatz der expressiv-weiblichen Rolle und der instrumentell-männlichen Rolle geprägt (Alfermann 1996).

Viele Männer ordnen der beruflichen Karriere alles unter, auch die familiären Beziehungen. Sie widmen ihre ganze Kraft dem beruflichen Karrierestreben und vernachlässigen die Pflege der emotionalen Beziehung zur Partnerin, zu den Kindern und den eignen Eltern. Berufs- und Karrieredenken bringen den Mann dazu, sich innerlich von der Familie zu entfernen, der Ehefrau oder Partnerin die Beziehungsarbeit zu überlassen und sich ganz seinem beruflichen Vorwärtskommen zu widmen. Dies hat er gelernt, verinnerlicht, in diesem Sinn ist er erzogen worden. Er ist in seiner männlichen Sozialisation nicht zur Rücksichtnahme und Fürsorglichkeit angehalten worden, hat nicht gelernt, für andere dazusein, sondern hat stets seine Stellung und Position im Vergleich zu anderen im Auge gehabt, sein Weiterkommen, seine persönliche Leistungssteigerung, seine Karriere. Unabhängigkeit, Stärke und Selbstsicherheit sind die Tugenden, die er in seinem Berufsleben entwickeln muß und die er nicht abschütteln kann, wenn er nach Hause kommt. Anzeichen von eigener Unzulänglichkeit, von Angst vor Mißerfolg wischt er stets weg, Bedürfnisse nach Anlehnung, Annäherung und Wärme übergeht er oder drängt er zurück. »Die Disziplinierung nach außen setzt er nach innen fort« (Beck-Gernsheim 1980).

Frauen unterstützen die Karriere ihrer Partner emotional und fachlich

Jahrhundertelang haben Frauen die Aufgaben der Haushaltsführung und Kindererziehung übernommen und es ihren Männern ermöglicht, die Karriereleiter aufzusteigen und ganz ihrer Berufstätigkeit zu leben. Je höher die Männer aufstiegen, desto mehr beanspruchten sie, von Haushalt und Familie freigehalten zu werden. Sie brauchten ihre Frauen zu Repräsentationszwekken, als Aushängeschild, Statussymbol und Vorzeigeobjekt, wohlwissend, daß eine schöne, attraktive und begehrenswerte, kluge und einfühlsame Ehefrau ihnen beim Aufstieg auf der Karriereleiter nützen könnte. Für viele Männer sind Frauen wichtige »Faktoren« zur Bestimmung ihres Selbstwerts, und sie sonnen sich – gegebenenfalls – in ihrer Schönheit, körperlichen Attraktivität und möglicherweise auch in ihrem Reichtum (häufig ererbt). Ehefrauen, die auch den Vorgesetzten ihrer Männer gefallen, den richtigen Umgangston mit ihnen finden, die Einladungen geben, Feste feiern und zu gestalten wissen, ebnen oft den Karriereweg ihrer Männer.

Die meisten Männer wissen, wie nützlich ihnen Ehefrauen oder auch Partnerinnen sein können. Unbeeinflußt von familiären Sorgen und Nöten »basteln« sie auf diese Weise an ihrer eigenen Karriere, die eigentlich eine »Zwei-Personen-Karriere« ist, zumal wenn Ehefrauen nicht nur repräsentieren können, sondern obendrein ihre Männer auch noch beruflich unterstützen. Viele Frauen – und gerade Politiker-Ehefrauen – haben ihren Beruf zugunsten der Karriere ihrer Männer aufgegeben, helfen ihm, beraten ihn im Hintergrund und nehmen ihm viele unangenehme Organisations- und Schreibarbeiten ab. Viele fachlich hochqualifizierte Ehefrauen helfen ihren Ehemännern bei der Abfassung von Examens-, Promotions- oder Habilitationsschriften, erledigen nicht nur Sekretärinnentätigkeiten, sondern stellen Literaturlisten zusammen, diskutieren, argumentieren, debattieren mit ihnen über Fachthemen und unterstützen obendrein ihre Männer psychisch bei Prüfungsvorbereitungen (Beck-Gernsheim 1980). Spätestens seit Brecht weiß man, welche ungenannten Autorenkräfte von Frauen hinter manchem Männernamen stehen. Viel zu selten kommt es vor, daß Künstler und Schriftsteller wie Darius Fo, die den Nobelpreis bekommen haben, bekennen, daß sie ihn der Zusammenarbeit mit ihrer Frau verdanken, und ebenfalls sehr selten kommt es vor, daß sich Ehemänner bei Auszeichnungen oder Höhergruppierungen in der Öffentlichkeit für *fachlichen* Rat und Unterstützung bei ihren Ehefrauen bedanken, allenfalls erwähnen sie – wenn überhaupt – die *emotionale* Unterstützung, die sie erhalten haben. Umgekehrt kommt es häufiger vor, daß Frauen, die den gleichen Beruf wie ihre Männer ausüben, sich nicht scheuen, in Zeitungs- oder Rundfunkinterviews auch den Anteil ihrer Männer (oder Väter) an ihren beruflichen Erfolgen hervorzuheben.

2.2 Männer haben einen geringen Zugang zu ihren Gefühlen

Die erste tiefe, emotionale Beziehung haben Männer und Frauen in ihrer Kindheit zu ihren Müttern gehabt, die ihnen meistens auch das Urvertrauen vermittelt haben, das sie für das weitere Aufwachsen benötigten. Noch im Erwachsenenalter erinnern sie sich häufig an innigen Körperkontakt, an Fürsorglichkeit und Nähe. Die Mütter waren und blieben häufig ihre einzigen primären Bezugspersonen, die ihnen Emotionalität vorlebten und ihnen damit auch Empathiefähigkeiten vermittelten. In der Synchronisation der emotionalen Aktionen und Reaktionen zwischen Mutter und Kind liegt der Ursprung der Empathiefähigkeit und der Autonomie (Gruen 1986). Im Laufe ihrer Entwicklung werden Männern jedoch diese kurzfristig erworbenen Fähigkeiten wieder abtrainiert, indem sie zur traditionellen Männlichkeit erzogen werden, und das bedeutet, Gefühle wie Leid, Schmerz und eigene Hilflosigkeit nicht zu zeigen, sondern statt dessen Tatkraft, Aktivität und Stärke (Engelfried 1997).

Der Mythos Mann zerstört nach Gruen den Zugang zum Innenleben und zur Autonomie. Autonomie ist ein Zustand der Integration, in dem sich ein Mensch in voller Übereinstimmung mit seinen Gefühlen und Bedürfnissen befindet. Während dies weitgehend für Frauen zutrifft und sie keine Hemmungen haben, Schwäche zu zeigen, haben die meisten Männer eine große Furcht vor Autonomie und verachten diese vermeintliche Schwäche und damit auch die Frau an sich. Während der Mann seine Persönlichkeit im Image der Stärke, der Entschlossenheit, der Macht und Furchtlosigkeit findet, grenzt er sich von der Frau ab und gesteht nur ihr Gefühle der Unzulänglichkeit und Ohnmacht zu. Gleichzeitig spaltet er damit einen Teil des Menschen von sich ab und entwertet ihn (Gruen 1986).

Männer und Frauen zeigen ihre Gefühle unterschiedlich

Männer haben bis ins Erwachsenenalter hinein Schwierigkeiten, sich emotional frei und offen zu äußern und mitzuteilen (Badinter 1992; Halper 1992; Böhnisch und Winter 1994). Sie haben in Kindheit und Jugend keine männlichen Anregungsmodelle dafür gehabt und verbinden Gefühlsäußerungen, ob es sich um große Freude oder tiefe Trauer handelt, daher häufig mit Schwäche und gestehen es allenfalls Frauen zu, Gefühle zu zeigen. Sie geben Gefühle der Enttäuschung, Kränkung, Demütigung nicht zu, weil sie sich nicht verletzlich zeigen wollen (»Ein Mann zeigt keine Gefühle«). Frauen dagegen gelten als ausgesprochen gefühlsbetont, ihnen wird weit mehr als Männern gestattet, ihren Gefühlen in privaten Beziehungen und in der Öffentlichkeit freien Lauf zu lassen. »Ein Junge weint nicht«, diese früh in der Kindheit geprägte Einstellung, wirkt sich im Leben des erwachsenen Mannes nachhaltig aus. Männer haben es nicht gelernt, introspektiv zu sein und über sich selbst nachzudenken und Aussagen zu machen. In Beratungssituationen antworten männliche Jugendliche und auch Männer/Väter häufig auf Fragen nach den Beweggründen ihres eigenen Tuns oder das ihrer Kinder und auf die Bitte, einfach nur Hypothesen anzustellen oder Vermutungen auszusprechen, mit »Ich weiß nicht« oder »Habe noch nie darüber nachgedacht«. Mädchen und Frauen dagegen sind eher bereit, über sich selbst nachzudenken, Fehler einzugestehen und Schwächen zuzugeben. Während Frauen sich ihrer Tränen nicht schämen und diese in vielen Situationen auch offen zeigen, versuchen Männer diese zu unterdrücken und geben wenig Einblick in ihr Innenleben (Ericsson 1994).

Männer haben es im Laufe ihrer Entwicklung gelernt, sich emotional zu kontrollieren, sie haben zwar ähnlich wie Frauen kindliche Wünsche und Sehnsüchte nach Schutz und Geborgenheit und reife Wünsche nach Nähe und Zärtlichkeit, aber diese sind aus psychoanalytischer Sicht – anders als bei Frauen – ambivalent besetzt und mit einem »Autonomiedilemma« belegt: Gefühle zu äußern, heißt für viele Männer, sich abhängig zu machen, Selbständigkeit aufzugeben und an Männlichkeit zu verlieren (Böhnisch und Winter 1994). Ihre Wünsche nach Hingabe kollidieren mit frühkindlichen angst- und ohnmachtbesetzten Erfahrungen, nämlich mit der frühen und abrupten Entlassung aus der innigen Mutter-Kind-Beziehung durch die Mutter. Dieses Trauma möchte der Mann nicht noch einmal erleben, und so versucht er, in Liebe und Sexualität seine Macht nicht zu verlieren, beide als Ausdruck von Machtausübung zu sehen, seine Gefühle zu kontrollieren und stets die Oberhand zu behalten. Dominieren und beherrschen wollen, auf keinen Fall die Kontrolle über sich und andere verlieren, dieses Bestreben kennzeichnet die Gefühlswelt der meisten Männer (Hollstein 1991).

Der Zwang, traditionelle Männlichkeit zu leben sowie der Druck, sich unabhängig von der Mutter und ihren Bedürfnissen zu entwickeln, bewirkt einen Bruch in der Kompetenz, Empathie auszudrücken, und führt dazu, daß Männer häufig Frauen gegenüber nicht dieselbe Einfühlsamkeit und Rücksichtnahme zeigen wie früher ihren Müttern gegenüber. Die von den Müttern erworbene Empathiefähigkeit wird im Umgang mit anderen Frauen zu einem großen Teil abgespalten und verdrängt, so daß es ihnen schwer fällt, deren emotionale Bedürfnisse zu erkennen und zu berücksichtigen (Engelfried 1997).

Aber im persönlichen Umgang mit Mädchen und Frauen zeigen sich Jungen und Männer auch von ihrer emotionalen Seite. Wenn sie mit ihnen allein sind, sind sie häufig ganz »weich« und gefühlvoll, sprechen von sich und zum Beispiel auch von der innigen Beziehung zur Mutter, derer sie sich nicht schämen. Sie zeigen damit, daß Bindung und Nähe für sie wichtig sind, aber sobald sie in der Gruppe mit anderen Jungen und Mädchen zusammen sind, bricht Imponiergehabe durch, und sie spielen wieder den Helden und den »starken Mann«, sind »cool« und unnahbar. Es ist sofort eine Barriere da, die sie von ihren Gefühlen abschneidet, und eine große Angst, vor anderen Jungen als gefühlvoll und damit als weibisch angesehen zu werden. Im Beisein anderer Jungen und Männer erfahren Gefühle eine Abwertung, die in der Intimität mit Mädchen und Frauen allein so nicht gelebt und ausgedrückt wird (Ericsson 1994).

Sind Männer homophobisch?

Wenn Männer sich herzlich begrüßen, dann »umarmen« sie sich, das heißt jedoch, daß sie sich allenfalls freundschaftlich um die Schulter fassen und dabei immer noch eine gewisse körperliche Distanz wahren. Nur selten küssen sie einander oder berühren sich zärtlich. Selbst in der Vater-Sohn-Beziehung fehlt häufig die zärtliche körperliche Umarmung, meistens wird sie durch »kumpelhaftes Anbuffen« ersetzt, ein Kuß wird selten gegeben. Männer meiden meist enge körperliche Berührungen mit anderen Männern, selbst mit eigenen Söhnen. Aus Angst, homoerotischer Neigungen verdächtigt zu werden, haben sie sich eine ausgesprochene Homophobie zugelegt. Frauen dagegen haben diese Angst nicht. Sie küssen einander in aller Öffentlichkeit, gehen untergehakt und sich gegenseitig umfassend spazieren und haben keinerlei Furcht vor körperlichen Berührungen oder vor ihrer eigenen Weiblichkeit.

Gefühlsstarke Berührungen unter Männern sind tabu, jedoch allenfalls – und dann auch sehr ausgeprägt – bei Sportarten wie Fußball, Handball, Basketball oder Baseball erlaubt. Diese Mannschaftssportarten sind ein Forum, in dem Freudentaumel von Männern bei Siegen ihrer Mannschaft und Begeisterungssprünge von Männern bei einem erzielten Tor eines Mannschaftskameraden erlaubt sind, und nur im Mannschaftssport erlebt man Männer, die sich vor Millionen Fernsehzuschauern um den Hals fallen, auf den Schoß springen, sich küssen und umarmen. Vor Enttäuschung weinende Sportler werden vom Publikum akzeptiert, ihre Tränen als Ausdruck ihres tiefen Gefühls positiv gedeutet, doch wenn dies allzu oft geschieht, ist die Öffentlichkeit schnell bereit, ihnen eine labile Gemütslage zu unterstellen, und damit würde ihnen Männlichkeit abgesprochen werden. Ein Politiker, der bei einer Abstimmungsniederlage weinen würde, hätte keine Zukunftschance mehr (Hollstein 1991; Badinter 1992).

Homophobie ist unter Männern weit ausgeprägter als unter Frauen, das heißt also, daß das Vertrauen in die eigene Männlichkeit bei vielen Männern instabil und leicht zu erschüttern ist. Männlichkeit muß immer wieder aufs neue hergestellt und bewiesen werden, und zwar stets durch sexuelle Eroberungen von Frauen. Homophobie ist für das soziale Zusammenleben von Männern von Nachteil. Sie schränkt die Möglichkeiten von Freundschaften zwischen Männern ein, verhindert körperliche Berührungen und hemmt innigliche Vater-Sohn-Beziehungen.

In unserer Gesellschaft herrschen immer noch Vorstellungen patriarchalischer Männlichkeit, die stets mit einer heimlichen Verachtung weiblicher Eigenschaften einhergeht. Der Homophobie liegt eine Abwertung des Weiblichen zugrunde. Schon früh aus der Bindung zur Mutter gelöst, betreibt der kleine Junge in Kindergarten und Schule selbständig weiter die Trennung (»Ich bin kein Baby mehr«) und betont seine Unabhängigkeit. Im Zusammensein mit Gleichaltrigen erfährt er sehr bald, daß es wichtig ist, als Junge und nicht als Mädchen zu gelten, also »typisch« männliche und keineswegs weibliche Verhaltensweisen zu zeigen. Also vermeidet er in seinem Tun und Handeln alles, was eine Verwechslung nahelegen könnte. Er versucht, sich vom weiblichen Geschlecht abzugrenzen (»Ich bin kein Mädchen«). Zusätzlich muß er als Jugendlicher und junger Erwachsener beweisen, daß er ein »richtiger« Junge bzw. ein »richtiger« Mann ist, und dies heißt in unserer Gesellschaft, daß er sexuell Mädchen und Frauen begehrt und sie beherrschen, besitzen und in sie eindringen möchte und – vor allem – daß er nicht homosexuell ist (Böhnisch und Winter 1994; Engelfried 1997).

Homophobie drückt die Angst des Mannes vor Homosexualität aus

Der Mann steht im Laufe seiner Sozialisation dreifach unter Druck, sich abzugrenzen, und zwar erstens gegenüber der Mutter, zweitens gegenüber Mädchen und Frauen und drittens gegenüber dem männlichen Geschlecht, indem er ihm gegenüber Distanz wahrt und körperliche Berührungen vermeidet. Homophobie ist Bestandteil der heterosexuellen Männlichkeit. In jedem Mann steckt die Ur-Angst, der Homosexualität verdächtigt zu werden, die übelsten Schimpfwörter beziehen sich auf homosexuelle Männer. Von allen Minderheiten sind homosexuelle Männer das Ziel der größten Feindseligkeit und Gewalt, die von Männern ausgeht (Badinter 1992).

Homophobische Männer möchten nur gar zu gern homosexuellen Männern Männlichkeit absprechen, um sich damit ihrer eigenen Männlichkeit umsomehr zu vergewissern. Homophobie kann als psychischer Abwehrmechanismus von heterosexuellen Männern gegenüber den eigenen weiblichen Anteilen gesehen werden. Je stärker die Abneigung und Aggressivität gegenüber Homosexuellen, desto größer die eigene Unsicherheit und desto geringer das Selbstvertrauen in die eigene Männlichkeit (Halper 1992; Böhnisch und Winter 1994).

Homosexualität umfaßt eine große Bandbreite sexueller Vorlieben und auch geschlechtlicher Identitäten, und keineswegs alle homosexuellen Männer oder Frauen identifzieren sich überwiegend mit weiblichen bzw. männlichen Anteilen, sondern betonen im Gegenteil ihre Männlichkeit und Weiblichkeit sowie ihr männliches und weibliches Selbstwertgefühl, welches durch die Liebe zu anderen Männern und Frauen nicht beeinträchtigt wird. Homosexuelle Männer und Frauen haben keinerlei Zweifel daran, Mann oder Frau zu sein, ihre Kerngeschlechtsidentität als Mann respektive Frau wird durch ihre sexuelle Orientierung nicht beeinflußt (Friedman 1993; Rauchfleisch 1998).

2.3 Wie Männer und Frauen Freundschaft und Partnerschaft gestalten

In der Freundschaft und Partnerschaft suchen Männer und Frauen die Erfüllung ihres Selbst. Sie wollen sich mit Enttäuschungen und Verletzungen aus ihrer Kindheit aussöhnen und sich mit vertrauten Personen austauschen und besprechen. Männer und Frauen suchen in diesen persönlichen Beziehungen Rat und Unterstützung – doch es gibt zwischen Männern und Frauen große Unterschiede in der gewünschten und realisierten Intimität (Halper 1992).

Wie kann es Intimität zwischen Männern und Frauen geben, wenn jene diese heimlich verachten? In dem Glauben, daß Frauen ihnen im Grunde unterlegen sind, sind sich Männer untereinander einig, es ist sozusagen der Zement ihrer Beziehung unter Männern. Und doch befinden sie sich in einem Dilemma: Einerseits bewundern sie Frauen gerade wegen ihrer emotionalen Stärke, von der sie auch profitieren, andererseits wollen sie Frauen besitzen und ihnen ihre Überlegenheit demonstrieren. Es scheint fast so zu sein, als ob Männer sich nur dann in der Beziehung zu Frauen wohlfühlen, wenn sie »Kommando, Kontrolle und Besitz« haben (Gruen 1986).

Männer reden nicht über persönliche Probleme

Wie schon in Kindheit und Jugendzeit neigen Männer auch im Erwachsenenleben dazu, nicht allzu enge Freundschaftsbeziehungen zu pflegen, sich eher mit vielen Freunden zu umgeben, sich zu bestimmten gemeinsamen Aktivitäten zu treffen und diese zusammen auszuüben. In der Gruppe von Berufs- oder Arbeitskollegen, Sportkameraden oder Kegelbrüdern, aber auch in der Beziehung zu zweit neigen Männer eher dazu, über Sachthemen zu diskutieren und nicht über persönliche Probleme zu reden. Sie sagen häufig von sich: »Ich brauche niemanden, mit dem ich reden kann«, und ignorieren Belastungen, auch wenn sie von ihnen erdrückt zu sein scheinen. Sie sind in der Überzeugung erzogen worden, mit Problemen alleine fertig zu werden und schon gar nicht Freunde damit zu »belasten«. Ihre Väter haben ihnen dasselbe Verhalten vorgelebt, sie haben diese Normen verinnerlicht (Halper 1992). Ein Beispiel aus der Beratungspraxis soll dies verdeutlichen:

Frau H. kommt in die Beratungsstelle wegen ihres Sohnes. Im Zuge der biografischen Anamnese und eines ausführlichen Gesprächs wird unter anderem deutlich, daß Frau H. ihren Ehemann in letzter Zeit als sehr verändert wahrnimmt, daß er sich kaum noch um die Familie kümmert, um die schulischen Schwierigkeiten seines Sohnes schon gar nicht, und daß er sich immer mehr in sich selbst zurückzieht. Frau H. bricht in Tränen aus, während sie davon erzählt. Sie ist verzweifelt und möchte ihrem Mann gerne helfen. Sie ahnt, daß er große Probleme am Arbeitsplatz hat, möchte mit ihm darüber reden, aber sobald sie dieses Thema anschneidet, blockt ihr Mann ab und sagt, sie solle ihn in Ruhe lassen, es sei nichts, sie würde sich das alles nur einbilden, ihm ginge es gut. Ihre Vorschläge, dann doch mit jemand anderen über seine Sorgen zu sprechen, mit einem langjährigen Bekannten zum Beispiel, den Herr H. bislang immer als seinen Freund bezeichnet hat, lehnt er brüsk mit den Worten ab, das ginge nun wirklich zu weit. Immer häufiger kommt Herr H. mißmutig von der Arbeit – er ist Drucker in einem großen Unternehmen – nach Hause, legt sich schweigend aufs Sofa und sieht fern. Alle Versuche seiner Frau und seiner Kinder, ihn aufzuheitern, haben bislang nichts gefruchtet. Der Vorschlag der Beraterin, ihn ebenfalls zu einem Gespräch einzuladen, in dem über die Schulschwierigkeiten des Sohnes gesprochen und dabei auch die im Moment schwierige persönliche Situation von Herrn H. angesprochen werden könnte, wird mit Skepsis aufgegriffen und in die Tat umgesetzt. Herr H. erscheint zusammen mit seiner Frau, gibt sich jedoch zugeknöpft und verschlossen. Er macht sich zwar auch Gedanken über den Leistungsabfall seines Sohnes in der Schule, aber er stellt nicht einen möglichen Zusammenhang zwischen seiner Situation und der seines Sohnes her. Während seine Frau sehr viel aufgeschlossener als er über persönliche Verursachungsmöglichkeiten nachdenkt, sieht er diese allein im Verhalten der Lehrer und im System Schule gelegen.

Beratungssituationen wie diese sind nicht selten. Männer scheuen sich weit mehr als Frauen, vor Therapeutinnen und Therapeuten über persönlich schwierige Situationen zu sprechen. Es ist eher selten, daß sie Beratungsstellen von sich aus aufsuchen und wenn, dann allenfalls in ihrer Funktion als Väter oder als Ehemänner, die von ihren Ehefrauen ausdrücklich gebeten werden mitzukommen.

Männer sind untereinander Konkurrenten und Freunde zugleich, aber sie haben meistens einen anderen Freundschaftsbegriff als Frauen. Sie vertrauen sich einander persönlich kaum an und haben selten wirklich gute Freunde. Sie sind zwar mit vielen »befreundet«, unternehmen viel miteinander, haben Arbeitskollegen und Sportkameraden, halten sich auch gerne unter Männern auf und gehen in ihrer Freizeit kollektiven Aktivitäten nach, aber in Gesellschaft von Männern sprechen sie oftmals nicht über sich selbst, sondern allenfalls über andere Personen und überwiegend über »unverfängliche« allgemeine Themen. Kegelabende, Skatrunden, Männerausflüge werden zur Selbstdarstellung genutzt, aber ohne menschliche Nähe herzustellen. Männergesellschaften scheinen für Männer ganz besondere Erlebnisqualitäten (»so etwas gibt es nur unter Männern«) zu haben und auch bestimmte Funktionen zu füllen, die psychoanalytisch als ritualisierte Formen gelebter und »geregelter Homoerotik« bezeichnet werden können und die Hilfestellung bei der Ablösung aus der immer noch nicht vollständig vollzogenen Mutter-Sohn-Beziehung geben (Böhnisch und Winter 1994).

Männer machen sich auch weniger die Themen ihrer (Ehe-)Frauen oder Kinder zu eigen, um darüber mit einem anderen Mann zu sprechen. Selten sprechen sie miteinander darüber, welche Schwierigkeiten ihre Kinder in der Schule haben, sie kennen oft kaum deren Lehrer oder Klassenkameraden und sind häufig weniger als ihre Ehefrauen mit den vorherrschenden Gedankengängen, Stimmungen, Wünschen und Ängsten ihrer Kinder vertraut. Männer sprechen miteinander über berufliche Angelegenheiten, über Aufstiegsmöglichkeiten, über Gegebenheiten in der Firma, über Chefs und Arbeitskollegen, aber sie schneiden dabei nicht eigene Probleme an. Sie sprechen miteinander über Politik und Sport, über gesellschaftliche Veränderungen, Wirtschaft und Finanzen. Natürlich »klatschen« Männer auch gern und sprechen über andere Personen, reißen Witze und machen sich über andere lustig. Sie brauchen diese Stammtischgespräche wie Frauen ihren »Kaffeeklatsch«.

Frauenfreundschaften sind intensiv und intim

Die meisten Frauen bevorzugen in ihren freundschaftlichen Kontakten die Exklusivität, pflegen nicht so sehr Gruppenbeziehungen als vielmehr Einzelfreundschaften. Viele Frauen hegen ihre Mädchenfreundschaften, und nicht selten dauern diese mehrere Jahrzehnte an. Frauen sind miteinander wie in einem Netz verbunden, während die Beziehungsstruktur zwischen Männern sehr viel lockerer und eher in einer Pyramide der Rivalität organisiert ist (Gilligan 1984, Badinter 1992).

Frauen bevorzugen mehr persönliche Beziehungen und gestalten diese inhaltlich anders als Männer. Sie sprechen mit Freundinnen über alltägliche Sorgen in der Familie und am Arbeitsplatz, über Freuden, Leid und Schmerz, über Schwierigkeiten, die ihre Kinder in der Schule und über Probleme, die sie mit ihren Kindern und auch (Ehe-)Männern haben. Sie haben häufig auch eine »beste Freundin«, mit der sie ihre eigenen persönlichen Probleme besprechen und bei der sie Unterstützung und Hilfe suchen und meistens auch bekommen. Freundinnen haben keine Hemmungen, sich in Gesprächen einander zu offenbaren, sie lassen auch »hinter die Fassade« gucken und teilen einander mit, ob sie in der Beziehung zu ihren Partnern glücklich sind oder nicht. Freundschaftliche Beziehungen zu Freundinnen haben für Frauen gerade wegen der Selbstenthüllung oft einen therapeutischen Charakter (Aukett, Ritchie und Mill 1988; Reisman 1990).

Frauen haben keine Scheu, im Alltags-, Familien- und Berufsleben ihre Gefühle der Freude, der Trauer, der Enttäuschung, der Wut und des Zorns zu zeigen, zu weinen und zu lachen. Ihnen wird Emotionalität als typisch weibliche Eigenschaft geradezu zugestanden. Gefühlvolle Frauen werden gerne als mütterlich und fraulich bezeichnet. In der Öffentlichkeit über eine Niederlage weinende Politikerinnen werden akzeptiert. Während man von

Männern erwartet, daß sie privaten Schmerz, Kummer oder Sorgen nicht ins Berufsleben tragen und dort zum Ausdruck bringen, wird Frauen dies weit eher zugestanden. Sie werden getröstet und mit Rücksicht behandelt.

In unserer Gesellschaft wird es Frauen gestattet, die gesamte Skala des Ausdrucks emotionaler Befindlichkeiten auszuleben. Von Männern wird erwartet, daß sie ihre Emotionen kontrollieren und sie unter Kontrolle haben. Allenfalls wird ihnen der Ausdruck von Ärger im Berufsleben zugestanden, aber nicht der Ausdruck von Hilflosigkeit. Frauen dagegen können Gefühle von Verletzbarkeit und Unsicherheit äußern und machen auch davon Gebrauch. In Selbstbeschreibungen äußern Frauen mehr emotionales Erleben und Verhalten und sind eher bereit als Männer, auch negativ bewertete Emotionen wie Ängstlichkeit und Verwundbarkeit zuzugeben, weil sie damit keinen Verlust ihrer Weiblichkeit befürchten müssen, im Gegenteil, sie entsprechen damit den stereotypen Erwartungen (Alfermann 1996).

In Beziehungen wird über Gefühle selten gesprochen

Mehr als ein Drittel aller geschlossenen Ehen gehen in die Brüche, wobei vor allem junge und meist kinderlose Ehepartner diesen Schritt vollziehen (Beck-Gernsheim 1996). Die Betrachtung von Partnerschaftsverläufen wirft die Frage nach der Anpassungsbereitschaft der beiden Partner auf bzw. nach ihrer »Strukturflexibilität«. Untersuchungen haben ergeben, daß dann die Wahrscheinlichkeit einer Stabilität und Dauerhaftigkeit der Paarbeziehung gegeben ist, wenn bei beiden Partnern sowohl ein Konsensanspruch als auch ein Konsensdruck besteht, Orientierungen, Einstellungen und Verhalten aufeinander abzustimmen (Vaskowics 1995).

Werden langjährig verheiratete Männer und Frauen gefragt, was eine glückliche Ehe ausmache, so stimmen beide darin überein, daß es wichtig sei, Freude an der gegenseitigen Beziehung zu haben, gerne mit dem Partner zusammensein zu wollen, sich einander im positiven Sinne verpflichtet zu fühlen, sich unabhängig und selbständig zu fühlen, gemeinsame Interessen zu haben und miteinander im Gespräch und kommunikativem Austausch zu sein (Halper 1992).

Diese hohen Ansprüche zu verwirklichen, fällt Männern und Frauen unterschiedlich schwer bzw. leicht, denn sie haben nicht dieselbe Art und Weise, mit Gefühlen, Problemen und mit Problembewältigungsstrategien umzugehen und unterscheiden sich in ihrer Suche nach egalitärer Gemeinschaft in der Ehe (Hagemann-White 1995).

Auch in der Partnerschaft gerät das Sprechen über Gefühle bei Männern oft in den Hintergrund. Männer lehnen Intuition und Gefühle als Frauensache ab und halten an der Erkenntnis fest: »Männer denken, Frauen fühlen«. Viele Männer verkennen die Bedeutung der Gefühle und sehen in ihnen ein Ausdruck von Schwäche. »Man(n) muß rational, logisch und vernünftig sein«, so haben sie es von klein auf gelernt. Immer dann, wenn sie als Junge Gefühle gezeigt haben, wurden sie ihnen verwehrt und abtrainiert (»Benimm dich wie ein Mann«). Daß Gefühle nicht »im Bauch« entstehen, sondern »im Kopf« und damit Instrumente der Vernunft sind, haben Männer noch nicht genügend realisiert. Goleman (1996) hat für die positive Bewertung von Gefühlen eine Lanze gebrochen, indem er den Begriff von der »emotionalen Intelligenz« formulierte und die Bedeutung der Achtsamkeit (»mindfulness«) für emotionale Vorgänge betonte. Sich seiner Gefühle bewußt sein, ist der erste Schritt auf dem Weg, mit ihnen angemessen umzugehen und sie nicht zu unterdrücken. Gefühle sind weder weiblich noch männlich, sie sind ein Barometer für Befindlichkeiten, müssen wahrgenommen und ausgedrückt werden.

Viele Männer scheuen die ihrer Meinung nach endlosen, sich wiederholenden Diskussionen (»die nichts bringen und nur Zeit kosten«) mit ihren Ehefrauen, denn sie fürchten den Ausdruck von Unzufriedenheit, Kritik, den daraus resultierenden Ärger und entziehen sich den Gesprächen durch Abwesenheit. Je mehr Männer schweigen und sich emotional zurückziehen, desto größer ist das Bedürfnis von Frauen nach einem klärenden Gespräch, und je mehr sie dieses einfordern, desto häufiger klinken sich Männer aus der Beziehung aus. Viele Männer möchten, wenn sie von der Arbeit nach Hause kommen, nicht noch in Gespräche verwickelt werden. Ihr Wunsch ist es vielfach, von einer verständnisvollen Partnerin umsorgt zu werden, die auf seine Bedürfnisse eingeht. Männer verstehen oft nicht, warum ihre Frauen mit ihnen über Probleme und ihre derzeitige beiderseitige Beziehung reden wollen, da sie meistens keine Probleme wahrnehmen oder sie nicht sehen wollen (Halper 1992).

Weit mehr Frauen als Männer sind unzufrieden in ihrer Beziehung bzw. sprechen ihre Unzufriedenheit aus und ergreifen die Initiative zur Veränderung; sei es, daß sie Gespräche mit ihren Männern suchen oder einen gemeinsamen Gang zur Eheberatung vorschlagen. Männer werden oft erst dann hellhörig, wenn es mit der Sexualität nicht mehr klappt, aber auch dann verdrängen sie den Gedanken an eine mögliche gescheiterte Ehe noch für eine längere Zeit und glauben, das Problem ohne fremde Hilfe in den Griff zu bekommen. Sie sind es gewohnt, mit Problemen alleine fertig zu werden, und haben zeit ihres Lebens keine wirklichen Freundschaften gepflegt, in denen sie persönliche Dinge hätten ansprechen können.

Welche Rolle spielen Seitensprünge?

Zwei von drei Männern haben außereheliche Beziehungen, ohne daß sie dadurch ihre Ehe ernsthaft gefährdet sähen. Die häufigsten Ursachen für eine Affäre sind sexuelle Frustration, Langeweile, Neugier und das Bedürfnis nach Akzeptanz und Anerkennung. Emotionale und sexuelle Bedürfnisse werden oft bei einer außerehelichen Geliebten gestillt. Dort können Männer oft sehr viel leichter über sich sprechen, auch über heimliche Ängste und Schwächen, die sie vor ihren Ehefrauen nie aussprechen würden. Dies ist kein Widerspruch zu dem oben Gesagten, sondern spricht dafür, daß Männer sehr wohl in der Lage sind, Gefühle zu äußern, daß sie es jedoch nur dann tun, wenn sie sicher sind, daß es keine negativen Folgen für sie hat und sie getröstet und gestützt werden. Viele Männer glauben, zu Hause eine Maske tragen zu müssen, hinter der sie ihre Gefühle der Verwundbarkeit und ihre emotionalen Bedürfnisse verstecken (Halper 1992).

In der Häufigkeit der außerehelichen Seitensprünge stehen Frauen ihren Männern nur wenig nach. Auch sie handeln – ähnlich wie die Männer – aus sexueller und emotionaler Frustration, aus Langeweile, aber auch aus Neugier und aus Rache. Sie bekennen sich damit bewußt zu ihrer Lust, ihren sexuellen Phantasien und ihren Wünschen, diese auch auszuleben. Ihre moralischen Hemmungen sind dabei nicht höher als die der Männer, und auch sie halten ihre Ehen dadurch nicht unbedingt für gefährdet (Hite 1982a,b; Friday 1992).

Für beide Geschlechter gilt, daß Liebe in der Partnerschaft für sie aus drei Erlebnis- und Verhaltensweisen besteht: aus Leidenschaft, Intimität und Bindung. Wahrscheinlich können Männer und Frauen individuell gleich leidenschaftlich, intim und bindungsfähig sein, aber sie unterscheiden sich darin, welche Bedeutung sie den einzelnen Komponenten für eine als glücklich und zufrieden erlebte Beziehung beimessen. Männer sind um so zufriedener in einer Beziehung, je leidenschaftlicher sie ist, während Frauen der Intimität den höheren Wert beimessen. Prinzipiell unterscheiden sich Männer und Frauen auch nicht in ihrer Einschätzung und Bewertung von sexueller Treue, aber Männer sind dann eher zu einem Seitensprung bereit, wenn die Leidenschaft in der bisherigen Beziehung fehlt, Frauen dagegen werden eher von mangelnder Intimität zum Seitensprung motiviert (Ernst 1998).

2.4 Befriedigende Sexualität – ein Wunsch von Männern und Frauen

»Sexualität-Haben« ist im Leben von Jungen und Mädchen eine Entwicklungsaufgabe, die früher oder später – auch in Abhängigkeit von Schichtzugehörigkeit und Bildungsstand – bewältigt wird. Empirische Untersuchungen bestätigen, daß Jungen früher und häufiger als Mädchen onanieren, daß sie früher als Mädchen ihren ersten Geschlechtsverkehr haben, daß sie »das erste Mal« positiver empfinden als Mädchen, in sexuellen Kontakten fast immer eine sexuelle Befriedigung erleben und daß sie sexuelle Kontakte eher als Mädchen dazu benutzen, ihr Selbstwertgefühl aufzubessern. Eltern setzen im allgemeinen der Aufnahme sexueller Beziehungen ihrer Söhne – soweit sie davon Kenntnis haben – im Unterschied zu ihrem Verhalten bei ihren Töchtern keine Widerstände entgegen. Liebe spielt bei sexuellen Aktivitäten bei Jungen weniger eine Rolle als bei Mädchen (Neubauer 1990).

Über die Sexualität von Männern und Frauen gibt es seit ca. 50 Jahren detaillierte empirische Untersuchungen (Kinsey et al. 1954, 1955; Masters und Johnson 1970; Hite 1982a, 1982b; Friday 1992), welche die sexuellen Reaktionen, Wünsche und Phantasien von Männern und Frauen in den Mittelpunkt gerückt und viel zur Enttabuisierung der Sexualität beigetragen haben. Dennoch (oder auch gerade deswegen) halten sich viele Vorurteile, festgefahrene Einstellungen und Mythen. So ist zum Beispiel aus Sicht der Männer Sex mit Frauen anstrengend und anspruchsvoll. Sie benötigen viel Aufmerksamkeit und Zärtlichkeit als Vorspiel, es dauert lange, bis sie zum Orgasmus kommen und anschließend wollen sie auch noch reden und sich mitteilen. Aus Sicht der Frauen sind Männer relativ anspruchslos und mit dem Sex zufrieden, den sie bekommen. Sie sind fast immer bereit und willig und können vom Sex nicht genug bekommen (Zilbergeld 1990).

Männer messen Sexualität eine größere Bedeutung bei als Frauen

Sexualität als Ausdruck des Wunsches nach Erregung, Lust und Befriedigung von Männern und Frauen war jahrhundertelang tabuisiert und ist erst seit ca. 30 Jahren wissenschaftliches Gesprächsthema geworden. Es haben jahrhundertelang Normen geherrscht, die von einer patriarchalisch geprägten Gesellschaft aufgestellt worden und ausschließlich auf die Bedürfnisse von Männern ausgerichtet waren. Den Anspruch auf Lust und sexuelle Befriedigung hat es bis dahin für Frauen nicht gegeben, dieser wurde erst durch die Frauenrechtlerinnen des frühen 20. Jahrhunderts eingebracht. Später traten dann viele Frauen, angeregt durch die Frauenbewegung der 40er und 50er Jahre in den USA, Frankreich und Deutschland, vertreten durch Frauen wie Betty Friedan (geb. 1921), Simone de Beauvoir (1908–1986) und Alice Schwarzer (geb. 1942), und verstärkt durch die Studentenbewegung der 70er Jahre in vielen europäischen Ländern, für eine freie Liebe und ein Selbstbestimmungsrecht über ihren Körper ein. Mit der Erfindung der Pille in den 60er Jahren begann für die Frauen eine sexuelle Revolution, eine Befreiung vom Druck der Schwangerschaft, und es setzten sich verstärkt ihre Forderungen nach sexueller Selbstbestimmung durch.

Sexualität ist mit einer übergroßen Bedeutung für das Mannsein aufgeladen. Traditionelle Männlichkeit und Potenz sind identisch. Die dauernde Betonung der Wichtigkeit der Sexualität im Leben eines Mannes sowie völlig überholte Vorstellungen der männlichen Sexualität als eines Trieb- und »Dampfkesselmodells« führen zur Überbewertung und zur falschen Einschätzung männlicher sexueller Aktivitäten. Empirisch belegt ist jedoch der höhere Stellenwert, den Sexualität im Leben von Männern im Vergleich zu Frauen einnimmt und ihre stärkere emotional-affektive Besetzung bei Männern. Auf Männern lastet schon in der Jugendzeit der Druck, in der Sexualität aktiv zu sein, zu bestimmen und »den Weg zu zeigen« (Sielert 1993b).

Auch wenn die Lust der Männer eher genitalfixiert als ganzkörperlich ist, so ist der Geschlechtsverkehr bei Männern doch auch an die Erfüllung vielfältiger Wünsche geknüpft wie Sich-Fallen-lassen, Hingeben, Aufgenommenwerden, Liebkost- und Gestreicheltwerden; Wünsche, die ihnen in ihrer Sozialisation nicht gestattet und nicht erfüllt worden sind. Die geheimen Wünsche vieler Männer bestehen darin, nicht immer der Aktive sein und die Initiative ergreifen zu müssen, sondern auch einmal »nichts zu tun« und »einfach geschehen zu lassen«(Hite 1982b; Sielert 1993b; Winter 1993).

Jahrhundertelang wurden die sexuellen Vorlieben und Reaktionsweisen der Männer als Maßstab für das sexuelle Erleben der Frauen genommen. Dies erwies sich als großer Fehler, denn er hat dazu geführt, daß auch Frauen sich in ihrem sexuellen Verhalten mit den Männern gemessen, dabei jedoch nicht dieselbe Befriedigung erlangt und viel Frust, Unsicherheit und Ängste erlebt haben. Die Lust der Frauen ist eine andere als die der Männer. Dies haben nicht nur Kinsey et al. (1954 und 1955), Masters und Johnson (1970), Hite (1982a und 1982b), Zilbergeld (1990) und Friday (1992) erforscht und in vielen Einzelinterviews herausgefunden, sondern es läßt sich auch in neueren Untersuchungen immer wieder bestätigen. Für Frauen ist Sexualität mehr als nur Geschlechtsverkehr. Schmusen, Liebkosen und ganzkörperliches Streicheln gehören dazu, und meistens auch eine Beziehung, wie immer diese geartet ist. Frauen wird oft von Männern Lustlosigkeit im Sinne von Unfähigkeit vorgeworfen, ein Irrtum, der darin beruht, nicht zu sehen, daß Lustlosigkeit auch Ausdruck von Widerstand und Unmut gegenüber bestimmten Ansprüchen und Verhaltensweisen des Mannes sein kann. Oft sprechen Männer und Frauen verschiedene Sprachen, die Körpersprache signalisiert jedoch als erste Unstimmigkeiten in der Beziehung (Fliegel 1998).

Verführen und Erobern – das anstrengende Motto der Männer

In unserer Kultur erfahren Jungen schon sehr früh, wie sie sich in sexueller Hinsicht Mädchen gegenüber zu verhalten haben. Es gibt ungeschriebene »männliche sexuelle Drehbücher«, die ihnen über Medien, über Verhalten der Erwachsenen und Gleichaltrigen vermittelt werden. Spätestens ab der Pubertät übernehmen Jungen die ihnen zugedachte Rolle als »sexueller Initiator und Aktivist« und entsprechen damit auch den Erwartungen der Mädchen, für die es weibliche »Sexualdrehbücher« gibt (Swanson und Forrest 1987).

Männliche Jugendliche werden zu einem aggressiven Sexualverhalten erzogen. Sie neigen dazu, sich in ihrer Sprache und im Körperausdruck bewußt männlich, d. h. sexualisiert und rauh zu geben und waghalsige Manöver zu riskieren, um bei Mädchen Aufmerksamkeit zu erzielen und in ihrer Gruppe oder Clique Anerkennung zu erhalten. Sie geben sich draufgängerisch, robust und cool, ganz so, wie es von ihnen erwartet wird. Der Druck, der auf ihnen lastet, ist groß, spätestens mit 15 oder 16 Jahren erste sexuelle Eroberungen zu machen. Unter Jungen ist es üblich, mit sexuellen Erfahrungen – ob stattgefunden oder nicht – anzugeben, um den Standards von gesellschaftlicher Männlichkeit zu entsprechen. Initiative, Ausdauer, Hartnäckigkeit, Besitzen und Haben-wollen sowie das Verfügen über technische Fertigkeiten sind aus männlicher Sicht die Qualitäten männlicher Sexualität. Geschlechtsverkehr ist Symbol männlicher Macht und Unterwerfung (Hite 1982b).

Unterlegenheitsgefühle und Unsicherheit im Umgang mit Mädchen und Frauen

Im Umgang mit Mädchen und Frauen zeigen männliche Jugendliche und Männer Unsicherheiten, da sie bei ihren sexuellen Annäherungsversuchen eine Zurückweisung fürchten. Sie wissen nicht, wie sie sich verhalten sollen, aber sie spüren die Erwartung, die Führung übernehmen zu müssen. Jungen und Männer sind häufig Mädchen und Frauen in der interaktionellen Kompetenz unterlegen und trauen sich nicht, die Begehrte anzusprechen. Meistens gehen die ersten Signale sowie die ersten Annäherungsversuche und die Ermutigung zu sexuellen Kontakten von den Mädchen aus, die oft psychisch und physisch weiter entwickelt sind als Jungen, so daß sich der männliche Eroberungsmythos selbst entlarvt (Engelfried 1997).

Vielen Jungen und Männern gelingt es auch nicht, sich in die Partnerinnen einzufühlen – ihnen fehlt das Empathievermögen –, und so überspielen sie oft ihre Ängste mit draufgängerischem Verhalten. Jungen erleben ihre körperliche Entwicklung in der Pubertät oft unvorbereitet und haben in ihren Vätern nur selten Ansprechpartner für ein Gespräch über Sexualität, Gefühle und Partnerschaft. In Gesprächen mit Gleichaltrigen geht es überwiegend um die Vermittlung technischer Fertigkeiten, um Potenz, Dominanz, Anmache und Erfolg, nicht um die Überwindung von Ängsten, Scham und Furcht vor Zurückweisung. Hierzu folgendes Beispiel:

Dominik, ein 18jähriger Schüler in der Oberstufe des Gymnasiums, kommt in die Beratungsstelle, weil seine Schulleistungen nachgelassen haben und er sich so gut wie nicht am Unterricht beteiligt. In den Testuntersuchungen zeigen sich eine hohe Prüfungsängstlichkeit sowie hohe manifeste Ängste wie allgemeine Unsicherheit, Schüchternheit, Zukunftssorgen, Schlaflosigkeit etc. In langen und vielen Gesprächen mit Dominik wird deutlich, daß er davon überzeugt ist, daß seine männlichen Klassenkameraden alles viel besser können als er, sich cooler verhalten und vor allem bei den Mädchen mehr Erfolg

haben. Dominik hat bislang nur oberflächliche Kontakte zu Mädchen ge-
habt und noch keine sexuellen Erfahrungen. Darunter leidet er sehr. Je öfter
er daran denkt, sexuelle Kontakte mit Mädchen aufzunehmen, desto unsi-
cherer wird er und desto weniger weiß er, wie er es anstellen soll. Er fühlt sich
dann gehemmt und geblockt. Er hat schon einige Male Mädchen angespro-
chen, ist aber bei ihnen abgeblitzt. Mit seinen beiden älteren Brüdern, die
schon seit Jahren feste Freundinnen haben, redet er nicht darüber, und mit
seinen Klassenkameraden schon gar nicht. In den Pausen auf dem Schulhof
hört er sie mit ihren Eroberungen prahlen und von abenteuerlichen Erlebnis-
sen mit Mädchen erzählen. Er weiß dann nicht, wie er sich verhalten soll. Soll
er mitmachen, mittun, die anderen verbal noch übertrumpfen? Dominik
weiß, daß ihm solches Verhalten nicht liegt, also zieht er sich eher zurück und
meidet seine Klassenkameraden. Aber der Zustand ist unerträglich für Do-
minik. Was ihm fehlt sind Selbstsicherheit und Selbstbewußtsein im Kontakt
mit anderen und besonders mit Mädchen

Ähnlich wie Dominik fühlen viele Jungen einen Druck, möglichst früh Sex zu haben, um damit anzuzeigen, daß sie »Mann« geworden sind. Jungen ver-innerlichen im Verlauf ihres Aufwachsens die bestehenden »Männermy-then« über Sexualität, wie z. B. daß der Mann mehr Sex brauche als die Frau, immer zum Sex bereit sei, jeder Körperkontakt mit einer Frau zum Sex füh-ren müsse, daß beim Sex nur die Leistung zählt und der Mann beim Sex die Führung zu übernehmen habe. Auch in den Köpfen der Frauen existieren Mythen über Sexualität, so z. B. daß Männer nur auf Sex aus seien. In der Ansicht, daß Männer mehr Sex brauchen als Frauen, stimmen viele Männer und Frauen überein, was dazu führt, daß diese Überzeugung verhaltensbe-stimmend wirkt (Böhnisch und Winter 1994).

Bei Lustlosigkeit bricht Panik aus

Viele Frauen und Männer sind mit ihren sexuellen Beziehungen und ihrem Geschlechtsleben unzufrieden. Trotz sexueller Revolution, trotz Selbstbe-stimmung und wechselnder Partnerschaften gibt es auch heute mehr Pro-bleme als vielfach angenommen wird. Sexualität ist sehr störungsanfällig und häufig ein Indikator für die Güte der Beziehung überhaupt. Falsche Vorstel-lungen über Sexualität, Wissensdefizite, Berührungsängste und – vor allem – überzogene Erwartungen an Häufigkeit und Intensität sexueller Kontakte, alle diese Faktoren können das subjektive sexuelle Erleben empfindsam dämpfen und beeinträchtigen. Viele Paare geraten in Panik, wenn sie Lustlo-sigkeit bei sich oder dem Partner wahrnehmen. Sie glauben, daß sie in einer glücklichen Beziehung immer Lust aufeinander haben müßten. Dieser Irr-glaube führt häufig dazu, daß insgeheim Buch geführt wird über die Anzahl der Kontakte pro Woche, so daß sexueller Leistungsstreß und Erwartungs-ängste entstehen und Enttäuschungen antizipiert werden. Eine wirkliche

Störung in der sexuellen Beziehung eines Paares entwickelt sich jedoch erst dann, wenn mehrere der genannten Einzelfaktoren zusammenkommen (Fliegel 1998).

Viele Frauen klagen über Unlustgefühle und darüber, daß ihre Männer Sex auch dann wollten, wenn die Beziehung nicht mehr harmonisch sei und es eheliche Auseinandersetzungen gegeben habe. Viele Männer klagen über Funktionsstörungen, über Erektionsschwächen oder zu schnelle Ejakulationen (Zilbergeld 1990).

Männer reden kaum untereinander über persönliche Probleme, aber schon gar nicht über sexuelle Probleme, sie sprechen zwar viel über Sex und über Frauen, prahlen mit Bettgeschichten, Eroberungen und »one-night-stands«, aber sie reden nicht über Selbstzweifel, Ängste, Verunsicherungen und über von ihnen als peinlich empfundene Situationen. Sie geben sich unter Männern stets selbstsicher und täuschen dabei Erfahrungen und ein Wissen vor, das sie nicht haben. Sie sind weder Männern noch Frauen gegenüber ehrlich, was ihre eigene Sexualität anbetrifft und wollen stets den Anschein des problemlosen, sexuell aktiven und zufriedenen Mannes wahren (Badinter 1992, Halper 1992).

Frauen teilen ihre Ängste in sexueller Hinsicht eher mit, sie sprechen mit ihren besten Freundinnen und tauschen Erfahrungen aus. Sie haben keine Hemmungen, auch von Frust und Enttäuschung zu sprechen, vom Gefühl, nicht gut genug zu sein oder von eigenen körperlichen Mängeln. Frauen geben auch nicht mit sexuellen Kontakten an, schon gar nicht in Gruppen oder in der Öffentlichkeit.

Potenzwünsche und Versagensängste prägen das männliche Sexualverhalten

Sex haben bedeutet nach Ansicht der Männer Erektion, Koitus und Orgasmus, weniger ausschließlich Schmusen und Zärtlichsein. Sex stellt aktives Handeln des Mannes dar und symbolisiert damit männliche Identität und bestätigt Männlichkeit. Männer ergreifen beim Sex die Initiative und grenzen sich damit gegenüber Frauen ab. Sex drückt außerdem das aus, was Männer sonst im alltäglichen Leben so wenig zeigen können, nämlich emotionale Nähe und Verbundenheit. Männer sind der Ansicht, beim Geschlechtsverkehr Liebe zu geben, Frauen empfinden das jedoch oft anders und vermissen das Gefühl, geliebt zu werden. Sex ist für Männer, nach ihren eigenen Angaben, eine Möglichkeit, Gefühle zum Ausdruck zu bringen. Sex ist für sie deshalb wichtig, weil sie ihre Emotionen in einer Form ausdrücken können, die als männlich gilt. Sie fühlen beim Sex eine große Intimität zur Partnerin, die sie sonst nicht so leicht herstellen können (Hite 1982b).

Aber sie fühlen auch einen großen Druck, einerseits rechtzeitig zum Orgasmus zu gelangen, aber andererseits auch wieder nicht zu früh, um auch die Partnerin befriedigen zu können. Angst und Furcht zu versagen, die Erektion (zu früh) zu verlieren, impotent zu sein, nicht gut genug gewesen zu sein, mit anderen Männern verglichen zu werden und schlecht dabei abzuschneiden, lähmen den Mann und führen dazu, daß er Sex weniger genießt, sondern statt dessen mit Anspannung ausübt. Sex ist für Männer zwar auch Lust und Genuß, aber meistens auch Arbeit, Anstrengung und Leistung. Männer sind einem starken sexuellen Leistungsdruck ausgesetzt, sie fühlen sich in ihrer Sexualität bewertet und beurteilt (Badinter 1992; Halper 1992; Hite 1982b; Böhnisch und Winter 1994; Engelfried 1997).

Getrieben vom Leistungsdrang im Berufsleben, von der Konkurrenz unter Männern, versucht der Mann auch im Sexualleben der Größte, der Beste und der Schnellste zu sein, wobei letzteres wiederum zu Versagensängsten führen kann. Der Mann ist grundsätzlich ängstlich, unsicher und fürchtet sich vor Frauen. Seine sexuelle Leistungsfähigkeit schwindet mit dem nachlassenden Dominanzgefühl. Der Mann, das schwache Geschlecht auch in der Sexualität?

Immer mehr Männer fürchten Störungen ihrer Sexualität, erleiden Impotenz und auch Unlust- und Erschöpfungsgefühle (Zilbergeld 1990). Gould (1982) machte dafür schon vor Jahren das veränderte Klima der Sexualbeziehungen zwischen Männern und Frauen verantwortlich sowie die größeren Ansprüche der Frauen, die sich im Zuge der sexuellen Revolution immer mehr trauen, für ihre sexuelle Unabhängigkeit einzutreten und auch Lust für sich einzufordern. Dies bewirkte einerseits auf seiten Männer eine Verunsicherung, denn sie waren es bis dahin gewohnt, im Sexualkontakt die Dominierenden zu sein und die Maßstäbe für Lust und Befriedigung zu setzen, andererseits aber auch eine größere Gesprächsbereitschaft, Offenheit und einen größeren Mut, zumindest bei Therapeuten über Sexualängste zu sprechen. Seit ca. 30 Jahren ist die Anzahl der Kliniken und Beratungsstellen für Sexualtherapie, die von Männern und Frauen frequentiert werden, sprunghaft angestiegen (Gould 1982).

Die Wunderpille zum rechten Zeitpunkt?

Wie ein Paukenschlag hat 1998 die Nachricht von der Herstellung einer sog. Wunder-Potenz-Pille (»Viagra«) in der Männerwelt eingeschlagen. Auf die Ankündigung folgten sogleich Warnungen von ärztlicher Seite, »Viagra« nicht ohne vorherige ärztliche Untersuchung zu nehmen. Nachrichten über Todesfälle nach »Viagra« beunruhigten daraufhin die Männerwelt. Es scheint für Männer keinen Ausweg aus dem Labyrinth der Ängste zu geben: hier die Impotenz prae coitu, dort der Herzinfarkt in coitu. »Viagra« von den einen euphorisch als Bombe apostrophiert, die die Gesellschaft verändern wird, von den anderen als Teufelswerk und Menetekel verschrien, »Viagra« einerseits für Greise, Kranke, Gehemmte und Gebrechliche gedacht und andererseits von jungen Männern im besten Alter zur grenzenlosen Leistungssteigerung konsumiert (DER SPIEGEL 1998)?

Der Ansturm der Nachfragen nach einer Wunderpille beweist, wie bedürftig Männer zu sein scheinen, wie groß der sexuelle Leistungsdruck ist, unter dem sie zu stehen meinen. Stehvermögen durch »Viagra« – wo bleibt jetzt das vielen Frauen liebenswerte »Versagen der Männer«, diese liebenswürdige männliche Schwäche, die so oft an ihre fraulichen und mütterlichen Instinkte für Verständnis und liebevolles Eingehen, Trösten und Beruhigen appellierte?

Wie oft haben Frauen Ängste, den sexuellen Ansprüchen von Männern nicht genügen zu können, körperlich nicht attraktiv genug zu sein. Was unternehmen sie auch heute im Zeitalter der Emanzipation nicht alles, um jung und körperlich verführerisch auszusehen, um gegen Falten und Zellulitis anzukämpfen? Sexuell sehr viel selbstbewußter als noch vor Jahrzehnten stehen sie zu ihren Ängsten, sprechen sie aus und verbergen auch ihre Unlustgefühle nicht mehr. Dasselbe erwarten sie von ihren Männern und möchten auf keinen Fall, daß diese zu Sexmaschinen werden, die nach Pilleneinwurf sexuell perfekt reagieren. Viagra – so fürchten Frauen und Männer – beschwört die Gefahr einer erneuten Selbstüberschätzung des Mannes. Das männliche Glied, als Phallus jahrhundertelang mit Symbolkraft belegt und in seiner Aussagekraft von Männern immer schon weit überschätzt, erhält nun eine noch größere Bedeutung, die Männer zu noch mehr sexueller Leistung und Wunscherfüllung anregt (Maron, 1998).

Männlichkeit in diesem Sinne ist eine reine Illusion. Nach dem Motto ›Angriff ist die beste Verteidigung‹ hat sich der Mann die Herrschaft jahrhundertelang über die Frauen gesichert, und nun, da seine alten Strategien nicht mehr funktionieren, seine Dominanz nicht mehr gegeben ist, kriecht die alte Ur-Angst zu versagen wieder in ihm hoch, das Gespenst der Impotenz geht erneut um.

Sexualität als Ausdruck von Macht und Besitz

Empirische Untersuchungen belegen, daß sich Männer in einem Dilemma befinden. Frauen sind ihnen sehr wichtig für die Selbstbestätigung. Sie wollen sie besitzen, um ihre Überlegenheit zu demonstrieren und wollen gleichzeitig von ihnen akzeptiert werden. Sie sind abhängig von ihrer Bewunderung und Anerkennung und sind sich unter Männern einig in dem Glauben an die weibliche Unterlegenheit. Sie wollen von ihnen geliebt werden und verachten sie zugleich. Sie müssen Überlegenheit zeigen und empfinden doch gegenüber Frauen oft Unterlegenheitsgefühle (Engelfried 1997). In der sexuellen Beziehung zur Frau gedeihen Größenphantasien und Überlegenheitsansprüche. Das Bedürfnis nach Macht »zerstört die Seele der Männer« (Gruen 1992).

Viele Männer entziehen sich der echten Intimität mit Frauen, ihre Phantasien degradieren die Frau zum Objekt. Dies zeigt sich besonders im Pornographiekonsum, der überwiegend – und vor allem in seiner härtesten Art – von Jungen, männlichen Jugendlichen und Männern getätigt wird und als »spezifische Form der Bewältigung des Mannseins« verstanden werden kann (Brod 1990; Winter 1993; Böhnisch und Winter 1994). In der Pornographie unterwirft sich der Mann die Frau, domestiziert sie, zwingt ihr seinen Willen auf, genießt die Macht, die er über sie hat und bändigt damit seine Ängste vor ihrer sexuellen Überlegenheit. In der Pornographie wird die Frau zur Befriedigung sexueller Lust der Männer benutzt und ausgenutzt, und dabei ausschließlich unter dem Blickwinkel ihrer grenzenlosen Verfügbarkeit gesehen. Es wird von ihr – auch unter Gewaltanwendung – Besitz ergriffen und ein Bild gezeichnet, das sie auf den bloßen Genitalbereich reduziert (Engelfried 1997).

Pornographie ist Anregung zur Gewaltanwendung, zumindest in der Phantasie. Über Pornographie werden Mythen (»Eine Frau, die ›nein‹ sagt, meint in Wirklichkeit ›ja'‹«) untermauert und weitertransportiert, die mit der Realität nicht übereinstimmen. Pornographische männliche Sexualität sieht nicht nur den Körper der Frau als reines Lustobjekt, sondern steigert die männliche Potenz – und besonders das männliche Glied – ins Grenzenlose und Überdimensionale und verleiht ihr und ihm – losgelöst von der Realität – geradezu mystische Bedeutung. Das, was physiologisch nichts weiter als das Resultat eines gesteigerten Blutzuflusses ist, wird zum Männlichkeitsidol schlechthin und damit gleichgesetzt mit Leistung, Härte und Stärke. Der Konsum von Gewaltpornos setzt selbst bei nichtaggressiven Männern moralische Schwellen niedriger, ruft im Experiment Aggressionen gegen Frauen hervor, erhöht die Gewaltbereitschaft gegenüber Frauen und senkt die Sensibilität für Gewalthandeln, wie z. B. Vergewaltigung. Bei länger andauerndem Konsum von Pornovideos stellt sich ein Gewöhnungseffekt ein, der darin besteht, daß Männer Vergewaltigungen zunehmend als weniger schlimm erleben und den Frauen sogar einen Lustfaktor dabei unterstellen (Bilden 1991; Brod 1990; Winter 1993).

2.5 Liebe und Gewalt – eine unheilvolle Allianz

Liebe, Sexualität und Gewalt sind eng miteinander verbunden, und das Dilemma besteht darin, daß einerseits Liebe Gewalt, Grenzüberschreitungen und Verletzungen einschließen und daß andererseits Gewalt im Namen der Liebe ausgeübt werden kann. Je intensiver Liebe gefühlt wird, desto mehr tendiert sie dazu, vom anderen Besitz ergreifen zu wollen und desto näher rückt sie der Gewaltausübung (Madanes 1990).

Liebe ist immer mit Ambivalenzen verbunden, dem Wunsch nach Nähe bei gleichzeitiger Befürchtung des Grenzverlustes, dem Wunsch nach Geborgenheit und der Furcht vor Abhängigkeit, dem Wunsch nach Kontrolle und der Angst vor Kontrollverlust, dem Wunsch nach Dauerhaftigkeit und der Panik vor dem Verlassenwerden. Das starke Bedürfnis, geliebt zu werden, führt häufig dazu, Macht und Kontrolle auszuüben. Je unsicherer sich der Liebende seines Geliebtwerdens ist, desto größer kann seine Gewalt gegenüber der Geliebten sein. Gewalt in der Liebe hat häufig die Funktion, Gewißheit über die Liebe zu erlangen und Ungewißtheit zu reduzieren. Gewalt bedeutet Nähe zum anderen und schafft doch gleichzeitig Distanz. »Die Gewalt der Eindeutigkeit« steht der »Mehrdeutigkeit der Gewalt« gegenüber . Wenn gewalttätige Männer gefragt werden, warum sie zugeschlagen haben, antworten sie häufig: »Aus Liebe... vielleicht« (Retzer 1993).

Mißhandlung von Frauen durch Männer kann als komplexer Prozeß wechselseitiger Bedingungen von patriarchaler Gewalt und weiblicher Verstrickung in diese Gewalt bezeichnet werden. Bei Mißhandlungen sind Täter und Opfer häufig miteinander so verfangen, die Dynamik ihrer Beziehungen so stark, daß man nicht immer eindeutig Täter und Opfer ausmachen kann. Es liegt fast immer eine Abhängigkeitsproblematik vor, die so groß sein kann, daß sich selbst eine geschlagene und verprügelte Frau nicht von ihrem schlagenden und prügelnden Partner trennen will, den sie immer noch liebt, und sich selbst oft auch nicht einmal als »mißhandelt« bezeichnet, sondern als »im Affekt geschlagen« In Paarbeziehungen können Mißhandlung, Gewalt und Zwang in schmerzlicher Weise und für Außenstehende völlig unverständlich mit Liebe, Verzeihen und enger Bindung aneinander einhergehen (Goldner, Penn, Sheinberg und Walker 1992, Goldner 1993).

Die häusliche Gewaltspirale

In vielen Partnerschaftsbeziehungen wird geschlagen, geprügelt und verletzt – physisch und psychisch. Vielfach haben es Partner in Beziehungen nicht gelernt, ihre Konflikte anders als mit Gewalt zu lösen (Bundesministerium für Familie, Senioren, Frauen und Jugend 1996). Geschlechtsspezifische Ge- und Verbote verursachen vielfach in einer Beziehung unlösbare Dilemmata und lösen so eine Explosion von Gewalt aus (Goldner, Penn, Sheinberg und Walker 1992). Sehr häufig, aber nicht immer, geht die Gewalt von den Männern aus. »Männliche« und »weibliche« Gewalt zeigt sich unterschiedlich. Männer neigen eher zur Anwendung von körperlicher Gewalt gegenüber Frauen, Frauen eher zur Anwendung psychischer Gewalt, aber in selteneren Fällen schlagen auch sie zu. Macht, Aggression und sexuelle Ausbeutung sind zwar nicht nur eine männliche Domäne, aber doch überwiegend von Männern ausgeübte Verhaltensweisen (Goldner 1993). Ob Richter, ob Wissenschaftler oder Busfahrer, Gewalt ist keine Frage der gesellschaftlichen

Schicht, sondern ein Männerproblem. Physische Gewalt ist überwiegend eine »männliche Ressource«, die auf den vorhandenen unterschiedlichen Machtverhältnissen zwischen den Geschlechtern aufbaut (Bundesministerium für Familie, Senioren, Frauen und Jugend 1996).

Die meisten der mißhandelnden Männer beschreiben ihr Tun anschließend als Ausrasten, als Blackout und können bzw. wollen sich nicht mehr an die Situation erinnern. Sie sind anschließend entsetzt über sich, aber häufig verharmlosen und beteuern sie, es nie wieder tun zu wollen. Und doch schlagen gewalttätige Männer immer wieder zu. Es sind selten einmalige Handlungen, und Beziehungen, in denen Frauen mißhandelt werden, sind keine Einzelfälle, sondern extreme Beispiele für geschlechtsgebundene stereotype Verhaltensregeln zwischen Mann und Frau. Auch wenn Männer in den meisten Fällen die Täter und Frauen die Opfer sind, dürfen die Wechselwirkungen und komplementären Muster in der Beziehung eines Paares, in der geschlagen wird, nicht übersehen werden (Goldner, Penn, Sheinberg und Walker 1992).

Gewalt schaukelt sich auf und beginnt in Partnerbeziehungen meistens damit, daß einer den anderen einengt, kontrolliert, über ihn verfügt und ihm bestimmte Aktivitäten verbietet. Der Ton wird immer schärfer, die Vorwürfe wegen Kleinigkeiten immer größer, weiten sich aus und betreffen schließlich die ganze Person. Schließlich scheint nur noch die Absicht vorzuherrschen, den anderen zu verletzen und kleinzumachen. Der erste Schlag geschieht aus unbändiger Wut heraus, dem meistens Reue und Schuldgefühle folgen. Ein Beispiel aus der Beratungspraxis soll dies verdeutlichen:

Frau L. kommt schon mit schleppendem Schritt und traurigem Gesicht in die Beratung. Sie hält es nicht mehr aus. Jahrelang schon erträgt sie die psychischen Verletzungen ihres Ehemannes, der ihr immer wieder sagt, daß sie zu nichts tauge: Kochen könne sie nicht, die Erziehung der Kinder habe sie auch nicht im Griff und um Bett sei sie eine Null. Frau L. erzählt stockend und unter Tränen, daß sie dies alles nicht mehr ertragen und gestern beschlossen habe, ihrem Mann zu sagen, daß es so nicht mehr weitergehe. Sie wolle sich von ihm trennen. Ihr Mann, ein leitender Angestellter in guter Position, habe sich alles ruhig angehört, dann habe er die Tür von innen abgeschlossen, seinen Gürtel von seiner Hose gezogen und sei langsam und mit wutentbranntem Gesicht auf sie zugekommen... Schluchzend berichtet sie, daß er sie verprügelt hätte, und heute morgen sei er dann mit einem Blumenstrauß gekommen.

Viele Frauen denken intensiv über die Gründe für die Brutalität ihrer Männer nach. Sie sind häufig sehr verunsichert und fühlen sich mitverantwortlich für die Auseinandersetzung. In einer Umfrage bei 300 Frauen gaben sie u. a. folgende Gründe an (Mehrfachantworten waren möglich): »er fühlt sich in seiner Ehre gekränkt« (50%), »ich habe nicht getan, was er wollte« (33%),

»wegen Trunksucht» (45%), »wegen Geldsorgen« (24%) und »Probleme bei der Arbeit« (18%). Bei fast allen Männern, die ihre Frauen schlagen, spielen Eifersucht und Herrschaftsanspruch eine große Rolle. 15% der Frauen wurden schon vor der Eheschließung und sogar schon kurz nach Beginn der Beziehung von ihren Männern mißhandelt, wobei sie Ohrfeigen und Psychoterror zunächst gar nicht als Mißhandlung einordnen (Schriftenreihe des Bundesministers für Jugend, Familie und Gesundheit 1981).

Viele (Ehe-)Frauen flüchten in Frauenhäuser, die oft der einzige Ausweg aus einer psychisch und physisch existenzbedrohenden Situation sind. Sie signalisieren damit den Wunsch nach Ruhe, Schutz und Selbstbestimmung. Was sie an sichtbaren Verletzungen vorweisen, übertrifft häufig alle Vorstellungen: Blutergüsse, Brandwunden, gebrochene Knochen, zerquetschte Arm- und Fußgelenke und vieles mehr. Ihre Selbstachtung und ihr Selbstbewußtsein sind total zerstört, und sie haben oftmals keinen Menschen, dem sie sich anvertrauen können und müssen zudem zusätzlich noch die Rache ihrer »in ihrer Ehre verletzten Männer« fürchten (Schriftenreihe des Bundesministers für Jugend, Familie und Gesundheit 1987).

Der Titel der Broschüre einer Hamburger Beratungsstelle gegen Männergewalt heißt: »Lieber gewalttätig als unmännlich – der lange Irrweg auf der Suche nach Männlichkeit« und drückt damit die unheilvolle Koppelung von Männlichkeit und Gewalt einerseits aus, andererseits aber auch die Notwendigkeit, diese Allianz zu sprengen (Kontakt- und Beratungsstelle Hamburg o. J.). Männlichkeit und das vermeintliche Recht auf Gewalttätigkeit sind in den Köpfen vieler Männer eng miteinander verbunden (Bundesministerium für Familie, Senioren, Frauen und Jugend 1997c).

Auch das Spektrum der sexuellen Gewalt gegen Frauen ist groß. Es reicht von in Ehe- und Familienbeziehungen ausgeübten Vergewaltigungen (erzwungener Geschlechtsverkehr), sexueller Nötigung und sexuellem Mißbrauch gegenüber Mädchen und Frauen, sexuellen Belästigungen am Arbeitsplatz und der Vermarktung von Frauen als Sexualobjekte in Medien, Werbung und Kunst. Die Ursachen für sexuelle Gewalt gegen Frauen liegen einmal in den historisch bedingten unterschiedlichen Machtverhältnissen von Männern und Frauen, zum anderen sind sie auch mit der weiblichen Sexualität eng verbunden. Gewalt wird von Männern oft als Mittel zur Kontrolle des Sexualverhaltens der Frau eingesetzt. Die weibliche Sexualität war und ist auch heute noch das Schlachtfeld mittelalterlicher und moderner Blutfehden, bei denen das Ansehen und die Ehre von Männern auf dem Spiel stand und steht (Bundesministerium für Familie, Senioren, Frauen und Jugend 1995).

Der Anteil der weiblichen Opfer bei Gewalttaten ist sehr hoch, bei Vergewaltigungen beträgt er 100 Prozent, das heißt, daß ausschließlich Frauen Opfer von polizeilich registrierten Vergewaltigungen sind, bei Sexualmorden beträgt der Anteil von Frauen als Opfer 91 Prozent, bei Mord 50 Prozent, bei Tötungen 35 Prozent (Bundesministerium für Frauen und Jugend 1994). Mißhandlung von Frauen, Tötungen, Vergewaltigungen in und außerhalb der Ehe sind keine Einzelfälle, und sehr häufig sind die Täter Männer. Die Häufigkeit des von Männern erzwungenen Geschlechtsverkehrs innerhalb der Ehe ist unbekannt und unterliegt – auch wenn er seit April 1998 ein Straftatsbestandteil ist und damit von den Ehefrauen angezeigt werden kann – einer hohen Tabuisierung. Im familiären und sozialen Nahraum verübte sexuelle Gewalt ist häufig eine Wiederholungstat mit anhaltender Traumatisierung für die betroffenen Frauen und Mädchen. Noch völlig ungenügend von der Statistik erfaßt sind der Frauen- und Mädchenhandel mit Zwang zur Prostitution sowie die Kinderpornographie, die erst langsam aus dem Dunkel an das Licht der Öffentlichkeit kommt (Bundesministerium für Familie, Senioren, Frauen und Jugend 1997d).

Sexuelle Belästigung und sexueller Mißbrauch

Sexuelle Belästigung ist für viele Frauen Alltag, dennoch wird es als Problem kaum thematisiert oder von Gewerkschaften und Arbeitgebern kontrovers diskutiert. Unter sexueller Belästigung wird jedes sexuell bestimmte Verhalten verstanden, das von den Betroffenen unerwünscht und geeignet ist, sie als Person herabzuwürdigen. Jede zweite berufstätige Frau hat so etwas schon einmal erlebt, ob es sich dabei um anzügliche Bemerkungen, scheinbar zufällige Körperberührungen oder direkt um Pokneifen, Busengrapschen oder auch um sexuelle Erpressungen mit dem Versprechen beruflicher Vorteile handelt – meistens befinden sich die Frauen in einer untergeordneten und die Männer in einer sicheren und übergeordneten Position. Die Belästiger sind fast immer Männer (Bundesministerium für Familie, Senioren, Frauen und Jugend 1997b).

Die oft fehlende Solidarität – sexuelle Übergriffe geschehen oft bedenkenlos im Beisein von Zeugen – macht es den Frauen schwer, gegen Übergriffe vorzugehen. Wie beim sexuellen Mißbrauch glauben sexuell belästigte Frauen, die einzigen zu sein, denen so etwas Peinliches passiert, und aus Angst und Scham wagen sie nicht, darüber zu sprechen. Studien belegen, daß das Problem der sexuellen Belästigung in Betrieben nicht ernst genug genommen wird, in den meisten Fällen erleidet das Ansehen der Täter – ganz im Gegensatz zu dem der betroffenen Frauen – keinen Schaden, nur ca. 6% wurden verwarnt, 1% versetzt und 0,4% der Männer entlassen. Das große Dilemma der sexuell belästigten Frauen ist ein doppeltes: Sie befürchten, wenn sie die Belästigung abwehren, eine Beeinträchtigung der Arbeitsatmosphäre und der Arbeitssituation, sie erleiden jedoch Selbsterniedrigung und Demütigung, wenn sie sie erdulden. Zum anderen riskieren sie paradoxerweise auch dann ihr Ansehen und sogar durch Selbstkündigung ihren Arbeitsplatz, wenn sie den Belästiger anzeigen. Obwohl auch Männer den

Aussagen der Belästiger, sie wollten ja nur flirten, nicht trauen, solidarisieren weder sie noch die anderen beschäftigten Frauen sich ausreichend mit den betroffenen Frauen, so daß diese sich häufig völlig alleingelassen und obendrein noch stigmatisiert fühlen und daher schließlich den Arbeitsplatz wechseln (Bundesministerium für Familie, Senioren, Frauen und Jugend 1997d).

Ähnlich wie bei der sexuellen Belästigung sind auch beim sexuellen Mißbrauch die Männer überwiegend die Täter, und zwar in 80% der Fälle. Nur in ca. 20 % zählen Frauen zu den Täterinnen. Vom sexuellen Mißbrauch sind zu 75 % Mädchen und zu 25 % Jungen betroffen. Sexueller Mißbrauch ist in jedem Fall ein Machtmißbrauch zwischen einem Erwachsenen und einem Kind bzw. einem Jugendlichen und einem erheblich jüngeren Kind. Es geht den Tätern in erster Linie darum, sich überlegen zu fühlen, zu demütigen und die eigene Männlichkeit zu bestätigen. Im Vordergrund steht dabei nicht so sehr das sexuelle Erleben des Mannes als vielmehr sein Bedürfnis, Macht auszuleben. Macht – als Ziel oder Mittel eingesetzt – spielt eine große Rolle in der Dynamik sexueller Gewalt (Brockhaus und Kolshorn 1997).

Sexuelle Gewalt steht in Zusammenhang mit patriarchaler Macht und Herrschaftsstrukturen, die auf der Abwertung von Frauen basieren, und erst diese Abwertung, verbunden mit einem männlichen Dominanzgefühl und der Gleichsetzung von Männlichkeit mit Sexualitätsausübung, Macht, Leistung und Kontrolle ermöglichen das Gewalthandeln gegen Frauen. Viele Männer betrachten ihre Freundinnen, Partnerinnen oder auch Ehefrauen als »soziales Mobiliar«, das sie sich »erworben« haben und mit dem sie glauben, machen zu können, was sie wollen. »Mit meiner Frau kann ich machen, was ich will«, oder »Meine Frau gehört mir« – diese Sätze sind Ausdruck patriarchaler Besitzansprüche, die immer noch das Denken vieler Männer prägen und scheinbar legitimierte Begründungen für gewalttätiges Handeln geben. »Legitimationen senken die Gewaltschwelle« (Böhnisch und Winter 1994).

Mythen über traditionelle Geschlechtsrollen führen dazu, daß häufig von vielen Männern, die solchen Mythen nachhängen, erzwungene sexuelle Kontakte nicht als Vergewaltigung definiert, sondern bagatellisiert und den Frauen obendrein noch die Schuld am Geschehen zugeschoben wird (Brockhaus und Kolshorn 1997).

Psychoanalytische Sichtweisen führen männliches sexuelles Gewalt- und Mißbrauchsverhalten auf traumatisierende Erfahrungen in der Kindheit der Männer und demzufolge auf Verdrängungs- und Kompensationsmechanismen zurück. Jungen und Männer neigen dazu, ihre auf ihre Geschlechtsrolle bezogenen Unsicherheiten und Ängste durch Überbetonung von männlicher Stärke und Dominanz zu besiegen, hinter ihrer Fassade betonter Männlichkeit verbirgt sich oft eine fragile männliche Identität. Männer haben Angst vor zu großer Intimität mit Frauen und versuchen, ihre Ängste durch sexuelle Aggressivität zu reduzieren und unter Kontrolle zu bringen. Sexualisierte Aggressivität ist eine spezifisch männliche Strategie zur Bewältigung von Angst vor Abhängigkeit. Viele Männer erleben sich in Beziehung zu ihrer Partnerin als zutiefst abhängig, ausgeliefert und ohnmächtig und empfinden dies Gefühl als beschämend und sich selbst dabei als unmännlich. Sexuelle Gewalt ist sehr häufig ein Ausdruck der Abwehr von Hilflosigkeit und der Versuch, ihre Männlichkeit wieder herzustellen. Eine weitere Erklärung für männliches sexuelles Gewalthandeln bieten die Konzepte der »Trauma-Reinszenierung« und der »Identifikation mit dem Aggressor«, worunter man eine Wiederholung der erlittenen Schmach, aber diesmal mit umgekehrtem Vorzeichen, nämlich mit Aktivität statt Passivität, mit Austeilen von Gewalt statt Erleiden versteht. Eigene erlittene sexuelle Gewalt führt bei vielen Jungen dazu, dieselbe Gewalt bei anderen auszuüben. Es ist ein Kreislauf von »erfahrener bzw. miterlebter und selbst reproduzierter Gewalt« (Harten 1997).

Jungen und Männer sind Opfer und Täter zugleich

Männer erfahren und lernen schon in Kindheit und Jugend, daß gewalttätiges Verhalten als männlich bezeichnet und akzeptiert wird. Mängel in ihrer sozialen Kompetenz, z. B. sich in andere einzufühlen und auf sie Rücksicht zu nehmen, überspielen sie oft mit gewalttätigem Verhalten, d. h. mit physischer Gewalt. Muster der Gewalt tauchen bei Jungen schon früh in Kindergarten und Schule auf, werden in Jugendgruppen gefestigt und im Erwachsenenalter ausgelebt (Engelfried 1993) (Abb. 2).

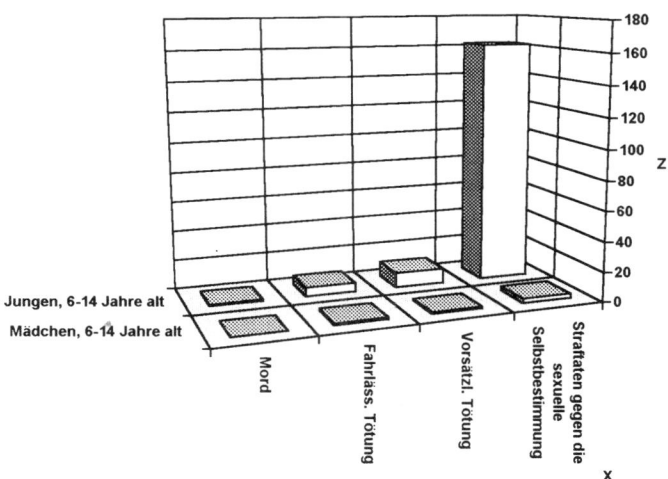

Abb. 2: Tatverdächtige Jungen und Mädchen im Alter von 6 bis 14 Jahren, 1997, in absoluten Zahlen

Quelle: Daten des Bundeskriminalamtes 1998

Im Jugendalter, zwischen 14 bis 18 Jahren, steigen die Straftaten von männlichen Jugendlichen gegen das Leben anderer Menschen steil an (Abb. 3).

Im Erwachsenenalter steigt die Anzahl der Tatverdächtigen bei allen Straftaten noch einmal enorm an, während die Geschlechterdifferenz zwischen den erwachsenen männlichen und weiblichen Tatverdächtigen ähnlich groß wie bei den kindlichen und jugendlichen Tatverdächtigen (Abb. 4).

Aber nicht nur die Täterschaft ist bei Männern weit höher als bei Frauen, sondern ebenfalls die Opfergefährdung. Das Risiko, Opfer einer Gewalttat zu werden, hängt von vielen Faktoren ab, besonders aber von gefahrengeneigtem Verhalten, und dies ist bei Männern erheblich größer als bei Frauen (Abb. 5).

Während der sexuelle Mißbrauch an Mädchen erst seit den 80er Jahren öffentlich thematisiert und in seiner Problematik erkannt wurde, hielt sich der Mythos, daß Jungen nicht sexuell mißbraucht werden können, noch viele Jahre aufrecht. Die Gründe dafür liegen in den traditionellen Bild von Männlichkeit, der Stärke des Mannes und seiner Wehrhaftigkeit. Mittlerweile ist die Tatsache, daß auch Jungen Opfer sexuellen Mißbrauchs werden, allgemein bekannt, obwohl die Dunkelziffern bei Jungen erheblich größer sind als bei Mädchen (Bange 1993; Bange und Boehme 1997). Es wird geschätzt, daß etwa jeder achte bis zwölfte Junge sexuell mißbraucht wird, wobei von diesen Jungen ungefähr zwei Drittel von Männern nicht

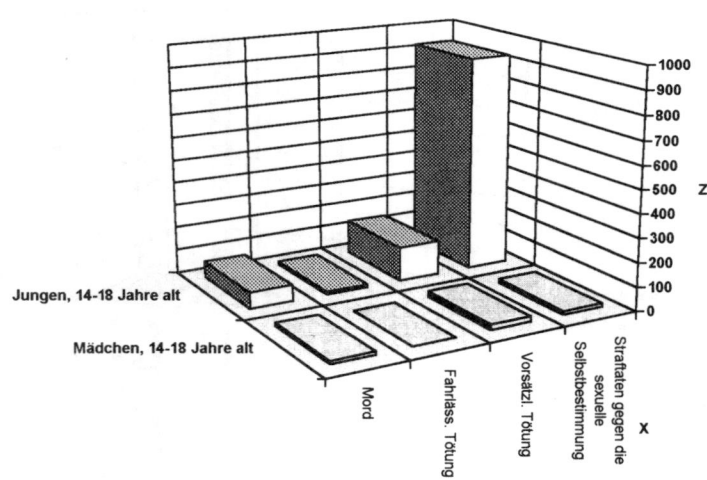

Abb. 3: Tatverdächtige Jungen und Mädchen im Alter von 14 bis 18 Jahren, 1997, in absoluten Zahlen

Quelle: Daten des Bundeskriminalamtes 1998

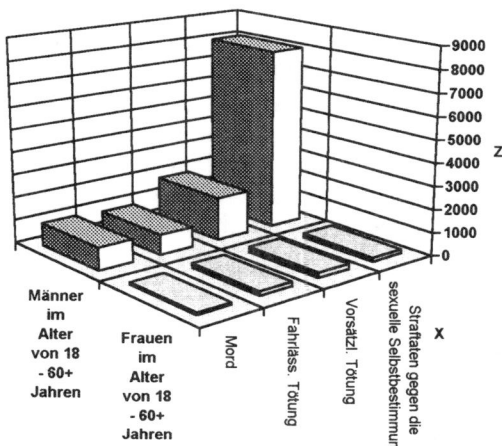

Abb. 4: Tatverdächtige Männer und Frauen im Alter von 18 bis über 60 Jahren, 1997, in absoluten Zahlen

Quelle: Daten des Bundeskriminalamtes 1998

Opfergefährdung von Männern bei vollendeten Straftaten pro 100000 Einwohner

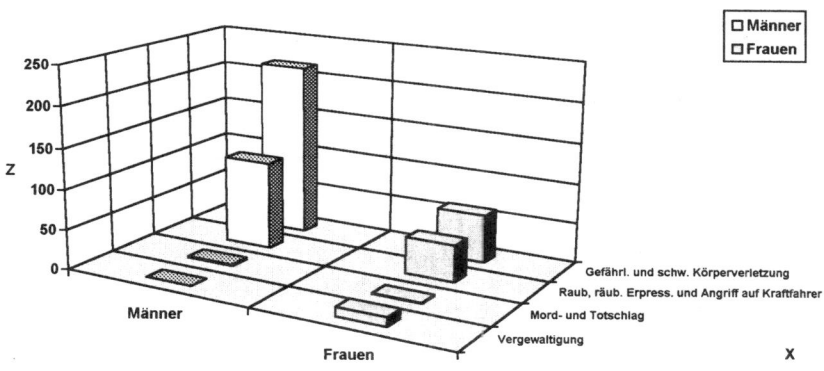

Abb. 5: Opfergefährdung von Männern im Vergleich zu Frauen

Quelle: Bulletin, Presse und Informationsdienst der Bundesregierung, 1998

nur körperlich angefaßt und berührt, sondern vergewaltigt und genital manipuliert werden. Die Täter kommen überwiegend aus dem außerfamilialen Nahraum, sind den Jungen meistens vorher bekannt und stehen mit ihnen in einer berufsausübenden oder auch freizeitbezogenen Beziehung. Das

Durchschnittsalter der mißbrauchten Jungen liegt bei zehn bis elf Jahren, das der Täter bei ca. 30 Jahren. Die anale Penetration wird von den Jungen als besonders schwerwiegend erlebt, weil sie diese Art des Sexualverkehrs mit Homosexualität verbinden, die immer noch stark tabuisiert ist und starke Ängste auslöst. Besonders auffallend ist, daß Jungen auch häufig von Gleichaltrigen und männlichen Jugendlichen mißbraucht werden. Ein Großteil der erwachsenen Sexualstraftäter hat mit dem Mißbrauch schon vor dem 16. Lebensjahr begonnen und ihn im Erwachsenenalter fortgesetzt (Bange 1993).

Es ist für Jungen besonders schwerwiegend, mißbraucht zu werden, da sie – zusätzlich zu allem Leid, das auch Mädchen erfahren – anschließend fürchten, nicht nur als homosexuell stigmatisiert zu werden, sondern – so glauben sie irrtümlich – es auch zu werden. Diese Angst führt dazu, daß die Jungen ihre als beschämend empfundenen Mißbrauchserlebnisse niemandem erzählen, sich aus Beziehungen zurückziehen und sich immer mehr selbst isolieren. Die Forderung an Jungen, sich zu wehren und sich nichts gefallen zu lassen, sowie die bittere Erfahrung, sich nicht genügend gewehrt zu haben, verstärken das Gefühl, am Geschehen mitschuldig zu sein. Zusätzlich zu allen Gefühlen der Scham, des Ekels, der Hilflosigkeit, der Erniedrigung und der Enttäuschung, die sie genauso wie sexuell mißbrauchte Mädchen empfinden, kommt noch die Furcht dazu, kein »richtiger« Junge zu sein. Es paßt nicht in die Vorstellung von Jungen und ihrem männlichem Selbstbild, Opfer zu sein. Männlichkeit und Opfer scheint für viele ein Widerspruch in sich zu sein, was fehlt, ist ein gesellschaftliches Problembewußtsein für sexuelle Gewalt an Jungen (Venth und Lenz 1998). Auch vielen erwachsenen Männern in Sozialberufen wie Sozialarbeitern, Ärzten, Psychologen, Therapeuten gelingt es nicht immer, ihre eigenen Opfererfahrungen aufzuarbeiten, ohne massive Abwehrmechanismen gegenüber dem Erkennen eines sexuellen Mißbrauchs bei anderen zu entwickeln. »Wir hassen das Opfer in uns« (Gruen 1992, 46).

Der Anteil der Täterinnen am Mißbrauch von Jungen unterliegt einer Dunkelziffer, rückwirkend interpretieren Männer häufig ihre ersten sexuellen Kontakte als Jugendliche mit einer wesentlich älteren Frau nicht so sehr als sexuellen Mißbrauch, sondern eher als Einführung in die Liebe. Im Unterschied zu männlichen Tätern gebrauchen Frauen bei mißbräuchlichen sexuellen Kontakten weniger Gewalt als vielmehr Strategien der Verführung, aber es kann auch nicht ausgeschlossen werden, daß Männer unangenehme Erinnerungen verdrängen, die sexuelle Ausbeutung durch Frauen nicht als gewalttätig wahrnehmen, eher die angenehmen Erinnerungen zulassen und das Geschehen als gewollt und lustvoll umdeuten. Die Erfahrung der eigenen Hilflosigkeit ist für das männliche Selbstbild schwer zu ertragen, so daß Männer im nachhinein zu Strategien der Verleugnung und Verdrängung greifen (Bange 1993, Bange und Boehme 1997; Harten 1997).

Die Frage, wie häufig männliche Opfer sexueller Gewalt später selbst zu asozialem Verhalten neigen und sogar zu Tätern werden, wird unterschiedlich diskutiert. Gesichert ist die Tatsache, daß ein hoher Anteil sexuell mißbrauchter Jungen unter jugendlichen Straffälligen, unter männlichen Psychiatriepatienten, Strichjungen, Drogenabhängigen und Trebegängern zu finden ist und daß erwachsene Täter oft schon in ihrer Jugend durch sexuellen Mißbrauch an Gleichaltrigen oder Kindern aufgefallen sind. Die Entwicklung vom Opfer zum Täter ist jedoch keineswegs zwingend und hängt immer auch von den Umständen des Mißbrauchs ab und vor allem davon, welche Hilfe und Unterstützung der Junge anschließend bekommen hat (Bange 1993, Bange und Boehme 1997).

Fazit

Männer und Frauen gehen anders mit Gefühlen um, sie nehmen sie unterschiedlich wahr und bewerten sie verschieden voneinander. Männer sehen Gefühle eher als Ausdruck von Schwäche an, die sie nur Frauen zugestehen. Die gesamte Gefühlsarbeit delegieren sie an Frauen und haben dadurch – beabsichtigt und unbeabsichtigt – Vorteile, die ihrem Berufsleben und ihrem Karrierestreben zugutekommen. Männer werden oft von Frauen emotional und fachlich unterstützt. Sie sehen dies auch häufig positiv, aber sie machen sich dennoch die Emotionalität der Frauen nicht zu eigen. Sie halten ihre Gefühle unter Kontrolle und haben in ihrer Sozialisation weder Empathie- noch Introspektionsfähigkeit gelernt, Kompetenzen, die als typisch weiblich angesehen werden und von klein auf bei Mädchen, aber nicht bei Jungen gefördert werden. Männer stehen unter dem Zwang, traditionelle Männlichkeit zu leben, und das heißt, keine Zweifel an sich selbst zu hegen, Unsicherheiten nicht zuzugeben und stets die Oberhand zu behalten.

Männer gestalten Freundschaften mit Männern anders als Frauen Freundschaften mit Frauen. Im Unterschied zu den engen und persönlichen Freundschaftsbeziehungen zwischen Frauen fehlen in den Freundschaftsbeziehungen zwischen Männern die intimen Gespräche und das Eingeständnis von persönlichen Problemen. In Männerfreundschaften wird eher gemeinsam gehandelt als gesprochen. Das Verbindende besteht in gemeinsamen Interessen, Unternehmungen und Aktionen. Männer leben »körperfern«, sie meiden körperliche Kontakte mit anderen Männern. Sie sind durchdrungen von homophobischen Ängsten und müssen stets beweisen, daß sie »richtige« (= heterosexuelle) Männer sind.

Die Heterosexualität ist Bestandteil der traditionellen Männlichkeit. Männer sind auf Verführen und Erobern von Frauen geeicht und prahlen gern vor anderen mit ihren Eroberungen. Männer messen ihrer Sexualität eine größere Bedeutung zu als Frauen und setzen sie mit Genitalität, mit Potenz und möglichst unbegrenzter Erektionsfähigkeit gleich. Das männliche Sexualorgan nimmt in ihrer Phantasie, ihrem Wunschdenken, ihren Ängsten eine fast mystische Bedeutung an. Das Wundermittel »Viagra« soll helfen, den Irrglauben an ständige sexuelle Bereitschaft und Leistungsfähigkeit aufrechtzuerhalten und den »Störfaktor Penis« auszuschalten bzw. unter Kontrolle zu bringen.

Liebe und Intimität sind für Männer und Frauen sehr wichtig, aber sie verhalten sich in der praktischen Ausgestaltung sehr unterschiedlich. Männer haben Angst vor Verschmelzung und Kontrollverlust, sie wahren daher immer eine gewisse Distanz und Einsamkeit, die Frauen sehr gerne in gemeinsamen Gesprächen durchbrechen würden, aber dabei sehr oft an der »Stummheit« der Männer scheitern. Männer reden in Partnerschaftsbeziehungen nur selten über eigene Gefühle. Sehr häufig sexualisieren sie ihre Gefühle und können sie nur im Geschlechtsakt selbst ausdrücken, was Frauen jedoch oftmals unbefriedigt läßt, da sie auch im kommunikativen, intimen und verbalen Austausch Verbundenheit spüren möchten.

Machtdenken und Machtstreben sowie eine sexualisierte Aggressivität führen zum männlichen Gewalthandeln, zur sexuellen Gewalt gegen Frauen und Mädchen, aber auch gegen eigene Geschlechtsgenossen, gegen Jungen und männliche Jugendliche. Gewalt und vor allem sexuelle Gewalt spielt eine große Rolle in den Beziehungen zwischen Männern und zwischen Männern und Frauen.

Zusammenfassung

Soziale Ungleichheit und Machtkämpfe bestimmen die Beziehungen zwischen den Geschlechtern. Männer lernen im Laufe ihrer Sozialisation, wie sie diese Ungleichheit aufrechterhalten können (Sabo und Gordon 1995). Machtausübung ist zentraler Bestandteil im Leben von Männern. Berufswahl und Berufsausübung sind Foren für Machtdemonstration und Herrschaftsansprüche. Die Position im Berufsleben, der Aufstieg auf der Karriereleiter, die Anerkennung von Kollegen, der Bekanntheitsgrad in der Öffentlichkeit sind Faktoren, die Männern sehr viel mehr bedeuten als Frauen und denen sie sehr häufig alles andere, wie z. B. Privatleben und Familie unterordnen. Erwerbstätigkeit, Höhe des Bankkontos, Zufriedenheit im Beruf, das Betriebsklima am Arbeitsplatz und das gute Einvernehmen mit Kollegen stellen für die meisten Männer wichtige Bestandteile ihrer beruflichen Identität und ihres Selbstbewußtseins dar.

Männer akzeptieren Hierarchien eher als Frauen, sie akzeptieren die Prinzipien der Unter- und Überordnung, des Gehorchens, Befehlens und Befolgens. Männer rivalisieren miteinander, sind Konkurrenten um die besten Positionen in Beruf, Politik, Wirtschaft und Gesellschaft – und um Frauen. Sie haben eine Streitkultur erworben, die es ihnen ermöglicht, sich miteinander auseinanderzusetzen, aber ohne in Feindschaften zu verfallen. Männer streiten miteinander, diskutieren kontrovers und hart über bestimmte Sachthemen, aber anschließend gehen sie gemeinsam in die Kneipe und trinken zusammen ein Bier, als hätte es keine Auseinandersetzung gegeben. Männer bilden Bündnisse und Seilschaften, um »nach oben« zu gelangen, sie haben Netzwerke beruflicher Beziehungen geknüpft, die ihnen weiterhelfen, wenn es darum geht, Karriere zu machen.

Frauen gelingt dies nur schwer, sie haben es nicht gelernt, über Sachthemen rivalisierend zu diskutieren und in Konkurrenz miteinander umzugehen, vermeiden Streitgespräche, wollen den anderen nicht verletzen, gehen öfter als Männer Kompromisse ein und verfügen (noch) nicht über so ausgetüftelte berufliche Netzwerke wie Männer. Ihre soziale Orientierung ist auf Personen gerichtet, die von Männern auf Positionen. Frauen lernen schon früh, die Bedürfnisse anderer zu erfüllen, Männer sind mehr auf sich und ihren (Macht-)Status bezogen (Chodorow 1990; Sabo und Gordon 1995).

Die Erwerbsarbeit hat zwar für Frauen auch eine sehr große Bedeutung, aber Frauen können ihre berufliche Karriere lange nicht so zielstrebig planen, wie es Männer tun, weil sie immer gleichzeitig eine künftige Mutterschaft und Kindererziehung zumindest gedanklich mit einplanen. Während sich Männer voll und ausschließlich auf ihr Berufsleben konzentrieren können, bleiben Familie, Haushalt und Kindererziehung sowie die gesamte Beziehungsarbeit trotz Emanzipation und trotz der Beteuerung vieler Ehemänner, mithelfen zu wollen, an den Frauen »hängen«.

Gefühle sind nach Ansicht vieler Männer überwiegend Frauensache, und sie delegieren die Beziehungspflege gerne an ihre (Ehe)Frauen und Partnerinnen. Gefühls- und Beziehungsarbeit setzt Einfühlungsvermögen in andere voraus und erfordert Kompetenzen, die Männer oft nicht besitzen. Frauen werden von Anfang an darin sozialisiert, an andere zu denken, auf sie Rücksicht zu nehmen und für sie zu sorgen, auch ihre Schwächen einzugestehen und Hilflosigkeit zuzugeben. Männer dagegen werden von klein auf dazu angehalten, sich nichts gefallen zu lassen, sich in jeder Situation stark zu zeigen, ihre Gefühle zu unterdrücken bzw. unter Kontrolle zu halten. Sie lernen, erfahren und beobachten, daß nur Mädchen und Frauen ihren Tränen freien Lauf lassen dürfen und daß Jungen und Männer von ihren Geschlechtsgenossen verachtet werden, wenn sie ihre Gefühle über ein bestimmtes Maß hinaus zeigen.

Das Paradoxon der Männer besteht darin, daß sie sich zumindest in den ersten Monaten ihres Lebens – ähnlich wie Mädchen – in einer emotional engen symbiotischen Beziehung zur Mutter befinden und sich mit ihr identifizieren und in der Familie und in Institutionen hauptsächlich mit Frauen aufwachsen, daß sie aber im Laufe ihres weiteren Lebens sich immer weiter von diesen (einschließlich der Mutter) entfernen, ja entfernen müssen, um ihre männliche Identität herzustellen. Dies führt dazu, daß sie ihre weiblichen Anteile wie Einfühlungsvermögen, Erkennen der eigenen Gefühle und der der anderen immer mehr vernachlässigen und es schließlich verlernen, Gefühle wahrzunehmen und zu zeigen. Die Herauslösung aus der engen Mutter-Kind-Beziehung, die Söhne härter trifft als Töchter, bewirkt nicht nur eine Abspaltung von bestimmten als weiblich angesehenen Verhaltensweisen und Gefühlsäußerungen, sondern auch die Negation der Mutter und Frau sowie ihre Abwertung (Engelfried 1997).

Psychoanalytisch wird das Machtbedürfnis der Männer auf die starke Mutterbindung zurückgeführt, die als Vereinnahmung und Umklammerung erlebt wird, aus der Männer sich nur durch Haß und Abwertung befreien können. »Die Mutterbindung entwickelt in einem Mann die Machtanfälligkeit und legt seine Neigungen für Gewalttaten fest« (Pilgrim 1989). Daß jedoch noch andere Faktoren – und nicht nur die Einengung der Beziehung zwischen Müttern und Söhnen – eine Rolle spielen, betont Benjamin (1990, 1993). Sie sieht diese in der Aktivität und Eigenständigkeit der kleinen Jungen sowie in ihrer Fähigkeit zur »symbolischen Repräsentation«, das heißt, Unterlegenheitsgefühle im Rollenspiel auszuagieren, nicht zwangsläufig an der Person der Mutter oder der Frauen im allgemeinen festzumachen und zwischen Phantasie und Realität zu unterscheiden.

Männer müssen Macht ausüben, solange sie sich ihrer Männlichkeit unsicher sind und ihre Angst vor der weiblichen »anthropologischen Überlegenheit« (Gruen 1992), die darin besteht, Leben zu schenken, nicht aufgeben können. Macht, Kontrolle, Herrschaft und Gewaltanwendung in Partnerschaftsbeziehungen zeigen sich im Verhalten der Männer, die Oberhand zu behalten, Herr der Situation zu bleiben und jederzeit die Führung zu übernehmen. Es entstammt dem männlichen Bedürfnis, frühkindliche Ängste der Vereinnahmung abzuwehren.

Männer fühlen sich Frauen emotional unterlegen und kompensieren die Unterlegenheitsgefühle mit Machtdemonstration. Die gesellschaftlich sanktionierte Erlaubnis zur Macht- und Herrschaftsausübung kann als Kulminationspunkt der Prinzipien männlicher Sozialisation angesehen werden, die unter anderem von den Jungen fordern, daß sie sich die Außenräume bzw. das öffentliche Leben erobern, daß sie ihre Gefühle kontrollieren, Rationalität überbewerten, dem Ideal der »persönlichen Stummheit« huldigen, sich »körperfern« (anderen Männern gegenüber) verhalten und die Durchsetzung eigener Interessen auch mit Gewalt anstreben (Willems und Winter 1991; Engelfried 1997).

Kollaps:
Warum müssen sich Männer ständig überfordern?

1. Haben Männer ein größeres Sterberisiko als Frauen?

Die durchschnittliche Lebenserwartung von Männern und Frauen ist in diesem Jahrtausend erheblich angestiegen. Während sie um 1900 für Männer und Frauen zwischen 40 und 50 Jahren betrug, stieg sie in den 90er Jahren auf 70 und 80 Jahre. Neugeborene Jungen können heute im statistischen Durchschnitt damit rechnen, 74 Jahre alt zu werden, neugeborene Mädchen dürfen sogar auf 80,5 Lebensjahre hoffen. Im Zeitraum von 1900 bis heute hat es erhebliche Veränderungen sowohl in den Lebensbedingungen der Menschen als auch in den medizinischen Behandlungstechniken gegeben. Alle Prognosen gehen davon aus, daß diese Entwicklung auch in Zukunft so weitergehen wird. Das Krankheitsspektrum hat sich ebenfalls verändert. Heute herrschen nicht mehr so sehr die Infektionskrankheiten vor, sondern vielmehr die chronischen Erkrankungen, insbesondere die Herz-Kreislauferkrankungen und die bösartigen Neubildungen (Hurrelmann und Laaser 1993; Sabo und Gordon 1995; Stillion 1995; Waldron 1995).

Männer und Frauen profitieren zwar gleichermaßen von der Erhöhung der Lebenserwartung, aber es hat zwischen ihnen immer schon eine Geschlechterdifferenz (»gender-gap«) in der Lebensdauer gegeben, die sich in den letzten Jahrzehnten sogar noch vergrößert hat. Während sie früher allenfalls drei Jahre betrug, beläuft sie sich heute auf sieben Jahre. Von fast allen Gesundheitsforschern wird dies als Paradoxon bezeichnet: Frauen leben zwar länger, aber sie sind mit ihrem Gesundheitszustand weit unzufriedener als Männer, geben mehr subjektive Beschwerden an und suchen auch häufiger den Arzt auf, während Männer sich überwiegend und über einen langen Zeitraum ihres Lebens gesund fühlen, aber früher sterben (Brähler und Felder 1992; Maschewsky-Schneider 1994; Eickenberg und Hurrelmann 1997; Kolip 1997a, b; Klotz 1997; Klotz, Hurrelmann und Eickenberg 1998).

Während sich die Frauengesundheitsforschung im Zuge der neuen Frauenbewegung schon seit mindestens 15 Jahren fest etabliert und auf die Analyse der gesundheitlichen Lage von Frauen konzentriert hat, hat der anglo-amerikanische Begriff »Men's Health« oder Männergesundheit erst seit wenigen Jahren Eingang in die deutsche Gesundheitsforschung gefunden, nicht zuletzt auch durch die Gründung der ersten bundesrepublikanischen gesundheitswissenschaftlichen Fakultät an der Universität in Bielefeld. Warum sterben Männer früher als Frauen?

1.1. Männer sind schon als Kinder das »schwächere Geschlecht«

In unserer Gesellschaft herrscht immer noch die Vorstellung, daß Männer das »starke Geschlecht«, das heißt, daß sie gesund, leistungsfähig und Frauen überlegen sind. »Richtige Männer werden nicht krank«, so die weit verbreitete, jedoch irrtümliche Meinung. Männlichkeit ist schon für sich genommen ein Risikofaktor. Die männliche Rolle, die viele Männer immer noch ungefragt übernehmen, ist durch vier Bestrebungen gekennzeichnet: 1. sich auf jeden Fall von Frauen zu unterscheiden und von weiblichem Verhalten zu distanzieren (»no sissy stuff«), 2. sich anderen überlegen zu fühlen (»the big wheel«), 3. Unabhängigkeit zu bewahren (»the sturdy oak«) und 4. sich andern gegenüber notfalls auch mit Gewalt (»give'em hell«) durchzusetzen (Sabo und Gordon 1995). Diese Rollenvorstellung verbietet es Männern, sich körperliche Probleme einzugestehen und setzt Kranksein mit Schwäche gleich. Traditionelle Rollenmuster bekräftigen Männer darin, über erste Krankheitssymptome hinwegzugehen und sie mit gewohnt männlicher Entschlußkraft durch erhöhten beruflichen Einsatz zu ignorieren. Die Männlichkeitserziehung beeinflußt die Art und Weise, wie Männer mit Gesundheit umgehen, sie führt zu einem hohen Risikoverhalten (Sabo und Gordon 1995; Haase 1998).

Die Sterblichkeit von Jungen und Mädchen

Die Todesursachenstatistiken geben Hinweise auf spezifische Belastungen und Beanspruchungen, die mit Geschlecht und Alter zusammenhängen, aber auch auf bestehende Vulnerabilitäten und Anfälligkeiten. So sterben zum Beispiel nicht nur mehr Jungen als Mädchen nach ihrer Geburt, sondern auch schon davor im Mutterleib (Stillion 1995). Von spontanen Schwangerschaftsabbrüchen sind mehr männliche als weibliche Feten betroffen. Bei den Totgeburten ist das Verhältnis der Geschlechter 100 (Mädchen) zu 115 (Jungen), bei den im ersten Lebensjahr Verstorbenen 100 zu 132. Haupttodesursachen sind vorgeburtliche Schäden und Geburtskomplikationen. Es sterben mehr Jungen als Mädchen am plötzlichen Kindstod, an kongenitalen Anomalien und an Affektionen, die ihren Ursprung in der Geburtsphase (Perinatalzeit) haben. Warum dies so ist, und warum sich Jungen gerade auch im ersten Lebensjahr als die schwächeren und anfälligeren erweisen, kann noch nicht mit letzter Sicherheit gesagt werden. Vermutet wird, daß die männlichen Geschlechtshormone (Androgene) neben der geschlechtsspezifischen Organo- und Neurodifferenzierung auch einen Einfluß auf den Gesundheitszustand haben (Klotz 1997; Kolip 1997a, b).

Das Kindheitsalter vom 1. bis 12. Lebensjahr gilt als die Zeitspanne im Leben, in der Jungen und Mädchen im Vergleich zu anderen Altersstufen am gesündesten sind. Doch auch hier gibt es wiederum eine Geschlechterdifferenz, die zu Ungunsten der Jungen ausfällt. Jungen sind eindeutig das verletzlichere Geschlecht. Sie werden öfter als Mädchen Ärztinnen und Ärzten vorgestellt. Behandlungs- und Krankenhausstatistiken bestätigen dies (Kolip 1994; Kolip, Hurrelmann und Schnabel 1995; Hurrelmann 1997a, b).

Die Unterschiede in der Mortalität zwischen Mädchen und Jungen sind gravierend, was die Anzahl der Todesfälle infolge eines gewaltsamen Todes (Verletzungen, Vergiftungen und Unfälle = ICD 800–999) im Kindesalter anbetrifft. Die höchste Todesrate weisen dabei männliche Säuglinge unter einem Jahr auf (Casper und Wiesner 1995; Stillion 1995) (Abb. 6).

Im Jugend- und jüngeren Erwachsenenalter setzt sich diese Tendenz noch verstärkt fort. Die Sterberate von Jungen und Männern aufgrund von Verletzungen, Unfällen und Suiziden steigt im Alter von 15 bis 30 Jahren steil an, dies gilt zwar auch für Mädchen und Frauen, jedoch zeigt sich hier eine noch größere Geschlechterdifferenz als in den Jahren davor (Casper und Wiesner 1995; Stillion 1995) (Abb. 7).

Im Alter unter 10 Jahren ist die Sterberate durch Suizid für Mädchen und Jungen gleich niedrig. Dies hängt mit der Entwicklung des Todesbewußtseins bei Kindern zusammen und ihrer Fähigkeit bzw. Unfähigkeit, den Tod als einen endgültigen und irreversiblen Vorganges anzusehen und das Sterben als bewußte Handlungsoption wahrzunehmen (Bründel 1993). Die Sui-

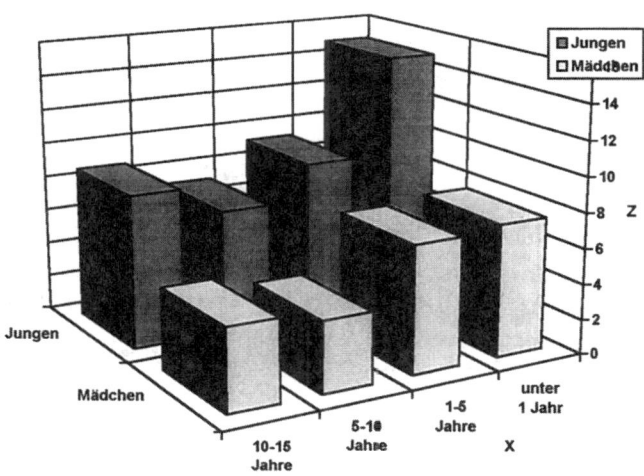

Abb. 6: Gewaltsamer Tod von Mädchen und Jungen im Alter von 0–15 Jahren, 1996, (pro 100 000)

Quelle: Statistisches Bundesamt, ICD 800–999,1998

105

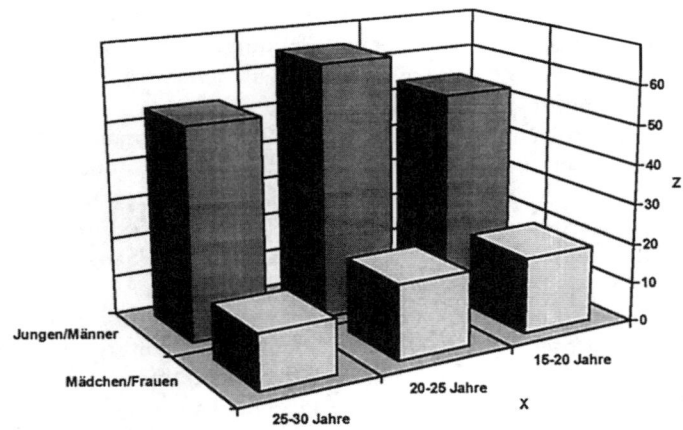

Abb. 7: Gewaltsamer Tod von männlichen und weiblichen Jugendlichen und Erwachsenen im Alter von 15–30 Jahren, 1996, (pro 100 000)

Quelle: Statistisches Bundesamt, ICD 800–999, 1998

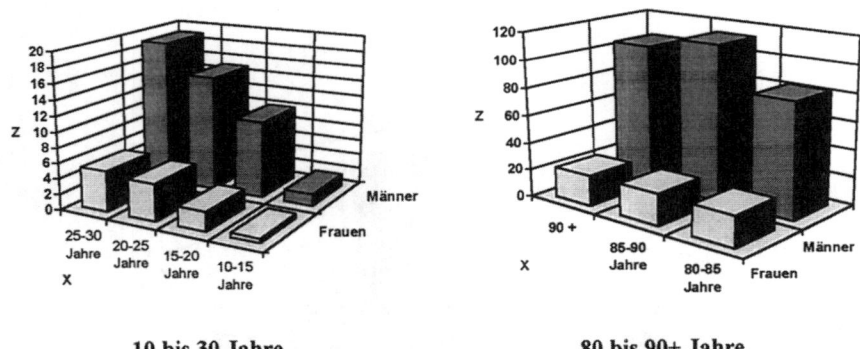

10 bis 30 Jahre   **80 bis 90+ Jahre**

Abb. 8: Suizidhäufigkeit (pro 100 000) bei Jungen/Männern und Mädchen/ Frauen im Alter von 10 bis 30 Jahren und 80 bis 90+ Jahren, 1996

Quelle: Daten des Statistischen Bundesamts 1998, ICD 950–959

zidhäufigkeit steigt im Alter von 10 bis 30 Jahren und auch noch darüber hinaus bis ins hohe Alter stark an. Die höchste Suizidhäufigkeit weisen über 80jährige Männer auf, ihr Anteil – bezogen auf 100 000 – liegt fast fünfmal höher als der von altersgleichen Frauen (Abb. 8).

Zusätzlich zeigt sich auch noch im Kindes- und Jugendalter eine größere Anfälligkeit der Jungen für den Bereich psychischer, sensorischer und moto-

106

rischer Störungen. Jungen fallen häufiger als Mädchen durch neurotische und emotionale Störungen, Aufmerksamkeits- und Hyperaktivitätsstörungen, Störungen der Impulskontrolle und des Sozialverhaltens (Aggressivität) und durch andere expansive Verhaltensstörungen (wie Prügeln, Stehlen, Tiere quälen, Feuer legen etc.) in Kindergarten und Schule auf. Es sind überwiegend Jungen, die schwer zu lenken sind, die Schwierigkeiten haben, sich einzuordnen, die aus der Reihe tanzen, zu Wutausbrüchen neigen, die ermahnt und bestraft werden. Gewalttätigkeit und Aggressivität ist überwiegend ein Jungenproblem (Bründel und Hurrelmann 1994, 1996; Schneider 1996).

Andere Störungen wie Autismus, eine schwere Verhaltensstörung verbunden mit einem Mangel an koordiniertem sozialen Verhalten und oft schweren geistigen Behinderungen, kommen in einem Verhältnis von 3:1 und Stottern, als schwere Verkrampfung der Sprechmuskulatur und Unterbrechung des Sprechablaufs, in einem Verhältnis von 4:1 häufiger bei Jungen als bei Mädchen vor (Rios 1996; Fiedler 1996).

Während Jungen also im Kindesalter physisch und psychisch das schwächere Geschlecht darstellen und auch schulisch eher als Mädchen durch schwächere Leistungen und Verhaltensstörungen auffallen sowie zu einem weit größeren Anteil als Mädchen die Sonderschulen für Lernbehinderte und für Erziehungshilfe besuchen, kehrt sich das Verhältnis im Jugendalter um, wenn man die Befindlichkeit, das heißt das körperliche und psychische Wohlgefühl, von männlichen und weiblichen Jugendlichen in den Mittelpunkt stellt.

Subjektive Einschätzung des Gesundheitszustands

Das Jugendalter beginnt mit der Pubertät, und diese bringt vor allem große körperliche und seelische Veränderungen – bedingt durch hormonelle Umstellungen – mit sich. Für die Mädchen spielt vor allem die Menarche eine große Rolle, die jedoch von vielen eher als selbstwertmindernd, für die Jungen die erste Pollution, Stimmbruch und Bartwuchs eine Rolle, die von den meisten eher als selbstwertsteigernd angesehen werden. Das neue und ungewohnte körperliche Geschehen und Erleben, Körpergefühl und Körperbewußtsein haben eine große Bedeutung für die psychische Integrität und das Selbstbewußtsein der Jugendlichen, die sich während der gesamten Pubertät »in einem Spannungsverhältnis zwischen Nähe und Distanz zum eigenen Körper« befinden (Kupfer, Felder und Brähler 1992).

Im Unterschied zum Kindesalter sind im Jugendalter die Mädchen das schwächere Geschlecht. Sie schätzen nicht nur ihre Gesundheit schlechter ein als Jungen, sondern sie leiden doppelt so häufig wie Jungen an Nervosität, Unruhe, Schlafstörungen, Magenbeschwerden, Kreuzschmerzen etc. Mädchen geben häufiger als Jungen Beschwerden und Krankheiten an, wie zum Beispiel Erkältungen, Grippe, Kreislaufstörungen, Migräne, Bronchitis, Blasenbeschwerden und Allergien. Abgesehen von typisch weiblichen Beschwerden wie Menstruationsstörungen, die 40% aller Mädchen im Gesundheitssurvey 1993 angaben, markiert die Pubertät, was das Gesundheitsgefühl und die Inanspruchnahme von Hilfeleistungen anbetrifft, einen Wendepunkt (Engel und Hurrelmann 1993; Kolip, Nordlohne und Hurrelmann 1995, Hoepner-Stamos 1995; Settertobulte, Palentien und Hurrelmann 1995; Klotz 1997; Kolip 1997a, b).

Mädchen geben sowohl einen höheren Beschwerdedruck als auch eine höhere Betroffenheit durch die Beschwerden an als Jungen (Kupfer, Felder und Brähler 1992; Kolip 1997a, b) (Abb. 9).

In der Altersspanne 12 bis 16 Jahren geben sehr viel mehr Jungen als Mädchen an, keine psychosomatischen Beschwerden zu haben, und nur wenige Jungen bestätigen, unter mehr als 10 Beschwerden zu leiden (Abb. 10).

Mädchen geben auch weit eher als Jungen zu, sich müde, gestreßt und überfordert zu fühlen. Mädchen geben nicht nur in der Summe mehr Einzelbeschwerden an, sondern sie leiden subjektiv auch mehr und fühlen sich in ihrem Wohlbefinden beeinträchtigter als Jungen (Holler-Nowitzki 1994).

Mädchen weisen häufiger internalisierende Symptome auf als Jungen, darunter werden depressive Verstimmungen, Ängste, Einsamkeitsgefühle, Suizidalität in Form von Suizidversuchen und Eßstörungen verstanden, aber

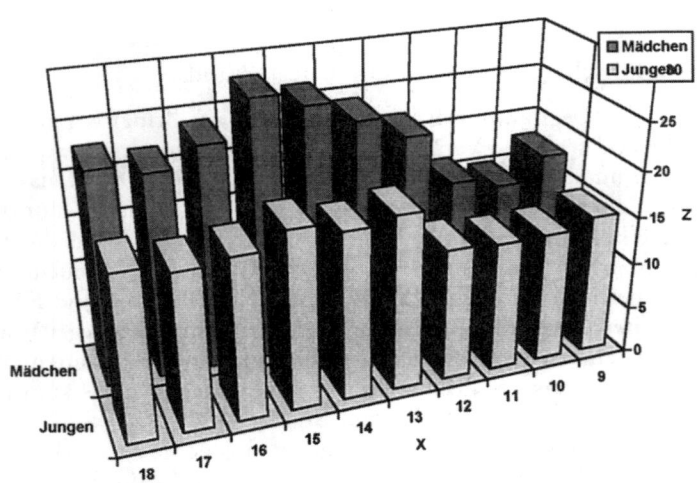

Abb. 9: Beschwerdedruck, empfunden von Jungen und Mädchen in verschiedenen Altersstufen

Quelle: Kupfer, Felder und Brähler, 1992, 165

108

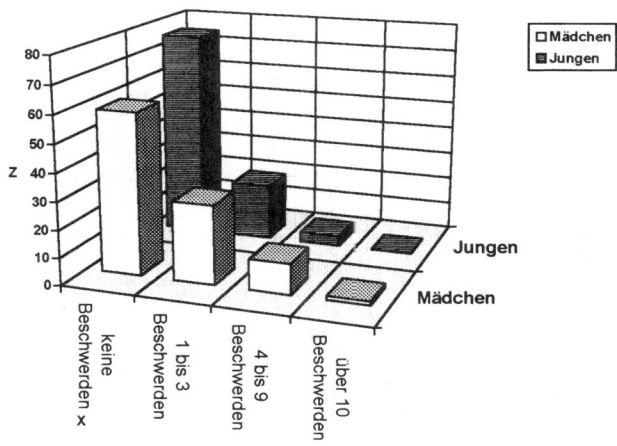

Abb. 10: Anzahl psychosomatischer Beschwerden von 12- bis 16jährigen Jungen und Mädchen (Angaben in Prozent)

Quelle: Kolip 1997a, 199

gerade bei letzteren muß eine Einschränkung gemacht werden. In letzter Zeit wird eine Zunahme von Eßstörungen, insbesondere Magersucht, auch bei Jungen und jungen Männern registriert. Während noch vor einigen Jahren die Faustregel galt: auf 1 Prozent junger Frauen kommen 0,1 Prozent junger Männer, gilt diese Regel nicht mehr. Es ist jedoch sehr schwierig, den Zuwachs an erkrankten Männern in Zahlen zu fassen, da junge Männer selten Hilfe in Kliniken suchen (Hummel 1998).

Jungen zeigen im allgemeinen mehr externalisierende Symptome wie oppositionelles Verhalten, Schulprobleme, Delinquenz. Bei der Depressivität lassen sich zwei verschiedene Arten unterscheiden, die interpersonale und die selbstkritische Verwundbarkeit. Mädchen ließen in einer Literaturrecherche von Leadbeater, Blatt und Quinlan (1995) über Untersuchungen zu diesem Thema mehr interpersonale Verwundbarkeit erkennen als Jungen, indem sie sich als hilflos ansahen, Angst davor hatten, von anderen verlassen zu werden und sich danach sehnten, von anderen versorgt und geliebt zu werden. Bei Mädchen, die interpersonale Verwundbarkeit zeigen, entstehen oft Depressionen nach Beziehungsabbrüchen.

Die selbstkritische Verwundbarkeit drückt sich darin aus, daß Personen sich selbst und anderen negativ gegenüberstehen, glauben, daß sie den Erwartungen anderer nicht entsprechen und ihr eigenes Scheitern und ihre Inkompetenz fürchten. Diese Art der Verwundbarkeit war in den recherchierten Untersuchungen bei männlichen und weiblichen Jugendlichen in etwa gleichermaßen ausgeprägt. Mädchen sind auch mehr als Jungen – und dies

109

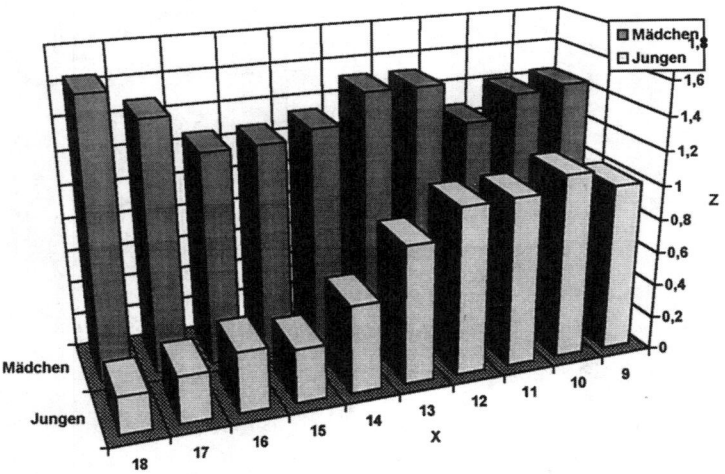

Abb. 11: Der altersspezifische Verlauf der Gefühlsäußerung »Weinen« im Vergleich der Geschlechter

Quelle: Kupfer, Felder und Brähler, 1992, 168

hält bis ins hohe Erwachsenenalter an – von Problemen anderer betroffen, sie reagieren stärker darauf und fühlen sich dadurch ebenfalls weit stärker als Jungen beeinträchtigt (Leadbeater, Blatt und Quinlan 1995).

Mädchen und Jungen unterscheiden sich stark in ihrer Neigung zu weinen (Abb. 11). Interessant ist, daß Jungen bis zu 13 Jahren nur geringfügig weniger weinen als Mädchen. Erzieherinnen und Grundschullehrerinnen und -lehrer berichten, daß sie in diesem Alter nicht selten auch bei Jungen Weinen bei Trennung von der Mutter und bei körperlichen Schmerzen, bei Wut- und Trauererlebnissen sowie bei Enttäuschungen und Kränkungen wahrnehmen. Bis zu diesem Alter scheint es keine wesentlichen Unterschiede zwischen Jungen und Mädchen zu geben. Ab dem 14. Lebensjahr sinkt dann jedoch die Häufigkeit dieser Gefühlsäußerungen drastisch, während sie bei Mädchen mit zunehmendem Lebensalter bis ins hohe Erwachsenenalter hinein gleich stark ausgeprägt bleibt.

In der Sekundarstufe I und II der weiterführender Schulen weinen Jungen bei Enttäuschungen über Klassenarbeiten kaum noch, während dies bei Mädchen häufig vorkommt. Mädchen und Jungen finden es auch nicht schlimm, wenn Mädchen im Klassenverband weinen, einem Jungen würde dies jedoch nicht zugestanden werden, er würde in jedem Fall einen Imageverlust davontragen. Folgende Schilderung aus der Beratungspraxis ist kein Einzelfall:

Janis, ein 16jähriger Schüler des Gymnasiums, suchte die Beratungsstelle wegen seiner schlechten Schulleistungen auf. Als das Gespräch auf seine Freizeitgewohnheiten kam, erzählte er, daß er eine Freundin habe und mit ihr vor kurzem den Film »Titanic« gesehen hätte. Auf die Frage der Beraterin, ob seine Freundin denn geweint hätte, sagte er, sie hätte geschluchzt und viele Taschentücher verbraucht. Die Frage, ob er denn auch geweint hätte, verneinte er und wies daraufhin, daß neben ihm auch noch sein Freund und dessen Freundin gesessen hätten und daß er und sein Freund beide laut witzige Bemerkungen gemacht hätten. Ob der Film ihn denn nicht angerührt hätte? »Doch, doch, aber kein Grund zum Weinen«, war die Antwort. Habe er denn schon jemals vor seiner Freundin geweint? »Ja, als ich nach Amerika fuhr und mich von ihr für 4 Wochen verabschieden mußte…«

»Ein Junge weint nicht«. Dieser sich an männliches Rollenverhalten richtende Appell ist spätestens mit 14 Jahren von den meisten Jungen weitgehend internalisiert und wird bis ins hohe Erwachsenenalter berücksichtigt. Offensichtlich gibt es nur Ausnahmen von dieser Regel in der Intimität mit Freundinnen, und schon gar nicht in Anwesenheit von anderen Jungen.

1.2 Männer treiben Raubbau mit ihrem Körper

Männliche Jugendliche und junge Erwachsene zeigen im Freizeitbereich oft ein aggressives und risikofreudiges Verhalten, ob im Straßenverkehr oder im Sport. Die Unfallstatistiken der letzten Jahre belegen eindeutig, daß mehr männliche als weibliche Jugendliche und mehr junge männliche als weibliche Erwachsene von Unfällen durch Sturz oder Unfälle innerhalb und außerhalb des Straßenverkehrs betroffen sind. Mit 18 Jahren machen die meisten jungen Erwachsenen ihren Führerschein, es ist die Hoch-Zeit der Discobesuche. Die jungen Männer, die – auch wenn die Freundin ebenfalls einen Führerschein besitzt – meistens das Steuer übernehmen, haben noch wenig Fahrpraxis, dafür aber ein um so größeres Imponiergehabe, so daß es auf den nächtlichen Nachhausefahrten mit Freunden und Freundinnen aufgrund überhöhter Geschwindigkeit und mangelndem Reaktionsvermögen sehr häufig zu Kraftfahrzeugunfällen kommt. Im Jahr 1996 starben auf Deutschlands Straßen infolge von Kraftfahrzeugunfällen in der Altersgruppe von 15 bis 20 Jahren 792 (bezogen auf 100 000=35.2) junge Männer und 289 (bezogen auf 100 000=13.6) junge Frauen (Statistisches Bundesamt 1998).

Unter den Mannschaftssportarten dominiert und begeistert der Fußball. Kaum eine andere Sportart findet so viele Anhänger sowohl unter den Männern selbst als auch unter den Frauen. Die letzte Fußballweltmeisterschaft hat jedoch gezeigt, wie hart und brutal ein Fußballspiel sein kann, nicht nur auf dem Spielfeld mit seinen bewußt plazierten Fouls und als Folge davon die vielen Verletzungen der Spieler, sondern auch um das Spielfeld herum, wenn ausrastende Fans – wie in Frankreich geschehen – das Leben anderer gefährden. Es sind überwiegend Männer in der Fußballwelt – auf dem Platz und unter den Fans – und ebenfalls überwiegend Männer, die die riskanten Individualtrendsportarten wie Skateboarden in der Halfpipe, Rafting in reißenden Stromschnellen, Bungeespringen von Kränen (»Scad Diving«) und Türmen oder auch »Vertibike« und »Ultraball« ausüben und damit eine hohe Anzahl von Verletzungen, Knochenbrüchen, Verrenkungen und Zerrungen davontragen.

Viele Sportler in den Disziplinen Kugelstoßen und Gewichtheben leben gefährlich. Sie schonen ihren Körper nicht, sondern sind eher Körperfetischisten, die ihren Körper anbeten und ihn schöner, breiter, stärker und perfekter werden lassen wollen. Sie trainieren unerbittlich, bis an die Grenzen ihrer Leistungsfähigkeit, benutzen ihren Körper als Leistungsmaschine und muten ihm Strapazen und allergrößte Anstrengungen zu. Sie stemmen Gewichte, konsumieren Anabolika, mästen sich, legen an Muskelmasse zu und – ruinieren allmählich ihr Herz, ihre Nieren und ihren gesamten Körper.

Drogenkonsum

Drogenkonsum, aber vor allem der Drogenmißbrauch ist eine Domäne der Männer. Schon früh im Jugendalter beginnen Jungen und Mädchen in den Klassenstufen 7 bis 10, also in etwa mit 12 bis 13 Jahren mit dem gelegentlichen oder auch regelmäßigen Zigaretten- und Alkoholkonsum, aber die Jungen in weit stärkerem Ausmaß als die Mädchen. Die einzige Ausnahme bildet das Rauchen der 15- bis 16jährigen Mädchen in der 10. Klasse, welches das Raucherverhalten der gleichaltrigen Jungen noch übertrifft (Abb. 12).

Abbildung 12 verdeutlicht, daß sowohl das Zigarettenrauchen als auch das Alkoholtrinken mit dem Alter bei Mädchen und Jungen gleichermaßen zunimmt, daß aber die Jungen im Konsum des Alkohols (weiche und harte Alkoholika) weitaus höher liegen als die altersgleichen Mädchen. Sie haben auch mehr als doppelt so häufige Rauscherfahrungen wie Mädchen (Kolip 1997a).

Die Jugendzeit gilt als Einstiegsphase in den Drogenkonsum. Er dient zunächst der Kompetenzerweiterung und Erfahrungsbereicherung, der momentanen Steigerung des Wohlbefindens, wird aber auch häufig zum Überspielen von persönlichen Unsicherheiten und zur Bewältigung von Belastungssituationen eingesetzt. Bei Streß wird zur Zigarette gegriffen, dieses Verhalten wird Jugendlichen in unserer Gesellschaft vorgelebt. Sie ahmen damit einerseits erwachsenenspezifisches Verhalten nach, andererseits wollen sie sich aber auch von elterlichen Lebensgewohnheit abwenden, möchten provozieren und ihren eigenen Lebensstil praktizieren. Sie demonstrieren die

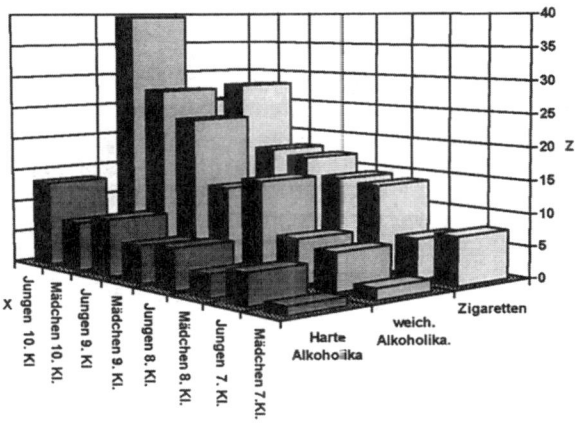

Abb. 12: Regelmäßiger oder gelegentlicher Zigaretten- und Alkoholkonsum von Mädchen und Jungen der 7. bis 10. Klasse (in Prozent)
Quelle: Engel und Hurrelmann 1993, 197

Zugehörigkeit zu bestimmten Freundesgruppen, indem sie sich deren Kon-
sumgewohnheiten zu eigen machen (Hurrelmann und Bründel 1997).

Drogenkonsum – und vor allem der Konsum illegaler Drogen – ist eine
Spielart von jugendtypischem Risikoverhalten, und auch hier sind wieder
die Jungen sehr viel risikobereiter als die Mädchen. Sie gehen bewußt oder
auch unbewußt eine Gefahr für Leib und Leben ein und lassen sich durch
Warnungen der Erwachsenen vor später auftretenden Gesundheitsgefährdungen nicht abschrecken. Ähnlich wie im Sport gehen vor allem männliche
Jugendliche mit ihrem Körper rücksichtslos um und suchen mit Hilfe der
Rauschzustände nach bewußtseinserweiternden Erfahrungen. Dies gilt gleichermaßen für die legalen wie auch die illegalen Drogen, wobei den letzteren
durch das Verbot noch ein besonderer Reiz innewohnt. Der Hang von vielen
Jungen und männlichen Jugendlichen, ihre Freizeit in Cliquen von Gleichaltrigen zu verbringen und in der Gruppe nach Anerkennung und Bewunderung zu streben und dort Gefühle von Macht und Stärke auszukosten, unterstützt und stärkt das Konsumverhalten. Die erste Zigarette im Kreise der
Gleichaltrigen wird oftmals als Bewährungsprobe für männliches Verhalten
angesehen, und Alkoholkonsum stellt für viele 12- bis 14jährige Jungen ein
Aufnahmeritual in die Männergesellschaft dar.

Die besondere Gefährlichkeit der Designerdrogen, deren chemische Zusammensetzung oft unbekannt ist, wird von vielen Jugendlichen und jungen
Erwachsenen weit unterschätzt. Es fällt auf, daß unter den Konsumenten
dieser Drogen auffallend viele Frauen sind. Ein Erklärungsgrund könnte die
Art der Einnahme sein, die Mädchen und Frauen seit Kindheit und Jugend

113

sehr vertraut ist: das Schlucken von Tabletten. In der Häufigkeit und Nutzung von Medikamenten liegen Mädchen und Frauen weit vor den Jungen und Männern. Sie sind eindeutig die häufigeren Arzneimittelkonsumenten. Das Einnehmen von Tabletten bei Befindlichkeitsstörungen (Antidepressiva, Neuroleptika) oder auch zur Steigerung und Intensivierung des Erlebens (Ecstasy) ist eine eher »stille« und unauffällige Form der Selbstmedikation und Selbstbeeinflussung und entspricht damit dem traditionellen Rollenbild von Mädchen und Frauen. Die Abhängigkeitsgefahr steigt vor allem bei Frauen in der Altersgruppe über 50 Jahre deutlich an, besonders dann, wenn der Wiedereinstieg in berufliche Aktivitäten nach der Phase der Kinderbetreuung nicht gelingt oder der Alltag der Frauen mit Einsamkeit, Verlust und Bedrohung verbunden ist (Müller-Daehn 1990; Remien 1995; Kolip 1997a, b; Hurrelmann und Bründel 1997).

Früher Tod durch Drogenkonsum im Erwachsenenalter

Konsummuster aus der Jugendzeit werden oftmals im Erwachsenenalter beibehalten, gefestigt und weiten sich nicht selten zu Mißbrauchsmustern aus. In der Altersgruppe der 18- bis 59jährigen liegen die Männer sowohl im Zigarettenkonsum als auch im Alkoholkonsum vor den Frauen, wenn auch gerade die jüngeren Frauen bis 45 Jahren immer öfter zur Zigarette greifen. Tabak und Alkohol sind besonders gesundheitsschädliche Substanzen, wie die Todesursachenstatistiken ausweisen. Der Prozentanteil aller Todesursachen an den bösartigen Neubildungen der Luftröhre, Bronchien und der Lunge ist bei Männern ab dem 50. Lebensjahr besonders hoch und weit höher als bei Frauen. Er bleibt bis ca. dem 70. Lebensjahr in etwa gleich hoch. Bei den Frauen fällt auf, daß ihr Prozentanteil im jungen Erwachsenenalter bis zum 45. Lebensjahr höher ist als der der Männer und erst ab dem 45. Lebensjahr von dem der Männer übertroffen wird (Abb. 13).

Der Zusammenhang von Tabakrauchen, speziell des Zigarettenrauchens, und der Sterberate durch Krebs (Erkrankung verschiedenster Organe) gilt als gesichert und kann durch das Relative Risiko angegeben werden (Newcomb und Carbone 1992). Es setzt sich aus dem Verhältnis der Anzahl der Todesfälle von an einem bestimmten Organ erkrankten Rauchern und der Anzahl der Todesfälle von organgesunden Nichtrauchern zusammen. Je höher der Wert über 1 liegt, desto größer die Beziehung zum Rauchen (Abb. 14).

Durch Tabakrauch wird nicht nur weniger Sauerstoff zum Herzen transportiert, sondern auch die Fähigkeit des Herzmuskels beinträchtigt, Sauerstoff in Energie umzuwandeln. Tabakrauch aktiviert auch die Bildung und Verklebung von Thrombozyten, die wiederum an der Entstehung der Arteriosklerose (Verkalkung der Herzkrankgefäße) beteiligt sind und den Herzinfarkt begünstigen (Hurrelmann und Bründel 1997). Neben dem Risiko für

114

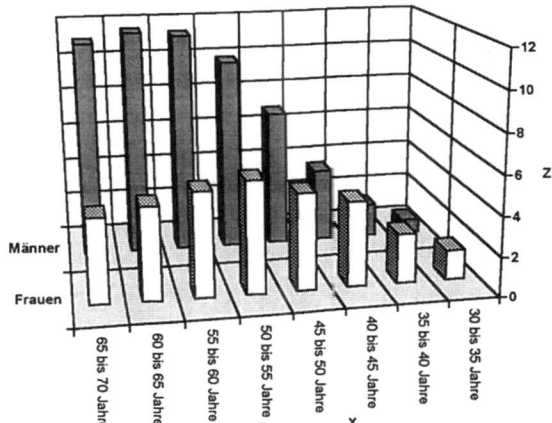

Abb. 13: Prozentanteil der bösartigen Neubildungen der Luftröhre, Bronchien und der Lunge von allen anderen Todesursachen im Jahr 1996 bei Männern und Frauen (ICD 162)

Quelle: Daten des Statistischen Bundesamtes 1998

Krebs		Relatives Risiko	Anteil des Rauchens an der Mortalität
Lunge	Männer	22,4	90%
	Frauen	11,9	79%
Kehlkopf	Männer	10,5	81%
	Frauen	17,8	87%
Mundhöhle	Männer	27,5	92%
	Frauen	5,6	61%
Speiseröhre	Männer	7,6	78%
	Frauen	10,3	75%

Abb. 14: Zusammenhang von Tabakrauchen und Krebssterblichkeit (Relatives Risiko)

Quelle: Newcomb und Carbone 1992, 324 und Batra 1995, 89

Erkrankungen des Kreislaufsystems

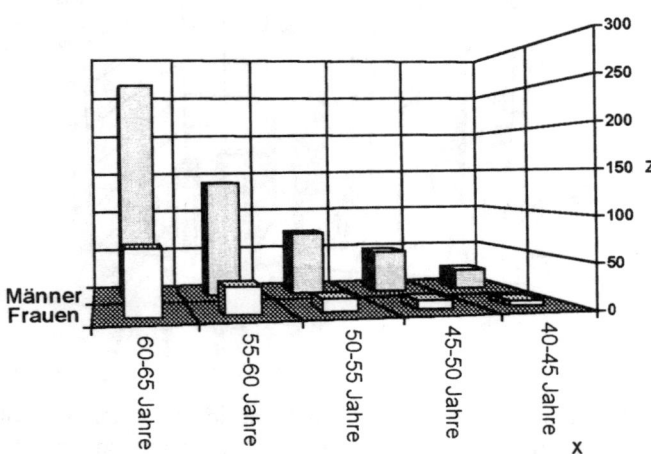

Abb. 15: Sterberaten durch Krankheiten des Kreislaufsystems (ICD 390–459) für Männer und Frauen im Alter von 40 bis 65 Jahren, im Jahr 1996 (pro 100 000)

Quelle: Statistisches Bundesamt 1998

Krebserkrankungen sind Tabakkonsumenten stark gefährdet, an Krankheiten des Kreislaufsystems zu erkranken (ICD 390–459), und auch hier sind wieder die Sterberaten für Männer weit höher als für Frauen (Stillion 1995, Waldron 1995) (Abb. 15).

Der Alkoholkonsum von Männern liegt in allen sozialen Schichten weit über dem von Frauen, er steigt jedoch bei beiden Geschlechtern mit der sozialen Schichtzugehörigkeit an. Männer ziehen im allgemeinen Bier und Hochprozentiges vor, Frauen eher Weißwein, Sekt und Likör. Frauen können aufgrund ihres höheren Körperfetts und ihres damit verbundenen anderen Stoffwechsels sehr viel weniger Alkohol vertragen als Männer. Die Angaben von oberen und unteren Grenzen, ab deren Alkohol gesundheitsgefährdend ist oder unterhalb deren Alkoholkonsum unbedenklich wäre, ist problematisch, da das Gesundheitsrisiko und die Wirkung des Alkohols immer auch von der körperlichen und psychischen Verfassung des Konsumenten abhängig ist. Nach einer Empfehlung des Bundesgesundheitsamtes aus dem Jahre 1994 sollten nicht mehr als 20 g reinen Alkohols getrunken werden, aber dennoch konsumieren fast 7 % der Frauen und 15 % der Männer pro Tag mehr als diese Menge (Junge 1995; Stillion 1995; Waldron 1995).

56% der Alkoholkonsumenten – und unter ihnen weit mehr Männer als Frauen – trinken täglich Alkohol. Damit gefährden sie langfristig ihre Ge-

116

sundheit, ohne daß sie zunächst unliebsame Folgen spüren. Aber die Grenze zum Auftreten alkoholbedingter Schäden ist fließend. Alkoholabhängigkeit entwickelt sich schleichend, wird lange Zeit zunächst nicht bemerkt und dann verheimlicht. Die Zahl der Alkoholkranken liegt zur Zeit bei mindestens 2,5 Millionen Menschen und führt zu einer Vielzahl von medizinischen Folgeschäden und damit zu einer außerordentlich hohen Belastung des Gesundheitswesens. In stationären Einrichtungen für Alkoholiker beträgt das Verhältnis Männer zu Frauen etwa Dreiviertel zu Einviertel mit steigender Tendenz für die Frauen (Feuerlein 1996).

Alkoholkonsum ist zwar in unserer Gesellschaft weit verbreitet, Alkoholgenuß bei geselligen Veranstaltungen hochgeschätzt, aber es zeigt sich eine große Differenz, was die Tolerierung von Rauschzuständen bei Männern und Frauen anbetrifft. Ein leichter Schwips wird bei Frauen noch toleriert, Trunkenheit jedoch als abstoßend empfunden. Sie wird bei Frauen weit mehr geächtet als bei Männern. Ein »Besäufnis« unter Männern zu bestimmten wohldefinierten Anlässen wird in unserer Gesellschaft durchaus akzeptiert. Schon im Jugend- und jungen Erwachsenenalter werden bei Männern Trinkgelage bei außerschulischen Klassenfeten, Abschlußfeiern und im späteren Leben bei studentischen Trinkabenden (Kommersen, Kneipen), bei Betriebs- und Kegelausflügen sowie bei Schützen- und Feuerwehrfesten nicht nur toleriert, sondern angestrebt und gefördert.

Die Kosten, die durch die Behandlung der Abhängigen und derjenigen Alkoholkranken entstehen, die an Leberzirrhose, Krebs, an Entzündungen der Bauchspeicheldrüse und des Magen-Darmtrakts, an Muskel- und Knochenerkrankungen, an schwersten Beeinträchtigungen des Nervensystems, an Hirnveränderungen, an gravierenden psychiatrischen Auffälligkeiten wie Alkoholpsychosen und an allgemeinen Persönlichkeitsveränderungen leiden, sind immens hoch. Im Jahr 1996 verstarben über alle Altersstufen hinweg viermal soviel Männer wie Frauen durch Alkoholabhängigkeit. Die drei hauptsächlichen alkoholbedingten Todesursachen wie Alkoholische Herzmuskelerkrankung (Myokardiopathie), Tod durch Alkoholabhängigkeit und alkoholische Leberschrumpfung (Leberzirrhose) haben bei Männern in allen Altersstufen eine weit höhere Rate als bei Frauen, und insbesondere in den Altersjahrgängen 50 bis 65 Jahren (Abb. 16).

Abbildung 16 zeigt, daß die alkoholische Leberzirrhose von den drei genannten alkoholbedingten Todesursachen diejenige ist, die bei Männern und Frauen am häufigsten anzutreffen ist. Es sind nicht nur die Sterbefälle in Betracht zu ziehen, die die Konsumenten durch Krankheit selbst betreffen, sondern auch die durch sie verursachten alkoholbedingten Unfälle am Arbeitsplatz und die Unfälle im Straßenverkehr, die häufig fremde Personen in Mitleidenschaft ziehen sowie die alkoholbedingten Gewalttaten, die andere Menschen das Leben kosten bzw. deren Gesundheit gefährden (Hurrelmann und Bründel 1997).

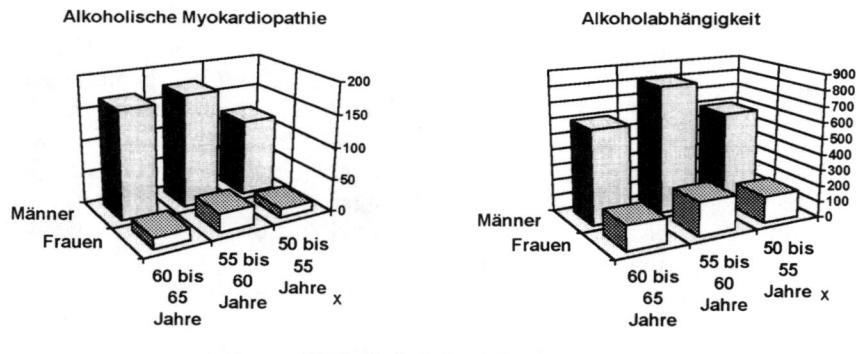

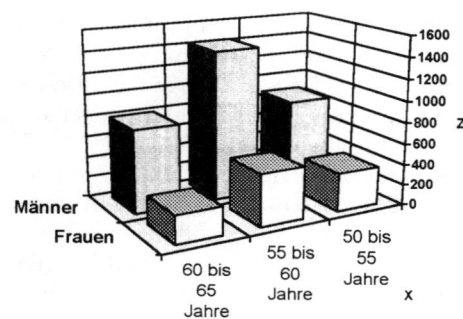

Abb. 16: Alkoholbedingte Todesfälle (ICD 425.5, 303 und 571.2) bei 50- bis 65jährigen Männern und Frauen im Jahr 1996

Quelle: Daten des Statistischen Bundesamtes, 1998

Sexuelles Risikoverhalten

Sexuelles Risikoverhalten ist dann gegeben, wenn jemand ungeschützt geschlechtliche Beziehungen zu einem potentiell infizierten Partner – oder mehreren – unterhält. Die größte Gefahr liegt in der Übertragung des HIV-Virus durch den Austausch von Körperflüssigkeiten wie Blut, Sperma und Vaginalsekreten. Homosexuelles Risikoverhalten und »needle sharing« bei Drogenabhängigen, aber auch heterosexueller Verkehr mit häufig wechselnden Partnerinnen, zum Beispiel bei Prostituierten, stellt einen wichtigen Ursachenfaktor dar (Schwarzer 1995, 1997).

Hat man geglaubt, die durch Bakterien hervorgerufenen Seuchen wie zum Beispiel Tuberkulose erfolgreich bekämpft zu haben, treten nun die durch Viren bedingten Infektionskrankheiten wie AIDS-definierende Erkrankungen (Aquired Immune Deficiency Syndrome) als Epidemie auf, die sich weltweit ausgebreitet. Die Todesrate durch AIDS ist bei Männern sehr viel

AIDS-Infektionsmodus	Männer	Frauen
Homosexuelle Kontakte	58%	vernachlässigbar
i.V. Drogenabusus	18%	51%
Heterosexueller Verkehr	5%	33%
Bluttransfusionen	3%	3%
andere Ursachen	ca. 15%	ca. 15%

Abb. 17: Infektionswege für HIV

Quelle: Klotz 1997, 44

höher als bei Frauen, doch für beide Geschlechter stehen die vier Großbuchstaben AIDS als Chiffren des Unglücks und des Todes. Allerdings zählt AIDS in den Industrienationen weder bei Männern noch bei Frauen zu den zehn führenden Todesursachen. Seine Bedeutung wird in den Industrienationen im Vergleich zu den Entwicklungsländern eher überschätzt (Klotz 1997). 1996 hat es in Deutschland 1583 Todesfälle infolge HIV-Infekton gegeben, darunter 1346 Männer und 237 Frauen. Sie gehörten hauptsächlich der Altersgruppe der 30- bis 40jährigen an. AIDS ist eine tabuisierte Krankheit, die eine hohe Dunkelziffer aufweist. Insgesamt geht die weltweite WHO-AIDS-Statistik von 1,025 Millionen gemeldeten und von 4,500 Millionen geschätzten Erkrankungen aus.

Die Infektionswege für HIV in den USA und Europa sind vielfältig, sie erfolgen hauptsächlich über Sexualverkehr, Drogenabusus, Bluttransfusionen und andere noch ungeklärte Ursachen (Abb. 17).

Auffallend ist, daß bei der Mehrzahl der HIV-infizierten Männer in den USA und Europa die Infektion durch homosexuelle Kontakte übertragen wird, während Frauen sich hauptsächlich durch intravenösen Drogenabusus anstecken, aber auch zu einem hohen Teil durch heterosexuellen Verkehr, d. h. durch infizierte Männer. Dem Ausbruch der Krankheit gehen meistens Jahre der Symptomfreiheit voraus, in denen jedoch schon die große Gefahr besteht, einen Sexualpartner anzustecken.

1.3 Das Berufsleben der Männer ist riskanter als das der Frauen

Gesundheitliche Beeinträchtigungen durch das Berufsleben hängen einmal von der Art der Tätigkeit ab, der Einstellung zum Beruf, aber auch von der Familiensituation und anderen Faktoren (Waldron 1995). Männer üben im

Vergleich zu Frauen die gefährlicheren Berufe aus: Sie arbeiten in der Schwerindustrie (Stahlbau, Bergwerk unter Tage, im Steinbruch), im Baugewerbe, im Straßenbau, im Schwertransportwesen, in den gefährlichen Off-Shore-Bereichen (Bohrinseln), fahren zur See und üben vielfach riskante Tätigkeiten wie Gebäude- und Fassadenreinigung aus. Arbeitsunfälle treffen daher weit mehr Männer als Frauen (Farrell 1995). Männer üben vielfach nicht nur gefährliche, sondern auch gesundheitsgefährdende Berufe aus und gehen mit gesundheitsbedrohenden Materialien und Stoffen um wie Teer und Asbest (Straßenarbeiter, Dachdecker), Farben (Maler, Tischler) und Polyvinylchlorid (PVC) (Plastik- und Kunststoffindustrie). Sie arbeiten häufig unter hohem Lärm (Straßenbau), in einem ungünstigen Arbeitsumfeld und sind der Witterung ausgesetzt. Man kann davon ausgehen, daß eine Tätigkeit um so eher an einen Mann vergeben wird, je gefährlicher, anstrengender, riskanter und körperlich schwerer sie ist. Die höhere Bezahlung bei einigen Berufen wird sarkastisch als »Todeszulage« bezeichnet (Farrell 1995).

Unter den Männerberufen gilt die Seefahrt als besonders gefährlich, Seefahrer gehen bedingt durch Unfälle und durch gesundheitsschädigendes Verhalten ein besonders hohes Sterberisiko ein. In den letzten Jahren haben sich aber auch immer mehr Frauen diesen traditionell männlichen Beruf erobert, sie arbeiten nicht nur in der Kombüse, sondern als »Seemänner«, Navigationsoffiziere und Nachrichtentechnikerinnen. Einzig der Maschinenraum bleibt noch eine rein männliche Domäne. Interessant ist die Beobachtung, daß Frauen, wenn sie in traditionellen Männerberufen arbeiten, wie zum Beispiel auf Handelsschiffen, Fähren oder auch Passagierdampfern, nicht nur ein ähnlich riskantes Gesundheitsverhalten zeigen wie Männer, sondern auch eine hohe Todesrate aufweisen.

Eine dänische Studie zeigt, daß die Sterblichkeitsrate von Frauen, die in diesem anstrengenden Beruf arbeiten, einmal bedingt durch Unfälle am Arbeitsplatz, aber auch durch ungesunden Lebensstil und schädigendes Gesundheitsverhalten wie übermäßiger Tabakkonsum im Vergleich zu Frauen, die an Land arbeiten, enorm ansteigt. Die Unfallhäufigkeit der auf See beschäftigten Frauen ist sogar höher als die der auf See beschäftigten Männer. Dies scheint in der Bauindustrie und in anderen männerdominierten Berufen ähnlich zu sein. Die Schlußfolgerung der Autoren zielt darauf ab, zu betonen, daß Frauen, wenn sie in Männerberufe eindringen, durch Ausübung ihrer Tätigkeit dazu gebracht werden, gewagtes und riskantes Verhalten an den Tag zu legen, daß aber auch andererseits sich nur solche Menschen – Männer wie Frauen – von dieser Tätigkeit angesprochen fühlen, die ohnehin schon primär zu einem riskanten Lebensstil neigen (Hansen und Jensen 1998).

Frauen üben im allgemeinen Berufe aus, die gesundheitlich weniger gefährlich sind. Es sind oft Berufe im sozialen Bereich, die als typische Frauenberufe bezeichnet werden, die in geschützten Räumen, in Fabriken, Kaufhäusern, Büros, Kindergärten, Krankenhäusern und Schulen etc. ausgeübt werden und viel Kontakt mit Menschen haben. Frauen haben die schlechter bezahlten Berufe inne. Es wäre ungerecht zu argumentieren, daß sie als Ausgleich dafür in ihrer Berufsausübung weniger durch Gefährdungen bedroht seien, denn gleicher Lohn für gleiche Arbeit ist eine seit langem von der Frauenbewegung mit Recht aufgestellte Forderung, die auch heute noch nicht immer erfüllt ist. Auch Frauen leiden vielfach unter ihrer Berufstätigkeit, häufig ist es die Monotonie ihrer Arbeit und die psychische Belastung durch Unterforderung, die sie krank werden lassen. Aber sie leiden auch unter der Doppelbelastung durch Beruf und Familie, vor allem dann, wenn die Kinder noch klein sind und sie keine Hilfe von ihren (Ehe-)Männern erhalten.

Führt die Doppelbelastung bei Frauen – bedingt durch Berufstätigkeit und Mutterschaft – bei ihnen vielleicht zu einer geringeren Lebenserwartung? Die Ergebnisse von Untersuchungen zeigen das Gegenteil. Auch wenn für viele Frauen die Doppelbelastung hoch ist und Streß, Beanspruchung und Anspannung groß sind, so schlagen sie sich nicht in einer vorzeitigen Sterberate nieder. Interessant ist die Beobachtung, daß Frauen, die weder berufstätig sind noch Kinder haben, die schlechteste Gesundheit aufweisen (Weatherall, Joshi und Macran 1994).

Weitere Untersuchungen zeigen, daß der Eintritt von Frauen in das Berufsleben ihre Lebenserwartung nicht gesenkt hat. Frauen verarbeiten Berufsstreß anders als Männer, nämlich mit weniger negativen Konsequenzen für ihre Gesundheit. Dies ist einerseits auf biologische Faktoren zurückzuführen, insbesondere auf weibliche Sexualhomone, die einen protektiven Einfluß auf Herzerkrankungen ausüben, andererseits aber auch auf geringere Risikoverhaltensweisen wie Rauchen und Alkohol und auf gesünderes Ernährungsverhalten (Hazzard 1986).

Der Myokardinfarkt bei Männern und Frauen

Erkrankungen des Kreislaufsystems, und darunter fallen alle Herzerkrankungen und Herzrhythmusstörungen, gehören zu den Haupttodesursachen von Männern und Frauen und stellen die höchste Prozentrate von allen anderen Todesursachen dar (Statistisches Bundesamt 1998). Bei Frauen ist die Todesrate bei dieser Erkrankung zwar geringer, jedoch scheinen sie, was den Herzinfarkt anbetrifft, mit zunehmendem Alter, vor allem ab 60 Jahren, mit den Männern gleichzuziehen (Abb. 18).

»Frauenherzen sind schwer zu brechen«, dieser Ausspruch trifft allenfalls metaphorisch, aber keinesfalls medizinisch zu. Die Herzen von Frauen sind keineswegs unzerbrechlich. Jedoch erkranken Frauen meist wesentlich später am Herzen als Männer. Ihre weiblichen Hormone, speziell die Östrogene scheinen einen Schutzschild für das Herz zu bilden. Frauen erkranken häu-

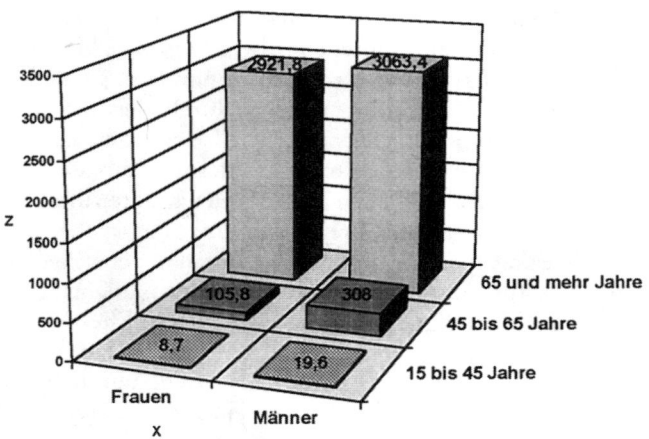

Abb. 18: Todesrate bei Erkrankungen des Kreislaufsystems von Männern und Frauen im Alter von 15 bis 65 und mehr Jahren, im Jahr 1996 (pro 100 000) (ICD 390–459)

Quelle: Statistisches Bundesamt 1998

fig nach der Menopause, wenn die Östrogenbildung nachläßt, und jede zweite Frau stirbt an den Folgen einer kardiovaskulären Erkrankung, die neben den hormonellen Ursachen auch auf klassische Risikofaktoren wie Rauchen, Bluthochdruck, Fettstoffwechselstörungen und Zuckerkrankheit sowie auf soziologische und psychologische Faktoren zurückzuführen sind (Newnham und Silberberg 1997).

Bei vielen Männern und Frauen manifestiert sich die Koronare Herzkrankheit (KHK) primär als Herzinfarkt. Ein Herzkranzgefäß ist durch Gefäßverengung (Vasokonstriktion), durch Bildung von Blutgerinnseln (Thromboisierung) und durch strukturelle Wandveränderungen gekennzeichnet. Die meisten aller Herzinfarkte gehen von verkalkten und fetthaltigen Beeten (Korononar-Plaques) aus, die das Herzkranzgefäß um bis zu 50% verengen, so daß die große Gefahr eines Bruches (Ruptur) besteht. Zum Herzinfarkt kommt es, wenn sich ein solcher Bruch ereignet und sich an der betreffenden Stelle ein Thrombus festsetzt, der die Gefäßlichtung (das Koronarlumen) verlegt (Münchener Medizinische Wochenschrift, Letter vom 13. 5. 1998).

Für Frauen bedeutet der Herzinfarkt eine größere Katastrophe als für Männer, insofern, als er – wenn er auftritt – bei Frauen eher tödlich verläuft (Abb. 19).

Der Grund für die höhere Sterblichkeit von Frauen bei Herzinfarkt liegt im hohen Alter der betroffenen Frauen begründet. Häufig liegen auch noch zusätzliche Erkrankungen vor, wie zum Beispiel Zuckerkrankheit (Diabetes

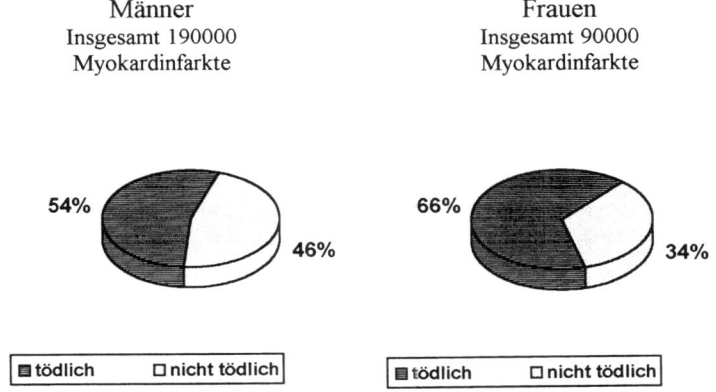

Männer
Insgesamt 190000
Myokardinfarkte

Frauen
Insgesamt 90000
Myokardinfarkte

54%   46%

66%   34%

■ tödlich   □ nicht tödlich

■ tödlich   □ nicht tödlich

Abb. 19: Auftretenshäufigkeit von tödlich verlaufenden Myokardinfarkten
bei Männern und Frauen

Quelle: Münchener Medizinische Wochenschrift 1998

mellitus oder Bluthochdruck (Hypertonus). Daraus ergeben sich auch mehr
Gegenanzeigen (Kontraindikationen) für operative (invasive) Eingriffe.
Nach aktuellen Daten vom letzten amerikanischen Herzkongreß erhalten
Frauen in verschiedenen Ländern (USA, Deutschland, Israel) im Vergleich
zu Männern 25 bis 30% weniger Medikamente, um die Blutgerinnsel in den
Herzkranzgefäßen aufzulösen (Lyse). Auch das instrumentelle Aufweiten
von verengten Herzkranzgefäßen mithilfe eines Ballons (PTCA=Perkutane
Transluminale Coronare Angioplastie) und Bypass-Operationen werden bei
Frauen seltener durchgeführt (Münchener Medizinische Wochenschrift,
Letter vom 13. 5. 1998).

Das klinische Bild des Herzinfarkts trägt ebenfalls zur schlechteren Pro-
gnose der betroffenen Frauen bei. Es ist bekannt, daß gastrointestinale Symptome wie Übelkeit und Erbrechen bei Frauen als Vorläufer bzw. Begleiter-
scheinungen eines Myokardinfarkts deutlich häufiger als bei Männern auftreten, so daß der Myokardinfarkt bei ihnen zwei- bis dreimal häufiger übersehen wird. Hinzu kommt, daß Frauen dazu neigen, diese Art der Symptome zu bagatellisieren, weil sie auch im höheren Alter fälschlicherweise
weniger als Männer mit einem Myokardinfarkt rechnen. Ihre großen Ängste
beziehen sich eher auf den Brustkrebs (Münchener Medizinische Wochenschrift, Letter vom 13.5.98).

Von allen Krebsarten ist bei Frauen der Brustkrebs am häufigsten und verläuft gerade im mittleren Alter sehr häufig tödlich. Brustkrebs kann genetisch bedingt sein. Sind in der engeren Verwandtschaft Frauen früh an Brust-

krebs und/oder Eierstock- und/oder Darmkrebs verstorben, dann könnten Veränderungen der Gene BRCA1 und BRCA2 (BRCA steht für breast cancer) für diese Erkrankungen verantwortlich sein. Der erbliche Brustkrebs läßt sich zwar mithilfe eines Gentests noch vor dem Ausbruch diagnostizieren, verhindern läßt er sich jedoch noch nicht. Ungefähr 85 Prozent aller Frauen, bei denen der Test positiv ausfällt, erkranken bis zum 80 Lebensjahr an Brustkrebs, die meisten davon im mittleren Alter. Gegen Brustkrebs gibt es kaum eine Vorbeugung. Andererseits gibt es 15 Prozent Frauen, die trotz eines positiven Testergebnisses nicht erkranken. Die Angst der Frauen vor Brustkrebs ist größer als die vor einem Herzinfarkt (Kessler 1998).

Die stille Krankheit: Arteriosklerose

Koronararteriosklerose ist eine langsam sich entwickelnde schleichende Erkrankung der Herzkranzgefäße. Sie entsteht im Leben eines Mannes zu einer Zeit – in etwa ab der zweiten Lebensdekade –, in der er sich im Vollbesitz seiner Schaffenskraft wähnt und Gedanken an den Tod noch weit entfernt sind. Ein akuter Verschluß eines Herzkranzgefäßes (Koronararterie) durch ein Blutgerinnsel oder einen Blutpfropfen löst den Herzinfarkt aus. Er ist die Folge eines komplexen Zusammenspiels von bevorstehender Arteriosklerose, Riß einer arteriosklerotischen Plaque, einer lokalen örtlichen Gefäßverengung und Aktivierung von Blutplättchen.

Im folgenden wird die enge Verflechtung von Lebensstil, riskantem Umgang mit dem eigenen Körper, sorglosem Lebensgenuß und plötzlichem Herzinfarkt am Beispiel eines Patienten, Herrn S., geschildert.

Herr S., 42 Jahre als, ist Jurist und genießt das Leben in vollen Zügen. Er ist liebt Theater und Konzerte, geselliges Beisammensein, ist z. Zt. nicht verheiratet, hat viele Frauenbekanntschaften und »macht häufig die Nächte durch«. Beruflich hetzt er von einem Termin zum anderen, häufig mit dem Flugzeug. Seinen Führerschein hat er verloren, nachdem er wiederholt durch rasante Fahren aufgefallen ist. Er ist international auf Konferenzen gefragt und schont sich und seine Gesundheit in keiner Weise. In der Woche ißt er häufig im Schnellimbiß, meistens aus Zeitnot im Stehen. Er spielt gerne Golf, hat jedoch kaum Zeit dafür. Sein Leben ist geprägt von beruflichen Terminen, Besprechungen, Vorträgen, Konferenzen, Verabredungen, Time-table, Laptop, aber auch von ausschweifenden nächtlichen Feiern mit Alkohol und Zigaretten.

Herr S. führte dieses Leben so lange, bis sich ganz plötzlich starke Schmerzen hinter dem Brustbein ankündigten und mit einem Enge- und Panikgefühl, mit Schweißausbrüchen, schnellem Puls und Atemnot einhergingen. Zum ersten Mal in seinem Leben verspürte er Todesangst. Er kam sofort auf die Intensivstation und wurde dort nach allen Regeln der ärztlichen Kunst behandelt.

Nach 6 Wochen Reha-Klinik geht es ihm nun wieder besser, er hat sein be-
rufliches Leben notgedrungen umgestellt.

Wie dieses Beispiel zeigt, stellt der Herzinfarkt einen plötzlichen Einschnitt
in der bisherigen Lebensführung dar und ereilt den Menschen bei bestehen-
der Diskrepanz zwischen äußerem Wohlgefühl und innerlich unbemerkt
fortschreitender zerstörerischer Erkrankung. Die Todesrate ist bei Männern
in den mittleren Altersgruppen von 45 bis 65 Jahren am höchsten.

Allerdings sind auch Frauen im mittleren Lebensalter vom Tod, insbesondere durch Brustkrebs und Herz-Kreislauferkrankungen, bedroht. Letztere
gehören schon zu den häufigsten Tordesursachen bei Frauen. Beide Todesar-
ten haben bei Frauen eine sehr hohe Quote, variieren jedoch mit dem Alter.
Beim Brustkrebs (ICD 174,175) lag 1996 der höchste Prozentanteil aller Todesursachen bei Frauen im Alter von 45 bis 55 Jahren, bei Krankheiten des
Kreislaufsystems (ICD 390–459) stieg er ab 65 Jahre stark an (Statistisches
Bundesamt 1998).

Die hohe Sterberate von Männern scheint u. a. auch noch mit ihrem ehelichen bzw. nichtehelichen Status zusammenzuhängen. In allen westlichen
Ländern sterben unverheiratete Männer sowohl im Vergleich zu verheirateten Männern als auch zu unverheiraten Frauen früher. Für beide Geschlechter, aber im besonderen Ausmaß für Männer, gilt, daß verwitwete oder ge-
schiedene im Vergleich zu verheirateten Personen das höchste Sterberisiko
im zweiten und im frühen dritten Lebensjahrzehnt aufweisen (Hu und
Goldman 1990).

Fazit

Das Leben der Männer ist kürzer als das der Frauen. Schon zu Beginn des
Lebens – im Mutterleib und im ersten Lebensjahr – sterben mehr Jungen als
Mädchen. Jungen sind zu einem sehr frühen Zeitpunkt des Lebens das
schwächere Geschlecht. Im Kindesalter sind sie vor allem auch anfälliger für
psychische Störungen und für Verhaltensauffälligkeiten. Im Jugendalter und
auch im späteren Erwachsenenalter schätzen sie ihre Gesundheit positiver
ein als Mädchen und Frauen, obwohl sie wesentlich unsensibler und sorgloser mit ihrem Körper umgehen. Dies zeigt sich vor allem im höheren Drogenkonsum, aber auch in der höheren Infektionsrate an AIDS.

Die Mortalitätsraten belegen die hohe Sterblichkeitsquote der Männer in
allen Todesursachen, die für Männer und Frauen relevant sind. Sie sterben an
Lungenkrebs, Leberzirrhose, Herzkrankheiten, durch Unfälle, Selbstmord
und durch andere Gewalteinwirkungen. Die Aussage von der höheren Mortalitätsrate der Männer gilt zwar für die Lebenserwartung generell – sieben
Jahre weniger als die der Frauen –, bezieht sich jedoch vor allem auf die oben
genannten Todesursachen (Maschewsky-Schneider 1997).

Es gilt auch die Alterspanne zu berücksichtigen, in der überwiegend Männer und Frauen an bestimmten Krankheiten sterben. So sterben Frauen überwiegend an Krebserkrankungen (Brustkrebs) unter 50 Jahren, während Männer an Krebs (Prostata) überwiegend erst mit 60 bis 69 Jahren sterben. Bei den koronaren Herzerkrankungen sterben Männer in allen Altersstufen früher als Frauen, jedoch verringert sich das Geschlechterverhältnis der Sterberate mit dem Alter (Wingard, Cohn, Kaplan u. a. 1989).

Das Leben der Männer birgt im Vergleich zum Leben der Frauen größere Gesundheitsgefährdungen, die unter anderem auch auf die Ausübung sehr harter und anstrengender Berufe zurückzuführen sind. Mannsein ist eine hochriskante Lebensform und besteht aus Leistung, Härte und Distanz sich selbst gegenüber. Der Mann – so Hollstein (1992) – ist eine »Männlichkeitsmaschine«, die funktionieren muß. Mannsein bedeutet »Kontraproduktivität« bezüglich der Gesundheit (Loosen 1997).

2. Haben Männer ein anderes Gesundheitsverhalten als Frauen?

Was hält Männer und Frauen gesund? Mit dieser Fragestellung hat sich der Medizinsoziologe Antonovsky befaßt und dabei ein neues Paradigma aufgestellt, nämlich das von der Salutogenese, den Ursprüngen der Gesundheit. Das, was den Menschen stärkt und gesund hält, ist ein Kohärenzgefühl, das aus den Komponenten der Verstehbarkeit, Handhabbarkeit und Bedeutsamkeit besteht. Wenn Menschen das Vertrauen in ihre eigenen Fähigkeiten besitzen, dann sind sie in der Lage, diese für die aktive Herstellung ihrer Gesundheit auch einzusetzen und dabei Hilfe und Unterstützung anzunehmen (Antonovsky 1987, 1993, 1997).

Gesundheit ist keineswegs nur die Abwesenheit von Krankheit, sondern setzt ein bio-psycho-soziales Wohlgefühl voraus. Gesundheit ist permanente Auseinandersetzung mit seinem Körper und basiert auf den Fähigkeiten, seinen Körper wahrzunehmen, zu spüren, zu erleben und mit ihm einfühlsam und sensibel umzugehen. Das Bewußtsein von der eigenen Gesundheit setzt ein reflexives Verhältnis zur eigenen Person voraus und eine Sichtweise von Körperlichkeit und Psyche, welche Unversehrtheit, Wohlbefinden und Leistungsfähigkeit beinhaltet. Gesundheitshandeln und Gesundheitsverhalten gehen von einem Gesundheitsbewußtsein aus, das sich weiterentwickelt und neue Erkenntnisse der Medizin, der Ernährung und der Streßbewältigung mit einbezieht. Gesundheit ist immer auch – jedenfalls zu einem bestimmten Anteil – das Produkt der Lebensgeschichte, Lebenssituation und Lebensweise eines Menschen (Blaxter 1990; Faltermaier 1993, 1994).

Gesundheit ist produktive Lebensbewältigung und stellt eine Balance dar zwischen schädlichen Noxen und schützenden sowie unterstützenden Faktoren. Zur Gesundheit gehört zum einen die Einbeziehung des Körpers, seiner Veranlagung, Konstitution und seines Selbstbildes, zum anderen die soziale Lebenswelt, die Familie, Freunde, Berufstätigkeit und zum dritten die Umwelt, das Wohnumfeld und die Freizeitmöglichkeiten. Männer und Frauen können dann als gesund bezeichnet werden, wenn sie im Einklang mit sich, ihrem Körper, ihrer Psyche und ihrer Umwelt leben, wenn sie Innen- und Außenanforderungen bewältigen und ihre Lebensgestaltung an die wechselhaften Belastungen des Lebensumfeldes anpassen und dabei ihre Selbstbestimmung sichern können (Blaxter 1990; Bründel und Hurrelmann 1996, Klotz 1997, Kolip 1997a, b).

Gesundheit ist das höchste Gut der Menschen, so sagt der Volksmund, aber wird dies von Männern und Frauen gleichermaßen so gesehen? Auf der einen Seite haben Frauen zwar eine höhere Lebenserwartung und eine geringere Mortalitätsrate in jüngeren und mittleren Jahren als Männer, aber sie fühlen sich oft gesundheitlich nicht wohl, klagen über viele Beschwerden und suchen weit öfter als Männer medizinischen Rat und Hilfe. Männer dagegen nehmen Vorsorgeleistungen kaum in Anspruch, berichten, daß sie sich gesund fühlen und gehen erst dann zum Arzt, wenn es häufig schon gesundheitlich ernst um sie steht (Kluitmann 1989; Verbrügge 1982, 1985, 1989; Sabo und Gordon 1995; Williamson 1995; Griffiths 1996; Maschewsky-Schneider1997).

Es geht nicht darum, zu entscheiden, wer von beiden gesünder oder kränker ist, sondern darum hervorzuheben, wie unterschiedlich die Risiken sind, die Männer und Frauen in ihrem Leben eingehen, und damit geraten ihre Lebensweisen in den Blickpunkt des Interesses. Es spielen sowohl soziale Faktoren als auch Zuschreibungsprozesse durch das Gesundheitssystem für die Krankheitsentstehung und das Gesundheitsgefühl von Männern und Frauen eine große Rolle. So wurde die soziale Rolle »Frau« jahrhundertelang mit Krankheit assoziiert, es galt durchaus als weiblich, sich körperlich nicht wohl zu fühlen, krank, blaß und schwach zu sein. Die Frau wurde vor allem im Kontext ihrer Biologie und Reproduktivität (Menstruations-, Schwangerschafts- und Klimateriumsbeschwerden) gesehen und behandelt. Die Frau galt und gilt heute noch als die »perfekte Konsumentin der Medizin« (Verbrugge 1989; Felder und Brähler 1992; Vogt 1993; Maschewsky-Schneider 1997).

Gesundheit und Krankheit sind das Resultat vieler Einflußfaktoren, hängen eng mit dem Lebensstil zusammen, ohne daß man jedoch genau einen ›gesunden Lebensstil‹ definieren könnte (Badura und Kickbusch 1991). Gesundheit und Krankheit sind vor allem das Ergebnis der Interaktion von Risiko- und Schutzfaktoren, welche ihre Wirkung jedoch nicht auf Männer und Frauen gleichverteilen. Haben Männer und Frauen ein ähnliches Kohärenzgefühl im Sinne Antonovskys? Welches Verständnis haben sie von Gesundheit und Krankheit, wie gehen sie mit ihrem Körper um? Woher kommt es, daß Männer und Frauen in sehr unterschiedlicher Weise Gesundheitsrisiken eingehen und dabei auch in unterschiedlichem Ausmaß über Schutzfaktoren verfügen?

2.1 Männer gehen mit ihrem Körper eher sorglos um

Männer und Frauen gehen sehr unterschiedlich mit ihrem Körper um, Männer im allgemeinen schonungslos, Frauen sehr viel sorgfältiger. Dies zeigt sich schon im Jugendalter, in dem sich geschlechtstypische Stile körperbezogenen Verhaltens herausbilden. Der geschlechtsspezifische Umgang mit dem eigenen Körper kann als Versuch angesehen werden, »Weiblichkeit und Männlichkeit auszudrücken«, denn die Aneignung von Weiblichkeit und Männlichkeit – als zentrale Entwicklungsaufgabe – erfolgt auch über den Körper, die Einstellung zu ihm und dem Umgang mit ihm. Unter dem Begriff »somatische Kultur« werden Bewegung, Gestik, Mimik, Pflege, gesundheitsrelevantes Verhalten, Sexualpraktiken u. a.m. verstanden. Je älter Jungen und Mädchen werden, desto mehr versuchen sie, sich auch körperlich als Mann oder Frau darzustellen (Helfferich 1993, 1994a, b; Stein-Hilbers 1994a, b, 1995; Kolip 1997a, b).

Viele Männer bringen ihrem Körper entweder eine selbstverständliche Gleichgültigkeit entgegen oder aber eine ausgesprochene Feindseligkeit und Verachtung. Sie betrachten ihren Körper funktionalistisch, das heißt, solange er funktioniert und keine größeren Störungsempfindungen vorhanden sind, sehen sie auch keinen Grund, sich zu beunruhigen. Sie »besitzen« ihren Körper, treiben ihn zu Höchstleistungen und betrachten ihn als »Maschine« und oft genug sogar als Gegner, den sie bekämpfen und besiegen müssen (Bongers 1986; Eickenberg und Hurrelmann 1997).

Gesundheit wird als Leistungsfähigkeit verstanden, der Körper der beruflichen Arbeit untergeordnet. Bei Frauen ist das anders. Wenn sie von »Funktionieren« sprechen, dann meinen sie keineswegs nur ihre berufliche Tätigkeit, sondern stets, daß sie den Kindern und der Familie gerecht werden, daß sie Beruf und Haushalt bewältigen, daß sie enge Beziehungen zur eigenen Herkunftsfamilie und zu Freunden unterhalten und daß sie sich dabei wohlfühlen (Dross 1991).

Ein Vergleich der Gesundheitskonzepte zwischen Männern und Frauen verdeutlicht, daß Männer eher die Vorstellung von Gesundheit als Leistungsfähigkeit und ein eher instrumentelles Verhältnis zum Körper haben und Frauen Gesundheit eher als Wohlbefinden ansehen und ein reflexives Verhältnis zum Körper besitzen (Franke 1993; Helfferich 1993). Das Körpermanagement von Männern und Frauen, worunter man alle Aktivitäten versteht, die auf die Pflege, Gestaltung und Nutzung des Körpers sowie auf den Erhalt seiner physischen Leistungs- und Bewegungsfähigkeit ausgerichtet sind, ist sehr unterschiedlich. Männer betreiben weniger Körperhygiene und Körperpflege als Frauen, haben andere Vorstellungen über »richtige« und »falsche« Ernährung und entsprechende Ernährungsgewohnheiten. Die Aneignung des Körpers wird als Körperkarriere bezeichnet und liefert die Basis dafür, seinen Körper als Teil der eigenen Persönlichkeit anzusehen. Dies ist bei Frauen weit eher der Fall als bei Männern (Baur und Miethling 1991).

Viele Männer praktizieren einen riskanten Lebensstil, der keinen Raum für gesundheitsvorsorgende Maßnahmen läßt, ignorieren und bagatellisieren körperliche Beschwerden, oder sie »bekämpfen« sie gleich mit massiven Eingriffen, aber es wird oftmals weitergelebt wie bisher, und die Warnsignale werden häufig nicht beachtet. Viele Männer argumentieren mit beruflichen Zwängen, daß sie keine Zeit hätten, sich um ihre Gesundheit zu kümmern, oder auch mit Schicksalsgläubigkeit, Fatalismus und Zweifel in die Wirksamkeit einer anderen Lebensführung (Faltermaier 1994).

Ein Beispiel aus der Praxis eines Allgemeinmediziners soll dies verdeutlichen:

Herr M., 44 Jahre alt und Maurer von Beruf, verheiratet und Vater von zwei Kindern, kommt in die Praxis wegen stechender Schmerzen in der Brust. Untersuchung und EKG-Befund ergaben Herzrhythmusstörungen. Eine ausführliche Anamnese verdeutlicht seinen ungesunden Lebensstil. Herr M. beginnt morgens um 5.00 Uhr mit seiner Arbeit auf dem Bau, die bis gegen 14.00 bis 15.00 Uhr dauert. Mittags lohnt sich die Fahrt nach Hause nicht, Herr M. geht in die »Frittenbude« und holt sich dort etwas zum Essen. »Geht schnell und schmeckt!« Nach der regulären Arbeit hilft Herrn M. einigen Freunden bei deren Hausbau für mindestens vier bis fünf Stunden. »Freundschaftsdienst«, wie er schmunzelnd sagt. Auch sonnabends wird den ganzen Tag gearbeitet. Herr M. ist starker Raucher und trinkt gern nach Feierabend vier bis fünf Flaschen Bier täglich. Wie lange will er dieses Pensum noch durchhalten? »Bis mich der Herrgott abruft!« Kann er die Zigaretten aufgeben? »Ne, Doktor, die brauche ich, ohne Zigaretten, kein Leben nicht!« Macht er Sport zum Ausgleich? »Kommen Sie mir nicht damit, ich lauf doch so schon genug«. Was ist, wenn seine Frau und seine Kinder ihn frühzeitig verlieren? »Ach je, dann ist es halt so. Da kann man nichts dagegen machen!«

Nicht selten »basteln« sich Männer und Frauen ihre eigenen subjektiven Theorien über die Entstehung von Krankheiten, die starke emotionale Anteile, reaktive Kausalbedürfnisse und auch magisches Denken enthalten. Besonders Männer erkennen häufig nicht genügend, daß sie auch eine eigene Kontrollfunktion über die Aufrechterhaltung ihrer Gesundheit besitzen, ihr

Alltagswissen über Gesundheit weist häufig große Mängel auf (Flick 1991; Franke 1993).

Viele Männer verfügen über ein ausgesprochen hohes Arbeitsethos und setzen Gesundheit mit Arbeitsfähigkeit gleich. Sie reagieren auf gesundheitliche Störungen erst dann, wenn ihre Arbeitsfähigkeit beeinträchtigt ist. Sie glauben, daß Disziplin und Arbeit für sich genommen gesundheitsfördernd wirken. Sie sprechen dem Alkohol stark zu und sehen darin solange keine Gesundheitsbeeinträchtigung, wie ihr Körper funktionstüchtig ist, das heißt, das hohe Arbeitspensum bewältigt. Gesundheit ist für die meisten Männer kein Thema, mit dem sie sich beschäftigen. Für die Gesundheitspflege sind ihre Frauen zuständig. Statt dessen sind ihnen die Berufsorientierung, der Wettbewerb und die Herausforderung im Beruf häufig wichtiger. Ein bißchen Streß gehört nach ihrer Meinung dazu. Allenfalls gehen sie zum Fitnesstraining oder üben Sportarten mit Wettkampfcharakter aus. Sie gehen dabei häufig bis an die Erschöpfungsgrenze und riskieren Verletzungen (Gawatz 1993).

Männer achten weniger auf Körpersignale als Frauen

Körperliche Beschwerden, wie zum Beispiel ein Ziehen oder Stechen in der Brust, Brennen beim Wasserlassen oder sogar Blut im Urin oder Stuhl werden von vielen Männern zunächst bagatellisiert und nicht weiter beachtet. Sie gehen mit den ersten Symptomen einer Krankheit sorgloser um als Frauen und halten sich für unverwundbar. Sie suchen meistens erst dann einen Arzt auf, wenn die Krankheit sich schon in einem fortgeschrittenen Stadium befindet. Leichte und mittelschwere Schmerzen übergehen sie: »Ein Indianer kennt keinen Schmerz«, diesen Spruch hören Jungen im Kindergarten und in der Schule auch heute noch, sie haben ihn internalisiert und geben ihn im Erwachsenenalter an die eigenen Söhne weiter. Schmerzen heroisch zu ertragen, das gilt als Inbegriff von Männlichkeit, und Situationen aufzusuchen, in denen Schmerzen und Verletzungen riskiert werden (Militär, schlagende Verbindungen, Jagdgemeinschaften), gehört zum Erfahrungsschatz vieler Männer; ganz im Gegensatz zu Frauen, die eher dazu erzogen werden, Gefahren zu vermeiden und Gefahrensituationen aus dem Wege zu gehen. Wenn Jungen und Männer vor Schmerzen weinen, riskieren sie ihren Platz in der männlichen Hierarchie (Kolip 1997a).

Die Befunde zur Wahrnehmung der Schmerzintensität sind allerdings widersprüchlich. Einerseits gehen Männer über leichte Körpersignale hinweg, andererseits gelten sie auch als besonders wehleidig, was starke Schmerzen anbetrifft (Maixner und Humphrey 1993; Larsen 1995).

Im Krankenhaus sind Männer allerdings beim (überwiegend) weiblichen Pflegepersonal beliebter als Frauen, sie »quengeln« weniger, sind leichter zu behandeln, helfen mit und lassen sich nicht so bedienen wie Frauen. Hier spielt wohl auch wieder das typische Männlichkeitsverhalten eine Rolle, denn auch im Krankenhaus ist der kranke Mann gegenüber den Schwestern ganz »Mann«, erlangt im Umgang mit ihnen Bestätigung seiner Männlichkeit, indem er Schmerzen nicht zeigt und sich obendrein kavaliersmäßig gibt. Nicht wenige männliche Kranke schlagen auch im Krankenhaus einen neckischen Ton des Flirts und manchmal sogar der Anmache an und können es nicht lassen, der jungen Pflegeschülerin auf den Po zu klopfen (Ericsson 1994).

Frauen werden schon im Jugendalter dazu angehalten, mit ihrem Körper pflegsam und sorgsam umzugehen. Durch die monatliche Regelblutung werden sie immer wieder an ihren Körper erinnert und dadurch mehr oder weniger gezwungen, sich zu schonen. Sie sind es gewohnt, sich auf ihren Körper einzustellen und Rücksicht zu nehmen. Schon die Kalenderführung, die von vielen jungen Mädchen und Frauen zur Kontrolle der regelmäßig einsetzenden Blutung praktiziert wird, zwingt zur genauen Beobachtung des Körpergeschehens. Auch heute noch – und trotz der sehr vereinfachten Hygienemöglichkeiten – stimmen Mädchen und Frauen bestimmte körperlich anstrengende Aktivitäten, Reisezeiten und Reiseziele mit dem Auftreten der Menstruation ab und verzichten unter Umständen lieber, als daß sie sich durch das Menstruationsgeschehen gehandikapt fühlen.

Auch der Umgang mit Schwangerschaftsverhütung bzw. Schwangerschaftswünschen sowie Klimakterium führt dazu, daß sich Frauen auf ihren Körper konzentrieren und ihn eigentlich zu keinem Zeitpunkt im Lebenslauf aus dem Blick verlieren. In diesem Zusammenhang steht die Medikalisierung und Pathologisierung des weiblichen Körpers, die besonders von der Frauengesundheitsforschung kritisiert wird. Mit Medikalisierung und Pathologisierung ist der Vorwurf gemeint, daß normale körperliche Vorgänge wie Menstruation, Schwangerschaft und Klimakterium vielfach von der Ärzteschaft und der Pharmaindustrie dazu benutzt werden, den Frauen das Gefühl einer Behandlungsbedürftigkeit zu vermitteln, sie an Arztpraxen zu binden und sie die »Hilfe« und »Unterstützung« von Medikamenten in Anspruch nehmen zu lassen (Kolip 1997a).

Bei gleichen Diagnosen wie Müdigkeit, Kreislaufschwäche und Blässe werden bei Mädchen und Jungen unterschiedliche Therapievorschläge gemacht: Jungen wird zu mehr Bewegung und Sport geraten, Mädchen werden Tabletten verschrieben. Ab der Pubertät steigt der Medikamentenkonsum von Frauen erheblich an und bleibt bis ins späte Alter hinein weit oberhalb des Medikamentenkonsums von Männern (Glaeske 1994, 1995).

Die Wahrnehmung von Gefühlszuständen und Körperbeschwerden scheint mit Persönlichkeitsfaktoren zusammenzuhängen, und zwar besonders mit dem Konstrukt »Negative Affektivität«. Darunter ist die Tendenz von Menschen zu verstehen, introspektiv und besorgt zu sein sowie sich und seinen Körper genau zu beobachten, um bei den ersten Störungsanzeichen beunruhigt zu reagieren. Eine Nähe besteht zur Ängstlichkeit, zum Neurotizismus und zur Depressivität. Allem Anschein nach gibt es mehr Frauen als Männer, die eine negative Affektivität aufweisen, denn sie gehen häufiger und auch schon mit eher geringfügigen Beschwerden zum Arzt und klagen im Alter von 25–65 Jahren doppelt so häufig wie Männer über psychiatrische und psychologische Beschwerden. Männer und Frauen unterscheiden sich stark in der Symptomwahrnehmung, Frauen nehmen erste Anzeichen von Unregelmäßigkeiten in den Körperfunktionen ernster als Männer und nehmen nicht nur häufiger professionellen Rat und fachliche Hilfe an, sondern auch informelle Hilfe und Unterstützung von Freundinnen (Klotz 1997).

Körperliche Schönheit

Das eigene Aussehen spielt für Männer eine wesentlich geringere Rolle als für Frauen. Kleine Jungen werden nicht wie kleine Mädchen dazu angehalten, sich schön anzuziehen, hübsch auszusehen und sich nicht schmutzig zu machen, sondern sie werden darin bestärkt, daß ihre Kleidung zweckmäßig und bequem, ihr Haarschnitt praktisch zu sein habe und ihr Verhalten ruhig ungestüm und rauh sein könne. Blaue Flecken an Armen und Beinen, eine rauhe Haut, Abschürfungen und schmutzige Fingernägel werden auch heute noch bei Jungen eher geduldet als bei Mädchen.

Mädchen sind sehr viel unzufriedener mit ihrem Körper und ihrem Aussehen als Jungen, was Größe, Gewicht und Figur anbetrifft. Sie beurteilen ihren Körper weit kritischer als Jungen, finden sich häufig unattraktiv, haben tausend Kleinigkeiten an ihm auszusetzen und haben ein geringeres körperbezogenes Selbstwertgefühl. Das körperliche Aussehen hat für Frauen aller Altersstufen überhaupt einen sehr viel höheren Stellenwert als für Männer, jedoch messen Mädchen und Frauen dem eigenen Aussehen mehr Bedeutung zu als dem der Jungen und Männer. Mädchen werden auch heute noch überwiegend nach ihrem körperlichen Aussehen beurteilt, Jungen wünschen sich häufig eine gutaussehende Freundin, während sich Mädchen einen klugen und intelligenten Freund wünschen (Kolip 1997a).

Diese Tendenz hält sich bis in das hohe Erwachsenenalter hinein und findet einen Ausdruck zum Beispiel auch in Heiratsannoncen. In diesen suchen Frauen sehr oft einen »niveauvollen« Partner mit Geist und Charakter. Männer dagegen suchen fast immer eine gutaussehende Frau. Beide Geschlechter bieten in der Selbstdarstellung das an, wovon sie glauben, daß es gewünscht wird. Männer focussieren dabei mehr auf ihren sozialen Status und geben fast immer auch ihre berufliche und materielle Stellung an, Frauen dagegen beschreiben ihr äußeres Erscheinungsbild und stellen es natürlich als besonders günstig und attraktiv hin (Gern 1992; Vogt 1994).

132

Frauen zwischen Klagen und Durchhalten

Die Fähigkeiten von Frauen, aufmerksam zu sein und genau hinzuschauen sowie sich helfen zu lassen, bestimmen auch ihr Gesundheitshandeln und tragen zu ihrer Gesundheit bei. Aber Beschwerdehäufigkeit und Gesundheitszufriedenheit von Frauen sind auch abhängig von den gesundheitsfördernden und gesundheitsbeeinträchtigenden Lebenserfahrungen, die sie in Familie und Beruf machen. Beide Bereiche bauen ein Spannungsverhältnis von widersprüchlichen Interessen und Konflikten auf, das nicht ohne Einfluß auf die Gesundheit von Frauen bleibt (Klesse, Sonntag, Brinkmann und Maschewsky-Schneider 1992).

Es gibt Frauen, die häufiger klagen und häufiger Beschwerden angeben, die mehr medizinische und psychologische Hilfe in Anspruch nehmen als Männer, aber es gibt auch genauso viele Frauen, die im Sinne von Durchhaltestrategien eben nicht klagen, keine Reha-Maßnahme und keine Kur in Anspruch nehmen, da sie glauben, für Kinder, Mann und Haushalt präsent sein zu müssen; Frauen, die es sich nicht leisten können, krank zu sein. Zu den letzteren gehören eher Frauen, die berufstätig und in ihrem Beruf und mit ihrem Leben zufrieden sind, die ersteren, die klageorientierten Frauen, sind mehrheitlich nicht berufstätig, weisen weniger äußere Belastungen auf, sind jedoch mit ihrem Leben unzufriedener. Die Beschwerdevielfalt von Frauen ist oftmals gerade dadurch bedingt, daß sie nicht berufstätig sind, keine festen und geregelten Arbeitszeiten haben, sich weniger Freizeitaktivitäten gönnen, mehr Belastungen wahrnehmen und sich unglücklicher fühlen. Es sind also meistens psychosoziale Faktoren, die zu einem größeren Krankheitsbewußtsein bei ihnen führen, trotz einer besseren Einstellung zur Gesundheit und eines besseren und bewußteren Gesundheitshandeln im Vergleich zu Männern (Verbrügge 1982, 1985, 1989).

Für Frauen stellen – anders als für Männer – Erwerbsarbeit und familiale Arbeit zwei sich wechselseitige beeinflussende Lebensbereiche dar, aus denen sie Kraft schöpfen, die sie jedoch auch belasten, aber sie können Unzufriedenheit in dem einen Bereich mit Zufriedenheit im anderen kompensieren. Belastungen am Arbeitsplatz haben für Frauen dann keine oder weniger negative gesundheitliche Auswirkungen, wenn sie mit ihrer Rolle als Mutter zufrieden sind und beide Rollen gut miteinander verbinden können, ohne das Gefühl haben zu müssen, den Aufgabenanforderungen in einem der beiden Rollenbereiche oder gar in beiden Bereichen nicht genügen zu können. Für Frauen gilt mehr als für Männer, daß die elterliche Rolle eine gesundheitlich schützende Wirkung ausübt und den Berufsstreß mindert (Barnett, Davidson und Marshall 1991; Barnett und Marshall 1993; Hibbard und Pope 1993).

Das Gesundheitshandeln von Frauen ist abhängig von der Lebenszufriedenheit in beiden Bereichen. Es sind vor allem – und im Gegensatz zu Männern – vier Strategien, die die Gesundheit von Frauen erhalten: 1. ihr Bemühen, Schwierigkeiten zu begrenzen und Überforderungen zu vermeiden, 2. Gefühlsbereitschaft und Gefühlsfähigkeit zu entwickeln, 3. Handlungsfähigkeit herzustellen und 4. Widersprüche und Ambivalenzen auszuhalten (Klesse, Sonntag, Brinkmann und Maschewsky-Schneider 1992).

Männer ernähren sich ungesünder als Frauen

Gesundheit hängt sowohl vom Gesundheitsbewußtsein als auch vom Gesundheitsverhalten ab. In beiden schneiden Männer im Vergleich zu Frauen schlechter ab. Sie achten nicht nur weniger auf ihre Körpersignale, sondern sie muten ihrem Körper auch mehr gesundheitsschädigende Einflüsse zu. So ernähren sie sich zum Beispiel einseitiger als Frauen und beachten weniger als diese die Nahrungszusammensetzung, die Nahrungsmenge oder auch den zeitlichen Abstand der Nahrungsaufnahme. Dies gilt vor allem für unverheiratete Männer, die in Kantinen oder auch Imbißstuben essen oder sich die Nahrung selbst zubereiten. Sie nehmen meistens zuviel gesättigte Fettsäuren, die in Fleisch und bestimmten Milchprodukten vorhanden sind, zuviel Cholesterin, das ein wesentlicher Risikofaktor für die Arteriosklerose ist, und zuwenig ungesättigte Fettsäuren, die zum Beispiel im Olivenoel enthalten sind und kardioprotektiv wirken, zu sich. Da Männer einen höheren Energieverbrauch als Frauen haben, nehmen sie auch mehr Fette zu sich, sie berücksichtigen jedoch meistens nicht, daß höchstens ein Drittel ihres Fettkonsums auf gesättigten Fettsäuren beruhen sollte (Waldron 1995; Schwarzer 1995, 1997; Klotz 1997).

Schon im Kindes- und Jugendalter essen Männer gern salzige, süße und fetthaltige Speisen, während Mädchen lieber Obst und Gemüse essen. Im Erwachsenenalter festigt sich bei Männern die erworbene Gewohnheit, so daß ihr Verzehr an Fleisch – vor allem an scharf angebratenem oder auch rohem –, an Brot, Süßwaren und auch an Alkohol weit höher ist als der von Frauen, die mehr Obst und Joghurt essen und mehr Kaffee oder Tee trinken. Männer ernähren sich im allgemeinen ungesund. Kommt noch ein eingeschränktes Bewegungsverhalten und eine überwiegend sitzende Berufstätigkeit hinzu, ist die Folge häufig Übergewicht. Es ist bei Männern in jüngeren Jahren öfter anzutreffen ist als bei Frauen, während es bei Frauen in den höheren Altersklassen häufiger vorkommt (Klotz 1997).

Fehlernährung, vor allem in Kombination mit anderen riskanten Gesundheitsverhaltensweisen wie Rauchen, Alkoholkonsum, Bewegungsmangel und das passive Hinnehmen von Übergewicht zählen überwiegend zu den Risikoverhaltensweisen von Männern. Frauen verstehen es besser, ihr Gewicht zu kontrollieren, zumindest unternehmen sie mehr Anstrengungen, Diäten einzuhalten. Der Kenntnisstand von Frauen über die Zusammensetzung von Nahrungsmitteln ist besser als der von Männern, so daß sie auch aus diesem Grund gesundheitsbewußter leben und handeln.

134

2.2 Männer suchen seltener medizinische Hilfe als Frauen

Männer halten sich selbst für gesünder als Frauen. Sie suchen daher nur dann einen Arzt auf, wenn sie sich wirklich krank fühlen. Sie äußern weniger Beschwerden, klagen weniger und gehen seltener als Frauen zu Vorsorgeuntersuchungen, die sie als unmännlich ansehen. Viele Männer haben Angst vor Gesundheitseinrichtungen und fürchten um ihre Selbständigkeit. Frauen dagegen suchen weit häufiger als Männer Ärzte schon dann auf, wenn sie sich nicht wohl fühlen, wenn sie Rat und Information benötigen oder sich auch nur aussprechen wollen (Briscoe 1987; Härtel 1988; Loosen 1997).

Es gehört zu den traditionellen Aufgaben von Frauen, sich um die Gesundheit der Familienmitglieder zu kümmern, bei Beschwerden Arzttermine zu verabreden und dafür zu sorgen, daß die Vorsorgetermine eingehalten werden. Bei kleineren Beschwerden verhalten sie sich als Laienmediziner und verabreichen auch selbsttätig Medikamente. Bei Bettlägerigkeit von Familienmitgliedern, insbesondere Kindern, übernehmen Frauen wie selbstverständlich die Pflege und Versorgung, bei eigener Berufstätigkeit nehmen sie sich frei. Nur wenige Väter nehmen ihrerseits diese Möglichkeit, bei Erkrankung eines Familienmitglieds zu Hause zu bleiben, in Anspruch (Vogt 1993).

Während Frauen spezifisch ausgebildete Ärzte haben, die sich mit Frauenkrankheiten auskennen, gibt es für Männer keine speziellen Ärzte, die sich mit Krankheiten des Mannseins und der geschlechtsspezifischen Einflüsse auf seine Gesundheit befassen. Es gibt zwar Urologen und Andrologen, aber sie werden von Männern eher bei bestimmten und fest umrissenen Problemen wie Nieren-, Blasen- und Prostatabeschwerden sowie bei Fertilitäts- und Hormonstörungen aufgesucht und nicht so sehr, wenn es um Erkrankungen geht, die mit der Lebensweise von Männern zu tun haben. Männern stehen insgesamt auch weniger Vorsorgeleistungen zu als Frauen, und sie nehmen die wenigen für sich kaum in Anspruch. Etwa 36% der Frauen gehen zur Krebsfrüherkennung, aber nur 13% der Männer (Eickenberg und Hurrelmann 1997).

Die Organisation des Medizinalltags kollidiert mit den beschäftigungsbedingten Pflichten der Männer, und die oft nur spärlich von Ärzten eingerichteten abendlichen Sprechzeiten erschweren den Entschluß zum Arztbesuch, abgesehen von der schon erwähnten Neigung der Männer, Körpersignale nicht wahrzunehmen und/oder zu übergehen. Zu häufige Arztbesuche gelten unter berufstätigen Männern als weibliches Verhalten und sind daher imageschädigend. Auch dies mag Männer davon abhalten, den Arzt aufzusuchen (Hollstein 1992a).

Viele Männer – auch Ärzte selbst – haben ein falschverstandenes Berufsethos, sie verlangen ihrem Körper extreme Härte und Kompromißlosigkeit ab, nehmen unzumutbare Strapazen auf sich, machen 24-Stunden-Dienste ohne dazwischenliegende Pausen und verlangen denselben Einsatz von ihren Kollegen. In vielen Praxen oder auch Klinikabteilungen ist es völlig unmöglich, ein geregeltes Mittagessen einzunehmen. Nachtschichten und »Nahrungskarenzen« sind an der Tagesordnung (Loosen 1997).

Es mag für viele Männer leichter sein, sich von männlichen Ärzten untersuchen und behandeln zu lassen, aber psychische Probleme werden – jedoch abhängig von der fachlichen Orientierung des Arztes – auch unter Männern in der Arzt-Patienten-Beziehung eher selten angesprochen. Bei weiblichen Ärzten kommt bei manchen Männern die Schwierigkeit dazu, sich in die Rolle des Ratsuchenden zu begeben, hier spielen männliche Geschlechtsrollenstereotype eine Rolle (Felder und Brähler 1992).

Im allgemeinen scheinen Männer schwierige Patienten zu sein, da sie »kommunikativ nur schwer zu erreichen sind« (Loosen 1997). Frauen trauen sich weit mehr als Männer, sowohl bei Ärztinnen als auch bei Ärzten, über ihre persönlichen Probleme zu sprechen. Sie sind offener und verschweigen nicht Gefühle der Überforderung, Hilflosigkeit und Anspannung. Sie bekommen daher eher professionelle Hilfe als Männer.

Obwohl die Anzahl der weiblichen Ärzte ständig steigt, ist die Medizin immer noch männerdominiert. Wie Frauen in anderen Berufen gelingt es auch Ärztinnen nur selten, in verantwortungsvolle Positionen vorzudringen. Unter den Chefärzten, Oberärzten und Fachärzten sind Frauen immer noch in der Minderheit. Besonders kraß ist das Mißverhältis bei den Chirurgen, die sich so kritischer Organe wie des Herzens, der Hauptschlagader oder der großen Lungengefäße annehmen. So operieren am Herzen fast ausschließlich Männer, es gibt kaum Frauen in der Thoraxchirurgie. Dies hängt noch mit Vorurteilen zusammen, die schon im 19. Jahrhundert als Argumente gegen Frauen vorgebracht worden sind.

Frauen werden medizinisch anders behandelt als Männer

Einige Untersuchungen weisen daraufhin, daß Ärzte dazu neigen, Beschwerden von Männern ernster zu nehmen als die von Frauen und bei diesen öfter als bei Männern psychisch bedingte Leiden zu vermuten und sie auch entsprechend zu behandeln. So werden die Vorboten des Herzinfarktes bei Frauen häufiger als bei Männern übersehen. Kardiologen neigen zum Beispiel dazu, Symptome einer Herzkrankheit bei Frauen mit Hysterie zu verwechseln oder sie als Ausdruck psychischer Probleme abzutun. Bei Frauen erfolgen weniger Bypass-Operationen als bei Männern (Legato 1995). Ein möglicher Grund liegt darin, daß Frauen ihre Beschwerden anders schildern und auch anders deuten als Männer. So glauben viele Frauen immer noch, daß der Herzinfarkt nur Männer treffe. Sie denken bei den typischen Begleitsymptomen des Herzinfarkts und bei den heftig anhaltenden Schmerzen im Brustkorb, die in Arme, Bauch, Schulterblätter und Rücken ausstrahlen, häufig an einen Magen-Darm-Infekt oder an Rückenschmerzen und schildern die wahrgenommenen Symptome entsprechend (Schulte-Strathaus 1998).

Aber unabhängig von der Diagnose erhalten Frauen mit Herzrhythmusstörungen auch oftmals technisch weniger ausgereifte Herzschrittmacher (Einkammer-Systeme) als ihre männlichen Leidensgenossen, die eher die aufwendigeren Zweikammersysteme, welche ihre Leistung an die Herzfrequenz und den Bedarf adaptieren, erhalten (Schüppel, Büchele, Batz und Koenig 1998).

Wenn Mädchen und Frauen einen Arzt oder eine Ärztin aufsuchen, werden bei ihnen weit häufiger Neurosen, Schlafstörungen und Migräne diagnostiziert als bei Männern, und sie werden häufiger mit Psychopharmaka behandelt. Männer erhalten eher Diagnosen somatischer Kategorien, werden eher zu Spezialisten, zu technischen Untersuchungen und ins Krankenhaus überwiesen. Es werden bei ihnen mehr inhaltlich unterschiedliche Maßnahmen durchgeführt. Ob dies eine bessere oder schlechtere Behandlung darstellt, ist fraglich. Das Paradoxon bleibt bestehen, daß Männer einerseits von Ärzten ernster genommen werden als Frauen, daß sie aber andererseits die Ärzte auch erst aufsuchen, wenn die Beschwerden stark sind und die Krankheit oft schon weit fortgeschritten ist. Männer sind häufig »unerkannt krank« (Loosen, 1997). Frauen dagegen müssen doppelt so häufig zum Arzt gehen, damit ihre Symptome von den Ärzten überhaupt berücksichtigt werden. Es erscheint jedoch zweifelhaft, daß das Diagnose- und Therapieverhalten der Ärzte wesentlich zu den Sterblichkeitsunterschieden von Männern und Frauen beiträgt (Felder und Brähler 1992; Waldron 1995; Klotz 1997).

2.3 Männer und Frauen bewältigen Streß unterschiedlich

Ganz allgemein ausgedrückt entsteht Streß immer dann, wenn die Anforderungen einer Situation die Anpassungsfähigkeit einer Person auf der sozialen, emotionalen und kognitiven Ebene übersteigen, wenn sie sich bedroht fühlt, sich geschädigt glaubt oder Verluste erfährt (Lazarus und Folkman 1984; Palentien 1997). Streß ist das Resultat von Einschätzungen, die aus dem Wechselspiel von wahrgenommenen Situationsanforderungen und eigenen Ressourcen resultieren. Unter den Ressourcen wird zwischen personalen, sozialen und materiellen Ressourcen unterschieden.

Daß Streß krank machen und insbesondere zu Magengeschwüren, Herzinfarkt oder auch Krebs führen kann, ist eine sehr plausible Annahme, für die zwar letztlich die Beweise fehlen, aber die dennoch von vielen Menschen geteilt wird. So bedienten sich ein Drittel der Befragten der Vokabel »Streß«

als Antwort auf die Frage, worin sie die Ursache der von ihnen als bedeutsam erachteten psychosozialen Belastungen sähen (Angermeyer 1991). Der Spannungskopfschmerz vor Prüfungen, der sprichwörtliche Streß im Beruf, der zu Schlaflosigkeit und Erschöpfungszuständen führt, die Auseinandersetzungen mit Kollegen, die Gefühle der Hilflosigkeit hervorbringen können, Probleme in Ehe und Partnerschaft, all dies verursacht Belastungsreaktionen des Organismus und bedeutet vorübergehende oder langandauernde gesundheitliche Beeinträchtigung. Es sind jedoch nicht so sehr die belastenden Situationen an sich, die zur subjektiven Beeinträchtigung führen, sondern eher falsche oder inadäquate Streßbewältigungs- oder auch Copingversuche. Es ist die Art und Weise, wie Männer und Frauen Streß wahrnehmen und darauf reagieren, die zu körperlichen und psychischen Beschwerden führen kann (Schwarzer 1995).

So können Streßsituationen wie Examen, Prüfungen, Klausuren das Gesundheitsverhalten verändern und dazu führen, daß weniger gesunde Nahrung zu sich genommen wird, weniger Körper- und Bewegungübungen durchgeführt werden und daß im Straßenverkehr weniger sicherheitsbewußt gefahren wird, letzteres hängt aber auch sehr stark mit dem sonstigen gewohnheitsmäßigen und unabhängig von Prüfungen gezeigtem Verhalten ab. Dies trifft zum Beispiel auch auf den Drogengebrauch als Mittel zur Streßreduktion zu, unabhängig davon, ob es sich um Zigaretten, Alkohol oder Medikamente handelt. Je schlechter die psychische Verfassung und die Stimmung, desto größer die Wahrscheinlichkeit, auch unter Streß zu Drogen zu greifen, wenn damit zu einem früheren Zeitpunkt positive Erfahrungen bezüglich Stimmungsaufhellung gemacht worden sind. Männer neigen bei Streß und negativer Stimmung häufiger als Frauen dazu, sich mit Alkohol und/oder Zigaretten zu entspannen, während Frauen sehr oft bei Streß und Anspannungsgefühlen wie Ärger, Unmut, Hilflosigkeit zur Zigarette greifen. Überzeugte und langjährige Raucher und Raucherinnen berichten, daß sie unter Streß stehend weit mehr rauchen als wenn sie sich ohnehin schon entspannt fühlen (Chesney 1991; Weidner, Kohlmann, Dotzauer und Burns 1996).

Wie verhalten sich Männer und Frauen bei Streß? Nehmen sie ihn gleichermaßen wahr, und verfügen sie über ähnliche Bewältigungsmechanismen und über dieselben Ressourcen? Aus der Jugendforschung ist bekannt, daß mehr Jungen als Mädchen von sich sagen, sie hätten keine Probleme, und ebenfalls mehr Jungen als Mädchen geben an, daß sie zwar ein Problem gehabt, aber mit niemandem darüber gesprochen hätten. Fast doppelt so viel Mädchen wie Jungen berichten, daß sie sich an jemanden um Hilfe gewandt hätten. Wenn Jugendliche um Hilfe nachsuchen, dann wendet sich der größte Teil an Personen aus dem nahen sozialen Umfeld, wobei bei Mädchen und Jungen gleichermaßen die Freundin bzw. der Freund an erster und die Mutter an zweiter Stelle steht. (Hoepner-Stamos, Palentien, Settertobulte und Hurrelmann 1997; Kolip 1997a, b; Palentien 1997).

138

Erwachsene Männern und Frauen reagieren – wenn es um das Eingeständnis von Problemen geht – ähnlich wie Jungen und Mädchen. Es zeigt
sich bei ihnen ein entsprechender Unterschied, sowohl was die Wahrnehmung und das Zulassen von Problemen und Streß anbetrifft als auch deren
Bewältigung, und dabei vor allem die Inanspruchnahme von professioneller
Hilfe. So suchen Männer in eigener Sache weit seltener Beratungsstellen auf
als Frauen und, wie dargelegt, auch seltener medizinische Hilfe. Voraussetzung für die Inanspruchnahme von fremder Hilfe ist das Erkennen der
Hilfsbedürftigkeit, und hier haben Männer größere Schwierigkeiten als
Frauen, denn Hilfsbedürftigkeit und Schwäche entsprechen nicht dem Ste-
reotyp von Männlichkeit.

Männern wird eher als Frauen ein sogenanntes Typ A-Verhalten nachge-
sagt. Es besteht aus einem Syndrom von Verhaltensweisen, die Leistungsstreben, Ungeduld, Konkurrenzorientierung, Ärger, Feindseligkeit und
Hektik beinhalten. Typ A-Männer im Alter von 55 bis 64 Jahren erleiden
doppelt so häufig einen Herzinfarkt wie Typ B-Männer. Letztere zeichnen
sich durch Gelassenheit und Mäßigung aus, lassen es im Beruf langsamer an-
gehen, verausgaben sich weniger und leiden seltener unter koronaren Herzkrankheiten. Sie haben wirkungsvollere Bewältigungsstrategien, die der Gesundheit zugutekommen wie Pausen, Ablenkung und Entspannung sowie
körperliches Training. Ein Copingstil vom Typ A dagegen stützt sich häufig
noch zusätzlich auf Risikoverhaltensweisen wie Drogenkonsum (Tabak, Alkohol, Medikamente) und provoziert damit geradezu kardiovaskuläre Reaktionen mit der Folge von Herz-Kreislaufkrankheiten (Vogt 1993; Myrtek
1995).

Für Frauen gelten ähnliche Befunde, wenn auch auf einem quantitativ anderen Ausgangsniveau. Ihr Herzinfarktrisiko steigt mit dem Alter, wobei
noch andere Effektgrößen eine Rolle spielen, nämlich die der Depression
und der Ängstlichkeit. Die negativen Gefühle wie häufig geäußerter Ärger
ebenso wie häufig unterdrückter Ärger spielen eine große Rolle für das Entstehen gesundheitlicher Schäden In diesem Zusammenhang spricht man von
der »Emotionalen Intelligenz«, die sich in der Fähigkeit zeigt, seine Emotionen gezielt zu regulieren statt sie zu unterdrücken oder einfach auszuleben
(Schwarzer 1995; Goleman 1996).

Der riskantere Lebensstil von Männern, ihre extrovertierten Handlungsmuster, ihre größere Konfliktorientierung und Verstrickung in kriminelle
Akte, ihr erhöhter illegaler Drogenkonsum und ihre höhere Infektionsrate
an AIDS führt zur Wahl von fehladaptiven Bewältigungsmustern bei Konflikten und zur Vernachlässigung von adäquaten streßreduzierenden Verhaltensweisen. Viele Männer haben es nicht gelernt, mit seelischem Schmerz
und Verlustängsten umzugehen. Der Tod des Lebenspartners kann als stres-
sendes und äußerst kritisches Lebensereignis bezeichnet werden, viele Männer sterben, kurz nachdem ihre Partnerinnen verstorben sind, während

Frauen ihre Männer häufig noch um Jahrzehnte überleben (Martikainen und Valkonen 1996).

Ein beträchtliches Ausmaß an Streß geht vom männlichen Rollenverhalten aus, denn die männliche Rolle erlaubt dem Manne nur eine eingeschränkte Bandbreite von Bewältigungsstrategien. So darf er zum Beispiel weder Angst noch Furcht zeigen. Er muß dagegen in allen Situationen die Handlungsinitiative ergreifen können, muß sich als »Herr der Situation« erweisen – und vor allem sportlich und sexuell aktiv sein. Dieses durch normative Erwartungen und Überzeugungen geprägte Rollenverhalten führt zu ungesunden und dysfunktionalen Bewältigungsmustern, die Gefühle nicht zulassen, sondern überspielen, den »starken Mann« betonen, aggressive Verhaltensweisen und/oder die Flucht in den Alkohol begünstigen sowie zu schweren koronaren Herzerkrankungen und auch zu sexuellen Funktionsstörungen führen (Eisler und Blalock 1991).

Streßbewältigungstraining und präventives Gesundheitsverhalten

Männer nehmen seltener als Frauen an Kursen zur Gesundheitsförderung und zur Prävention von Gesundheitsstörungen teil. Von den Krankenkassen werden verschiedene Maßnahmen angeboten wie Nichtraucher-, Bewegungs-, Entspannngs- Streßbewältigungstrainings sowie Ernährungsberatungen und andere mehr. Von den Teilnehmern war nur jeder siebte männlich, ca. 86% der Teilnehmenden waren weiblich. Aus welchen Gründen ist das Teilnehmerverhalten bei Kursen zur Prävention und zur Gesundheitsförderung von Männern im Vergleich zu Frauen so niedrig? Die meisten Autoren stellen einen Zusammenhang mit Geschlechtsrollenerwartungen, geschlechtsspezifischen Sozialisationsmustern und zum Risikoverhalten her, das bei Männern größer ist als bei Frauen (Kolip 1994; Winter 1994; Alfermann 1996; Weidner, Kohlmann, Dotzauer und Burns 1996; Sieverding 1997).

Eine wichtige Rolle spielt auch das Selbstkonzept. Kohlmann, Weidner, Dotzauer und Burns (1997) vermuten bei Männern eine höhere kognitive Vermeidung im Umgang mit Streß. Danach negieren und verdrängen Männer eher als Frauen die Möglichkeit, daß ihnen etwas zustoßen könnte und entsprechend ergreifen sie auch keine Vorsichtsmaßnahmen.

Bevor Männer und Frauen in bestimmten sozialen Situationen ein Verhalten adaptieren, stellen sie sich gedanklich die Frage, wer wohl gewöhnlich ein solches Verhalten zeigt und ob man dieser Person ähnlich sein möchte, d. h. sie schätzen, bevor sie sich entscheiden, zunächst die Ähnlichkeit zwischen dem Selbst und einem Prototypen dieses Verhaltens ein. Ein solcher Vergleich wird zum Beispiel immer dann angestellt, bevor man in einen Verein eintritt oder sich einer Gruppe anschließt (Sieverding 1997). Aus der Drogenforschung ist bekannt, daß sich zum Beispiel Jugendliche – aber auch

Erwachsene – sehr stark durch positive Aspekte des Images eines typischen Rauchers zum Rauchen verleiten lassen (Fuchs und Schwarzer 1997).

Im Grunde beruht die gesamte Werbung auf der Herstellung einer Identifikation eines potentiellen Konsumenten (Käufer, Benutzer, Anwender) mit einem typischen Konsumenten. Nach Sieverding (1997) läuft ein solcher Prozeß, der als »prototyp matching« bezeichnet wird, auch bei jeder Entscheidung zur Teilnahme an einem Gesundheitskurs ab, d. h. es finden Einschätzungen derjenigen Personen statt, die wohl an einem solchen Kurs teilnehmen würden. Sind diese Einschätzungen positiv und stimmen sie mit dem eigenen Selbstbild überein, fällt der Entschluß zur Teilnahme leicht.

Derjenige, der sich zu einem Kurs zur Gesundheitsförderung anmeldet, muß nach Sieverding zumindest die Eigenwahrnehmung haben, daß er auf einem bestimmten Gebiet (ob Bewegung oder Raucherentwöhnung oder Entspannung) zusätzlich Unterstützung braucht, und er geht davon aus, daß auch andere Kursteilnehmer dieser Hilfe bedürfen. Schon dieses Eingeständnis ist mit dem klassischen männlichen Rollenstereotyp nicht oder nur schwer vereinbar. In ihrer Studie an männlichen und weiblichen Klinikärzten und Medizinstudenten schätzten die Männer und Frauen typische Teilnehmer eines Streßbewältigungskurses als abhängig, unsicher, ängstlich, hilflos und nicht souverän ein, alles Eigenschaften, mit denen sich die Männer der Studie nicht gern identifizierten und daher eine große Diskrepanz zum eigenen Selbstkonzept aufwiesen, im Gegensatz zu den Frauen, die eine geringere Diskrepanz zeigten. In einer Vorstudie an einer anderen Stichprobe wurden die typischen Eigenschaften des Marlboro-Mannes als Prototyp erhoben wie unabhängig, souverän, stark, rauh und gesund.

Das Ergebnis der Untersuchung war: Je maskuliner das Selbstkonzept einer Person, gemessen an der Ähnlichkeit mit den typisch männlichen Eigenschaften des Marlboro-Mannes, und je ungünstiger die Einschätzung derjenigen Personen ausfällt, die an einem Kurs teilnehmen, desto niedriger ist die Motivation zur Teilnahme. Dies ist möglicherweise einer der Gründe, die dazu führen, daß die Nachfrage an Gesundheitskursen bei Männern niedriger ausfällt als bei Frauen. Besonders makaber erscheint in diesem Zusammenhang, daß sich viele Männer mit dem vermeintlich gesunden Marlboro-Mann verglichen und sich nicht vergegenwärtigt haben, daß die beiden Männer, die ihn jahrelang in der Reklame repräsentiert hatten, an Bronchialkrebs verstorben waren.

Wieviel soziale Unterstützung erhalten Männer im Vergleich zu Frauen?

Mit sozialer Unterstützung ist informelle Hilfeleistung zwischen Menschen gemeint, die durch alltägliche Beziehungen und Interaktionen miteinander verbunden sind. Dies können gleich- und fremdgeschlechtliche Freundschafts- und Partnerbeziehungen sein. Soziale Unterstützung kann das Auftreten von belastenden Situationen senken, die Fähigkeit des Hilfesuchenden stärken, mit belastenden Situationen umzugehen oder auch darin bestehen, ganz konkrete materielle Unterstützungshilfen zur Verfügung zu stellen. Von großer Bedeutung für die Wirksamkeit sozialer Unterstützung ist, daß sie gewollt und erwünscht und eventuell auch eingefordert wird. Feststeht, daß diejenigen, die um Hilfe bitten und deutlich zu verstehen geben, daß sie Hilfe benötigen, auch eher Hilfe bekommen.

Hierin unterscheiden sich Männer und Frauen. Männer wollen sich nicht verletzlich zeigen, weder Ohnmachtsgefühle noch Hilflosigkeit zugeben und ihre emotionale Kontrolle nicht aufgeben. Für viele Männer bedeutet ein Hilfeersuchen ein Eingestehen von Schwäche, und daher verzichten sie lieber auf eine solche Äußerung. Dies gilt gleichermaßen für physische wie auch für psychische Beschwerden oder Probleme (Hollstein 1992b).

Das soziale Netzwerk von Männern ist, wenn man darunter enge persönliche und vertraute Beziehungen zwischen zwei und mehr Menschen versteht, deutlich kleiner als das von Frauen. Männer haben allenfalls ihre (Ehe-)Partnerinnen und Freundinnen, denen sie sich anvertrauen, aber sie haben keinen Kreis von Freunden, mit denen sie persönliche Probleme besprechen und bei denen sie sich Hilfe und Unterstützung holen können. Sie sind zwar in Sozialbeziehungen integriert, aber diese sind eher unpersönlicher Natur und nicht darauf ausgerichtet zu stützen und zu stärken, Trost zu spenden und Zuwendung zu geben. Da Männer sich anderen Männern nur selten anvertrauen, erhalten sie auch weniger formelle und informelle psychische Unterstützung (Klotz 1997).

Frauen – das hilfreiche Geschlecht

In der Forschung zur sozialen Unterstützung wird ein »Geschlechterparadox« deutlich: Männer und Frauen unterscheiden sich in allen Altersstufen im Ausmaß und der Qualität an sozialer Unterstützung, und zwar hinsichtlich des Empfangens, des Erhaltens und des Nachsuchens von Unterstützung. Frauen geben vor allem Männern mehr Unterstützung, als sie selbst von ihnen bekommen (Schmerl und Nestmann 1991).

Frauen werden als das »hilfreiche Geschlecht« bezeichnet. Sie helfen im Alltag sich selbst, ihrer Familie und anderen. Sie sind in der ehrenamtlichen Hilfe engagiert und geradezu unentbehrlich, was die Pflege von kranken Familienmitgliedern und Verwandten anbetrifft. Das soziale Gesundheitssystem würde zusammenbrechen, wenn es die unentgeltlichen Dienste der Frauen nicht gäbe. Die Antwort auf die Frage, wer bei persönlichen Krisen, bei Problemen in der Schule, bei Liebeskummer der Kinder, bei Sorgen der Freundin, bei Krankheit und Gebrechlichkeit der Eltern und Schwiegereltern einspringt, lautet eindeutig: die Frauen (Schmerl und Nestmann 1991).

Frauen sind die zentralen Akteurinnen, was die Bereitstellung von Hilfe und Unterstützung anbetrifft. Sie liegen in dieser Eigenschaft weit vor den Männern in Führung. Männer nutzen diese Hilfs- und Unterstützungsquelle reichlich – und häufig ohne die entsprechende Gegenleistung. Ehemänner oder Lebenspartner sind zum Beispiel bei schweren Erkrankungen ihrer Frauen nur selten eine wirkliche Hilfe. Sie fahren allenfalls ihre Frauen in die Klinik, aber mit hinein kommen sie selten. Viele begleiten ihre (Ehe-) Frauen noch nicht einmal zur Beratung, lassen sie alles alleine durchstehen und meiden eher das Krankenhaus im Unterschied zu den (Ehe-) Frauen, die ihre Männer bei Krebserkrankungen fast immer bei Arztbesuchen begleiten, sich fachkundig machen und, was den Umgang mit Kranken anbetrifft, oft besser Bescheid wissen als junge Assistenzärzte (Kessler 1998).

Wenn Männer Hilfe akzeptieren und sich jemandem anvertrauen, dann nur den engsten weiblichen Familienmitgliedern, Frauen dagegen suchen und erhalten ihrerseits Hilfe und Unterstützung, Trost und Ermutigung eher von außerhalb. Da Frauen offener und mitteilsamer sind und weniger Hemmungen haben als Männer, eigene Rat- und Hilflosigkeit zuzugeben, geben sie nicht nur mehr, sondern bekommen auch mehr Unterstützung – von Frauen. Frauen sind das »dominierende alltägliche Hilfereservoir« (Schmerl und Nestmann 1991).

Wie kommt es, daß Frauen einerseits mehr Unterstützung erhalten, sich andererseits aber unwohler fühlen als Männer und über mehr Beschwerden klagen? Die Antwort darauf gibt die Social Support-Forschung (Schmerl und Nestmann 1991; Nestmann und Schmerl 1990; Lazarus 1993). Frauen haben aufgrund der komplexeren Anforderungen an die weibliche Rolle mehr psychische Belastungen als Männer, sie nehmen diese deutlicher wahr als Männer, leiden mehr darunter und verschaffen sich daher ein Mehr an Unterstützung. Aber das, was sie bekommen, ist noch nicht genug, es reicht nicht aus, um ihre Beschwerden wirklich zu lindern. Insgesamt gesehen, geben Frauen immer noch mehr Unterstützung für andere, als sie selbst erhalten. »Frauen (ver-)brauchen mehr Social Support, weil sie mehr Social Support leisten« (Nestmann und Schmerl 1990).

Im allgemeinen weisen Ehemänner eine bessere Gesundheit auf als alleinlebende Männer, sie verüben weniger Selbstmorde, konsumieren weniger Drogen und ernähren sich besser. Ehefrauen dagegen profitieren gesundheitlich nicht von der Ehe. Dies trifft besonders auf verheiratete Frauen mit Kleinkindern zu, die in einer Zeit hoher familiärer Arbeitsanforderungen unter hohen psychischen Belastungen leiden und nur wenig Hilfe und Unterstützung von ihren Ehemännern erhalten. Ein weiterer Unterschied zwischen Frauen und Männern besteht darin, daß Frauen Belastungen und Streß von nahen Angehörigen sich stärker zu eigen machen als Männer. Sie erleben ihn hautnah und zusätzlich zu ihrem eigenen Streß mit und müssen sich dann häufig genug und gerade auch von Männern noch den Vorwurf gefallen lassen, sie würden sich überall »hineinhängen«, »einmischen« oder auch »hineinziehen lassen« (Nestmann und Schmerl 1990).

Fazit

Wenn man unter Gesundheit und Gesundheitsförderung den pfleglichen und sorgsamen Umgang mit dem eigenen Körper versteht und die Fähigkeit, Körpersignale rechtzeitig wahrzunehmen, dann haben Männer ein anderes Gesundheitsverhalten als Frauen. Sie achten weniger auf ihren Körper, nehmen Körpersignale – wenn überhaupt, dann verspätet – wahr, halten sich für gesund und unverwundbar und tun daher weniger zur Aufrechterhaltung ihrer Gesundheit. Im Gegensatz zu Frauen sind sie es auch nicht gewohnt, ihren Körper in den Blickpunkt der Wahrnehmung und Aufmerksamkeit zu stellen, sondern eher darin geübt, über ihn hinwegzugehen. Die Bedeutung, die sie körperlicher Attraktivität beimessen, ist wesentlich geringer als bei Frauen.

Was gutaussehend heißt, wie Schönheit definiert wird, welche Gestaltungsmacht Männer und Frauen über ihre Körper besitzen und besitzen sollen, wo die Grenzen körperlicher Veränderung liegen, darüber gehen die Meinungen auseinander. Fest steht, daß Männer und Frauen einen großen Anteil an der Verantwortung für ihren Körper besitzen und nicht kritiklos Körperkorrekturen vornehmen lassen sollten, nur um einem gerade aktuellen Schönheitsideal zu huldigen (Guggenberger 1994; Vogt 1994). Der Kult um den schönen Körper, dem keineswegs nur Jugendliche, sondern ebenfalls Männer und Frauen im Erwachsenenalter huldigen, ist ungebrochen bis hin zur maßlosen Übertreibung des antiken Körperideals. Zwischen Ideal und Tyrannei des makellosen Körpers liegt oft nur eine Gratwanderung, die beide Geschlechter beschreiten, weil sie der »Verführung nach Maß« erliegen (Hersey 1998)

Frauen wurde es immer schon zugestanden, ihren Körper mit Schönheitsprodukten zu pflegen, Männer haben dies jahrelang weit von sich gewiesen, erst seit einigen Jahren vollzieht sich hier eine leichte Änderung – Parpat (1994) nennt dies die »duftende Emanzipation des Mannes« –, aber immer noch konzentriert sich die Kosmetik- und Werbeindustrie überwiegend auf Frauen. Männer achten zwar auch zunehmend auf ihren Körper, aber sie haben dabei andere Motive als Frauen. Sie gehen in Fitness-Center, Solarien und betreiben Bodybuilding, formen, gestalten und bräunen ihren Körper, doch sie quälen, schinden ihn und schaden ihm häufig eher, als daß sie ihm wirklich Gutes tun. Auch hier wird der Körper wiederum funktionalistisch gesehen, und der Aspekt der Steigerung der Leistungsfähigkeit steht im Vordergrund.

144

Fehlernährung, Drogenkonsum, Bewegungsmangel zählen zu den Risiken, die Männer weit öfter als Frauen eingehen und die zum schlechteren Gesundheitshandeln beitragen. Männer nehmen im Vergleich zu Frauen nicht nur seltener medizinische und psychologische Hilfe in Anspruch – oft dann, wenn es fast schon zu spät ist –, sondern sind auch im Privaten wenig kommunikativ, da sie nur selten die Bereitschaft zeigen, über ihre Gefühle zu sprechen. Es sind wenige Männer bereit, ihren beruflichen oder auch privaten Streß mit fachlicher Hilfe zu bewältigen, Probleme werden daher häufig nicht produktiv gelöst, sondern werden verdrängt und bleiben unterschwellig bestehen. Ihre Strategien der Bewältigung von Streß bestehen oftmals in Vermeidungsstrategien.

Zusammenfassung

Die Erziehung zur Männlichkeit verhindert den freien Ausdruck von Emotionen (»big boys don't cry«), erzieht Jungen dazu, sich selbst zu helfen (»handle it yourself«) und verbietet jedes Verhalten, das auch nur im entferntesten mit weiblichem Verhalten (»don't be a sissy«) verwechselt werden könnte (Stillion 1995). Die Geschlechtssozialisation vollzieht sich subtil und durchdringt das Denken und Fühlen von Männern und Frauen gleichermaßen (Stillion 1995).

Männlichkeit ist eine »soziale Konstruktion«, die von Männern schon in jungen Jahren angestrebt und aktiv hergestellt wird. Sie hat einen negativen Einfluß auf ihre Lebensweise und damit auch auf ihre Gesundheit (Sabo und Gordon 1995). Sie stellt eine Barriere da, die die Ausbildung des so wichtigen Gesundheitsbewußtseins als Voraussetzung für Gesundheitshandeln und Gesundheitsverhalten verhindert. Männlichkeit ist gesundheitlich »kontraproduktiv« (Loosen 1997). Männlichkeit beinhaltet die fatale und für Männer oft letale Vorstellung, daß Männer nicht krank sein, und wenn sie dennoch erkranken, daß sie nicht klagen und auch keine Hilfe suchen dürfen.

Die Gründe für die schwereren Erkrankungen und den frühen Tod der Männer liegen neben genetischen und biologischen Faktoren hauptsächlich im männlichen Rollenverhalten, im alltäglichen Handeln der Männer, ihren Gewohnheiten, Auftretensweisen, ihren kognitiven Überzeugungen und – vor allem – in ihrem distanzierten sozialen und emotionalen Beziehungsverhalten. Ein Modell der Einflußfaktoren besteht demnach aus mehreren Ebenen, die miteinander verbunden sind und aufeinander einwirken. Zwischen allen Ebenen, die den Gesundheitszustand und damit die Lebenserwartung beeinflussen, bestehen Rückkoppelungen (Abb. 20).

Auf diese Weise können Vulnerabilitäten verstärkt oder vermindert werden. Gesundheitlich schädigende oder auch förderliche Einflüsse verdichten sich zu einer Summations- oder auch Kumulationserscheinung und finden

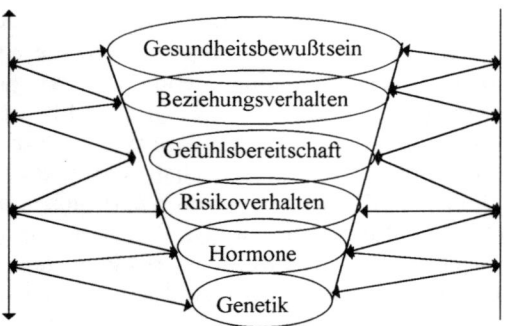

Abb. 20: Einflußfaktoren auf die Gesundheit von Männern und Frauen

ihren Ausdruck im Auftreten oder Fehlen bestimmter Krankheiten bzw. im Ausdruck eines bio-psycho-sozialen Wohlgefühls.

Das Modell geht von der Wirksamkeit genetischer Faktoren aus, die zwar nur den geringsten Teil des Gesamteinflusses ausmachen, jedoch hochwirksam sind, was die Entwicklungs-, Fortpflanzungs- und Alterungsphase anbetrifft. Die maximale Lebensspanne von Männern und Frauen ist genetisch programmiert und kann nicht beliebig verlängert, allenfalls kann durch eine gesunde Lebensführung erreicht werden, daß das Duchschnittsalter von Männern und Frauen erhöht wird. Frauen scheinen diesen Möglichkeitsraum stärker auszuschöpfen als Männer (Eickenberg und Hurrelmann 1997). Wissenschaftler schließen nicht aus, daß auf den X-Chromosomen der Frauen Gene liegen, die für ihre größere Langlebigkeit von Bedeutung sind.

Genetik:
Genetische Faktoren sind zum Beispiel für den frühen Tod männlicher Säuglinge im Mutterleib und kurz nach der Geburt verantwortlich. So macht wahrscheinlich das kürzere Y-Chromosom Jungen anfälliger für auf dem X-Chromosom rezessiv vererbte Krankheiten. Genetische Faktoren setzen ihrerseits andere Einflußfaktoren frei, die die größere Anfälligkeit von Jungen im Kindesalter und die kürzere Lebenszeit von Männern sowie die bessere Gesundheit von Mädchen im Kindesalter und die längere Lebensdauer von Frauen bewirken. In der Fachliteratur wird ebenfalls eine chromosomengebundene Krebsanfälligkeit diskutiert. Die genaue Beschreibung der quantitativen Wirkung genetischer Faktoren ist zur Zeit noch nicht möglich (Eickenberg und Hurrelmann 1997).

Hormone:
Auch biologische Faktoren wie endokrine und hormonelle Prozesse bedingen die Varianz der unterschiedlichen Sterberaten von Männern und Frauen.

146

Testosteron trägt mit zum größeren aggressiven Verhalten der Männer bei, das sich sowohl in der hohen Rate der Suizide als auch in der hohen Rate der Gewalt gegen andere zeigt. Männer genießen auch nicht den hohen Schutz der Frauen durch Oestrogene, die sie vor kardiovaskulären Erkrankungen bewahren, so daß Männer speziell durch diese Krankheiten oft den Tod erleiden. Eine besondere Beachtung kommt dem hormonellen Lebensrhythmus der Frau zu. So tritt zum Beispiel die Menarche immer früher im Leben der Frauen ein, während sich die Menopause weiter ins höhere Lebensalter verschiebt. Dadurch wird die reproduktive Phase einer Frau verlängert. Sehr wahrscheinlich spielen hierbei auch konstitutionelle (Ernährungszustand), ökologische (Umwelteinflüsse) und ökonomische (Sozialstatus) Faktoren eine Rolle. Mit dem Einsetzen des Klimakteriums fällt der Östrogen- und Progesteronspiegel im Blut der Frau stark ab und sinkt im Alter weiterhin kontinuierlich. Beim Mann zeigt sich kein so steiles Absinken des Testosteronspiegels, sondern eher ein konstantes langsames Nachlassen zwischen dem 25. und dem 90. Lebensjahr.

Risikoverhalten:
Alle weiteren Ebenen hängen sehr stark mit für Männer und Frauen unterschiedlichen Erwartungs- und Rollenmustern zusammen, die über Erziehungs- und Sozialisationsprozesse an beide Geschlechter herangetragen werden. Diese Rollenmuster beeinflussen das kognitive, emotionale und soziale Verhalten von Männern und Frauen und führen nicht nur zu unterschiedlichen Lebensstilen, sondern auch zu unterschiedlichen gesundheitsrelevanten Verhaltensweisen.

Das Risikoverhalten, das gerade Männer aufweisen und das sich in harter körperlicher Arbeit, in hoher Unfallhäufigkeit, in gewagten und gefährlichen Freizeitgewohnheiten zeigt, erklärt zu einen großen Teil ihren frühen Tod, denn Männer schonen ihren Körper nicht, sie rauchen und trinken mehr als Frauen und konsumieren mehr Drogen – legale und illegale. Sie verhalten sich in ihrer Freizeit mutig, sorglos, oft auch tollkühn, sie riskieren ihr Leben in gefährlichen Sportarten, lieben den »Kick«, der sie Grenzerfahrungen machen und ihre Männlichkeit unter Beweis stellen läßt. Im unterschiedlichen Risikoverhalten von Männern und Frauen zeigen sich ihre genetisch-biologischen und auch temperamentmäßig angelegten Unterschiede, die durch Erwartungs- und Rollenmuster kulturell überhöht und verstärkt werden (Huber 1994; Hurrelmann 1996).

Gefühlsbereitschaft:
Aus den Rollenklischees leiten sich nicht nur bestimmte Verhaltensweisen, sondern auch eine bestimmte Art ab, mit Gefühlen umzugehen. Die mangelnde Gefühlsbereitschaft von Männern, ihre emotionale Kontrolliertheit, ihre schon fast sprichwörtliche Schweigsamkeit und ihre Neigung zu Ver-

meidungsverhaltensweisen, wenn es um Emotionalität geht, trägt auch zu einem großen Teil dazu bei, daß Männer so schlecht Belastungen und Ängste zugeben und sich nicht entsprechende informelle und formelle Hilfen suchen.

Beziehungsverhalten:
Aber zu einem noch größeren Teil ist es ihr Beziehungsverhalten in der Familie, das sie in die psychische Isolation treibt und dazu führt, daß sie am Familienleben kaum Anteil haben. Männer setzen in ihrem Leben Prioritäten, und diese sind fast ausschließlich auf den Beruf gerichtet. Daher überlassen sie sämtliche Beziehungspflege zu Verwandten, selbst zu ihren eigenen Eltern, zu Bekannten und Freunden häufig ihren Ehefrauen. Hinzu kommen noch ihre homophobischen Ängste, die dazu beitragen, daß Männer sich Männern gegenüber nicht öffnen, Sorgen und Nöte für sich behalten, keine wirklichen Freunde besitzen und eigentlich nur oberflächliche Kontakte haben. Die größere Beziehungsfähigkeit von Frauen wirkt wie ein soziales Immunsystem, übt eine protektive Wirkung aus und stellt einen Schutz gegen Erkrankungen dar. Eine solche Wirkung ist für Männer nicht nachweisbar. Die fehlende adäquate Unterstützung geht mit einer erhöhten Mortalität bei Männern einher (Klotz, Hurrelmann und Eickenberg 1998).

Gesundheitsverhalten:
Die geschlechtsspezifischen Lebensstile wie das Risiko- und das Beziehungsverhalten sowie die gesundheitsrelevanten Verhaltensweisen basieren ebenfalls auf männlichem und weiblichem Rollenverhalten. Viele Männer haben ein ausgesprochenes schlechtes Gesundheitsverhalten, sie essen und trinken oft übermäßig, leiden gerade in jüngerem Alter an Fettsucht, glauben fest und unerschütterlich an ihre Gesundheit und spüren oftmals nicht die ersten Symptome einer heraufziehenden schweren Erkrankung. Sie sind nur schwer dazu zu bewegen, Vorsorgemaßnahmen einzuhalten, und sie tun wenig, um ihre Gesundheit präventiv zu erhalten. Durch ihre Rollenzwänge werden Männer oft in Spannungssituationen gebracht, die Ursache für Streß und Ausgangspunkt für ein geschwächtes Immunsystem sein können. Sie haben ihre eigenen Gesundheitsüberzeugungen, und lassen sich auch von Angeboten zur Förderung von Gesundheit nur selten zur Teilnahme motivieren. Werden Männer in derselben Art zur Männlichkeit sozialisiert wie bisher, dann riskieren sie weiterhin, eines vorzeitigen Todes zu sterben.

Historische Lektionen und Schlußfolgerungen für die Zukunft:
Wieviele »K's« brauchen Männer und Frauen?

1. Sind die alten Bilder von Männlichkeit und Weiblichkeit noch gültig?

Es gibt heute eine große Vielfalt von Bildern, Vorbildern und Orientierungs-mustern für den Mann und die Frau. Bilder von starken Männern und Frauen existieren nebeneinander und haben sich im Laufe der Geschichte der Menschheit entwickelt, verloren kurzfristig an Bedeutung, wurden von anderen abgelöst und tauchten wieder auf. Sie waren jedoch immer mit der unterschiedlichen Bedeutung von Mann und Frau verbunden und hingen stets wesentlich mit der Geschichte der Geschlechterdifferenz zusammen. Der schöne Körper, männlich oder weiblich bzw. androgyn, und die Her-vorhebung seiner Geschlechtsmerkmale ist auch heute noch allgegenwärtig in Sport, Mode, Film, Kunst, Medien und Werbung. Er erscheint keineswegs als überflüssig oder entbehrlich, sondern trägt entscheidend zur Identitäts-bildung von Männlichkeit und Weiblichkeit bei. Mann oder Frau sein, sich weiblich oder männlich fühlen, ist stets an einen äußerlich weiblich oder männlich wirkenden Körper gebunden.

1.1 Die Zuschreibung von Mann und Frau – naturgegeben und unveränderbar?

Die Zweigeschlechtlichkeit durchdringt mit dem Chromosomenpaar XX oder XY jede Zelle des menschlichen Körpers und prägt nicht nur das äu-ßere Erscheinungsbild, sondern meistens auch – und das in einem längeren Prozeß – das innere Empfinden. Dabei stellt sich die Frage, ob der Körper oder die Psyche die Basis für das Gefühl der Geschlechtszugehörigkeit ab-gibt (Butler 1991; Hirschauer 1996).

Geschlechtzuschreibung

Geschlechtszugehörigkeit ist sichtbar. Ausgangspunkt für die Geschlechts-bestimmung eines Neugeborenen sind seine Genitalien. Sie sind jedoch nicht nur aufgrund ihrer Gestalt Geschlechtzeichen, sondern aufgrund ei-ner Zuschreibungspraxis und Konvention im Kontext einer bestimmten kulturellen Wirklichkeit sowie aufgrund des biologischen Wissens um Geschlechtsunterschiede, die naturhaft, unverlierbar und dichotom angelegt sind (Hirschauer 1996).

Geschlechtsempfinden ergibt sich aus einer Vielzahl von interaktiven zwischenmenschlichen Verhaltensweisen wie Attributionen (d. h. Fremdzuschreibungen) und Eigendarstellungen (d. h. Präsentation und Visualisierung) des Körpers mithilfe von Körpermerkmalen einerseits und Requisiten (Bekleidung) andererseits sowie Verhaltensweisen, Handlungen und Habitus (Goffmann 1971). So gibt es Zeiten und Orte, wo sich Männer und Frauen nicht aufhalten sollten oder sich aufhalten dürfen, es gibt gewisse Sportarten, die nur Männern vorbehalten sind, und die Mode diktiert und reserviert Farben, Schnitte und Kleidungsstücke für Männer und Frauen getrennt (Zustiege 1998).

Geschlechtsdarstellungen sind Sichtbarmachung von Geschlechtsrollen in konventioneller und ritualisierter Form (Goffmann 1981). Sie sind Antwort auf vermutete Fremderwartungen und betonen die gesellschaftliche Bedeutung der Unterscheidung zwischen Mann und Frau. Darstellung und Attribution sind aufeinander eingespielte und wechselseitig sich ergänzende Interaktionen, um Geschlechtszugehörigkeit wahrzunehmen, darauf entsprechend zu reagieren und um sie zu zeigen und aufrechtzuerhalten.

Geschlechtszugehörigkeit ist damit einerseits an einen Körper mit seinen Geschlechtsmerkmalen gebunden, andererseits jedoch an eine besondere Art zu denken, zu fühlen, zu sprechen, sich zu bewegen. Menschliches Verhalten ist ein Repräsentationsmedium, das über das Geschlecht – entweder Mann oder Frau – sichtbar Auskunft gibt und damit zu unterschiedlichen Handlungsspielräumen, Machtressourcen und Verhaltensmöglichkeiten führt (Hirschauer 1989).

Die Bekanntschaft zweier Menschen und ihr Kennenlernen als Mann oder Frau sowie ihr Verhalten zueinander wird ganz wesentlich von ihrer äußeren Erscheinung geprägt. Die Verunsicherung setzt dann ein, wenn das Erkennen des Geschlechts an äußeren Attributen nicht sofort möglich ist. Jungen und Mädchen protestieren vehement, wenngleich Mädchen auch etwas abgeschwächter, wenn sie fälschlicherweise für ein Mädchen oder einen Jungen gehalten werden, und auch Frauen und Männern ist es unangenehm, wenn sie irrtümlicher mit »Herr« oder »Frau« angesprochen werden. Irritationen über Uneindeutigkeiten des Geschlechts entstehen immer dann sehr leicht, wenn Modeströmungen Geschlechterdifferenzen nicht betonen, sondern verwischen (Kolip 1997a).

Ausgrenzung von sexuell anders orientierten Menschen

In der Darstellung des Mannes wurde jahrhundertelang seine Sexualität ausgegrenzt und statt dessen seine gesellschaftliche Stellung betont. Der wahre Mann grenzte sich nicht nur gegenüber der Frau ab, sondern auch gegenüber männlichen Anti-Typen wie dem »weibischen Mann«. Männlichkeit wurde zum Typus, Weiblichkeit zum Antitypus erhoben. Die Gesellschaft brauchte offensichtlich Anti-Typen, um ihre Ideale von Männlichkeit aufrechtzuerhalten. Typ und Anti-Typus schlossen sich gegenseitig aus, je mehr der eine ausgegrenzt wurde, desto mehr konnte sich der andere etablieren. Ganz besonders standen Homosexuelle im Zentrum von Abwertung und Verachtung. Ihnen wurde das zugeschrieben, was sich »wahre Männer« (scheinbar) versagten, nämlich Genuß und Sexualität. Der homosexuelle Mann wurde zum Gegenbild des heterosexuellen Mannes (Theweleit 1986; Mosse 1997)

In der Geschichte der Menschheit war die Nichtakzeptanz gegenüber einer Minderheit von Menschen, die andere sexuelle Präferenzen als die Mehrheit hatten, die gleichgeschlechtliche Menschen liebten und eine gleichgeschlechtliche Partnerschaft anstrebten und damit aus der heterosexuellen Norm unserer Gesellschaft ausbrachen, schon immer sehr groß.

Homosexuelle:
Homosexuelle Männer fühlen sich nicht »unmännlich«, auch wenn sie von heterosexuellen Männern so gesehen werden, sondern erleben ihr eigenes Mannsein, das sie selbst voll akzeptieren, im Spiegel eines anderen Mannes. Schellenberg (1991) nennt diesen Vorgang Spiegelkommunikation. Homosexuelle Männer wurden jahrhundertelang – abgesehen von der Männer- und Jünglingsliebe in der Antike – verfolgt, diskriminiert und geächtet, und erst ganz langsam ändert sich die Einstellung der Mehrheit in Richtung einer Akzeptanz. Homosexuelle Männer und Frauen suchen sich im Gegensatz zu heterosexuellen Menschen nur einen gleichgeschlechtlichen Lebens- und Liebespartner und wollen mit ihm ähnlich wie heterosexuelle Menschen ein glückliches und ausgeglichenes Leben führen. Sie sind mit ihrem biologischen Körper zufrieden und akzeptieren ihn, oftmals huldigen sie – dies trifft besonders auf männliche Homosexuelle zu – geradezu einem Körperkult und pflegen ihren Körper liebevoll. Homosexualität als sexuelle Orientierung unter Männern und unter Frauen wird zunehmend nach außen gelebt und akzeptiert, den Paragraphen 175 gibt es seit 1994 nicht mehr, gleichgeschlechtliche Partnerschaften und Ehebeziehungen zwischen Männern einerseits und Frauen andererseits sind zwar in Deutschland noch nicht rechtlich verankert, jedoch in den skandinavischen Ländern und in Holland schon gang und gäbe.

Transvestiten:
Einige Männer – Transvestiten – haben eine besondere Vorliebe dafür, sich als Frauen zu verkleiden. Sie leben diesen Trieb meistens zeitlich begrenzt, zu bestimmten Tages- oder Nachtzeiten aus und führen ansonsten unauffällig ein Leben als Mann. Manche Männer wirken als weibliche Wesen recht

überzeugend, anderen wiederum geht es nicht darum, möglichst echt auszusehen (Maricevic/Goldberg 1995). Transsexuelle können in der Kindheit
oder Pubertät beim Anlegen weiblicher Kleidung eine sexuelle Stimulierung
erfahren, später aber empfinden sie überwiegend ein Gefühl der Geborgenheit und »innerer Harmonie«. Sie »spielen« damit, beide Geschlechter beliebig darstellen und in die Rolle des anderen schlüpfen zu können, wohl wis-
send, daß sie einem bestimmten – dem männlichen – Geschlecht angehören.
Obwohl äußerlich Frau, haben sie stets den Beweis der Männlichkeit – ihre
Genitalien – bereit (Stoller 1968; Ovesey und Person 1993).

Transvestiten empfinden sich primär als männlich, auch wenn sie eine
weibliche äußere Identität annehmen. Sie unterscheiden sich weder biologisch noch hormonell von heterosexuellen Männern, und ihr Geschlechts-
trieb ist auf Frauen gerichtet. Sie sagen von sich, daß sie eine besondere Fähigkeit hätten, sich in die Psyche von Frauen hineinzuversetzen, aber sie lehnen es ab, homosexueller Impulse verdächtigt zu werden. Viele sind verheiratet und haben Kinder.

Die Übergänge zwischen feminisierten Homosexuellen, die sich ebenfalls gern weiblich kleiden und ihrer Neigung oft einen parodistischen
Einschlag geben, und Transvestiten sind fließend. Während es sowohl
homosexuelle Männer als auch Frauen gibt, findet man unter Transvestiten nur selten Frauen, die einen »unwiderstehlichen Drang« verspüren,
sich als Männer zu verkleiden. Männliche Bekleidung für Frauen entspricht einem Modetrend und steht in unserem Kulturkreis in Einklang
mit akzeptierten Gewohnheiten (Hertoft 1989). Dies war keineswegs immer so. Das »cross-dressing« war schon in der Bibel verboten, die Heilige
Johanna von Orleans (zw. 1410/12–1431) erregte durch ihre Männerkleidung und ihr Auftreten als »Soldat« öffentlich Anstoß, nur im Theater
durften (und mußten) jahrhundertelang Frauenrollen von Männern gespielt werden.

Auch heute ist es nur auf Maskenbällen und im Karneval den Männern
und Frauen uneingeschränkt erlaubt, in eine gegengeschlechtliche Verklei-
dung zu schlüpfen, und man genießt die Verwirrung, die dann entsteht,
wenn man nicht genau erkennen kann, wen man vor sich hat, ob einen
Mann oder eine Frau. Im Theater und Film wird mit den Rollenklischees
gespielt, meistens sind es Komödien (»Some like it hot« oder »Tootsie«),
häufiger Filme mit ernsten und dramatischem Hintergrund (»M. Butter-
fly« oder auch »Leb wohl, meine Concubine«), welche auf die Problematik und Tragik derjenigen hinweisen, die Geschlechtsrolle und Geschlechtsrollenverhalten nicht in Einklang bringen können. Männer und
Frauen reagieren unterschiedlich auf Verkleidungen: Männer empfinden
Frauen in Männerkleidung oft sexuell erregend (Marlene Dietrich in den
Filmen »Marocco« oder in »Der blaue Engel«), Frauen dagegen fühlen
sich durch Männer in Frauenkleidung selten stimuliert, eher unbehaglich.

152

Transsexuelle:
Die Paradoxie von Geschlechtsempfinden und äußerer Geschlechtszugehörigkeit wird in den Transsexuellen deutlich, die ein starkes Mißverhältnis zwischen ihrem biologischen Geschlecht – ihrem Körper – und ihrem Empfinden spüren, diesem Geschlecht auch wirklich anzugehören (Lindemann 1993b). Zu ihnen zählen Männer und Frauen gleichermaßen. Ihre Verwirrung, ihre Qual, ihr Unglück und das Gefühl darüber, in einen falschen Körper hineingeboren zu sein, kann groß sein und dauert so lange an, bis sie den »Irrtum der Natur« hormonell, operativ und kosmetisch korrigiert und damit eine Übereinstimmung zwischen ihrem Geschlechtszugehörigkeitsempfinden und ihrem körperlichem Erscheinungsbild hergestellt haben.

Das Problem von männlichen und weiblichen Transsexuellen ist die Sichtbarmachung ihres Geschlechtsempfindens, die nur durch eine Operation ermöglicht werden kann. Transsexuelle lehnen meistens ihren Körper total ab, möchten ihn verlassen und haben den intensiven Wunsch, das äußere Geschlecht zu wechseln und eine Geschlechtsumwandlung vornehmen zu lassen (Hertoft 1989). Erst die komplette Umwandlung des Körpers und seine Angleichung an das Geschlechtsempfinden führt dazu, daß Transsexuelle mit ihrem Körper ins reine kommen und von anderen Menschen als der oder die angesprochen und angesehen werden, als der oder die sie sich selbst sehen und empfinden. Das Wissen allein um die Geschlechtsidentität ist nicht genug, sie muß offensichtlich und für andere sichtbar gemacht werden.

Wie Hirschauer beschreibt (1989, 1996), müssen Transsexuelle nach erfolgter Operation und im Stadium des Wechsels ein hartes Training in verbalem Ausdruck, Gestik, Mimik, Auftreten und allgemeinem Habitus absolvieren, um ihre neue äußere Geschlechtszugehörigkeit überzeugend darstellen zu können. Sie haben sich von ihren angeborenen Genitalien getrennt, um sich die »kulturellen Genitalien«, d. h. die Insignien der Geschlechtszugehörigkeit anzueignen (Kessler/McKenna 1978).

Transsexuelle müssen bei der Aneignung der Verhaltensweisen des gewünschten und gefühlten Geschlechts in kurzer Zeit ein Rollenverhalten lernen, das sie jahrzehntelang nicht praktizieren durften, weil es nicht zu ihrem Körper paßte, und das sie nun auf einmal in allen Nuancen überzeugend zeigen dürfen. Es handelt sich dabei um einen »kulturellen Assimilationsprozeß«, der Zeit braucht und einer guten psychischen Konstitution bedarf, die nicht immer gegeben ist. Auch diejenigen Personen, Verwandte und Bekannte, die den Geschlechtswandel miterlebt und begleitet haben, müssen sich von ihren alten Attributionen verabschieden und auf das neue Geschlecht angepaßte herstellen. Gerade hierin zeigt sich die interaktive Konstruktion von Geschlechtszugehörigkeit und Geschlechtsempfinden (Hirschauer 1989).

Männlichkeit und Weiblichkeit zu leben und darzustellen, ist für alle Menschen – und insbesondere für Transsexuelle – nicht einfach. Stellen sie ihr Geschlecht zu deutlich dar, erscheinen sie suspekt und erregen Miß-trauen, stellen sie es zuwenig dar, wird ihre Identität nicht deutlich, und sie stiften bei ihrem Gegenüber Verwirrung. Die Aneignung der Kompetenzen, das eigene Geschlecht gut darzustellen, vollzieht sich in einem Zeitraum von mehreren Jahren. Wie schwierig es ist, Verhaltensweisen des anderen Ge-schlechts darzustellen, zeigt sich bei Schauspielerinnen und Schauspielern, die gegengeschlechtliche Personen oft übertrieben darstellen, so daß ihr Spiel unecht und übertrieben wirkt.

Männer- und Frauenbilder oder Bilder von Männlichkeit und Weiblich-keit basieren stets auf einer »genitalen Legitimation«, d. h. ein Mann und eine Frau können nur dann legitime Darsteller von Männern und Frauen sein, wenn sie die genitale Berechtigung dazu haben, d. h. wenn die Einheit von Körper (mit seinen genitalen Attributen) und Geist (im Sinne von Ge-schlechtsidentität) gegeben ist (Hirschauer 1989). Aber auch dann ist es im-mer noch schwierig für sie, und viele Transvestiten und Transsexuelle kön-nen letztlich Geschlecht und Geschlechtsrollenverhalten doch nicht in Ein-klang bringen, so daß sie häufig an Depressionen leiden und eine hohe Suizi-drate aufweisen (Maricevic/Goldberg 1995).

1.2 Manneskraft und Frauenpower

Der amerikanische Sozialhistoriker Mosse (1997) hat die tiefverwurzelten gesellschaftlichen Klischeevorstellungen über Männer und Männlichkeit be-schrieben. Seine Analyse zeigt, daß sich das normative Bild des Mannes, so wie es sich seit der Antike herausschälte, überwiegend bis heute erhalten hat. Das gilt sowohl für die Ansichten über die körperliche Schönheit beim Mann – kraftvoll, stark und muskulös –, bis hin zu seinen Tugenden – diszi-pliniert, strebsam und ausdauernd. Ein labiler Zustand von Körper und Geist war mit dem Ideal von Männlichkeit nicht zu vereinbaren (Mosse 1997)

Das männliche Schönheitsideal

Die bloße Reduktion auf einen Körper einerseits sowie auf einen Geist ande-rerseits hat in der Geschichte der Menschen noch nie den Vorstellungen von Schönheit entsprochen. Im Gegenteil, es galt stets das antike Ideal von der Einheit von Körper und Geist in *einem* Menschen. Allerdings gab es auch die philosophische Tradition, angefangen mit Platon (427 v. Chr.–347 v. Chr.) über Descartes (1596–1650), Husserl (1859–1938) und Sartre (1905–1980), in der eine Unterscheidung zwischen Geist und Körper vorgenom-men wurde, wobei der Geist stets den Körper zu unterwerfen trachtete. Die

Geist/Körper-Unterscheidung und die Assoziation ›Geist gleich Männlichkeit‹ und ›Körper gleich Weiblichkeit‹ haben – wie Butler (1991) schreibt – die Geschlechterhierarchie produziert.

Das Äußere galt zugleich als Spiegel des Inneren. Körper, Geist, Schönheit, Erhabenheit, Anmut und Gesundheit verkörperten das Männliche schlechthin. Der schweizerische Philosoph Johann Kaspar Lavater (1741–1801) glaubte, Ausprägungen der Seele in Merkmalen des Gesichts und des Körpers erkennen zu können. Seine Theorie über den verborgenen, jedoch in Physiognomie und im Körperbau des Menschen sichtbar werdenden Charakter betonte die Einheit von Sichtbarem und Unsichtbarem und wertete das Äußere als Visualisierung von Geist und Moral. Er machte dabei keinen Unterschied zwischen Männern und Frauen. Der Archäologe und Kunstkritiker Johann Joachim Winckelmann (1717–1768) erhob die antike Bildhauerei zum Primat der Kunst und trug dadurch nicht unerheblich dazu bei, den männlichen nackten Körper (z. B. Apollo vom Belvedere) zu glorifizieren und seine Schönheit zu preisen (Mosse 1997).

Zum männlichen Schönheitsideal gehörten in kunstgeschichtlichen Abbildungen auch und besonders die Augen und die Hände des Mannes, sein gezielter und wacher Blick sowie seine entschiedene Geste. Muskelstränge, Sehnen und Adern kennzeichneten seine Arme und Beine. Kopf- und Körperhaltung erweckten den Eindruck von Bewegung, Aktion und Aktivität, zugleich von Entschlußkraft und Willensstärke. Damit wurde stets die gesellschaftliche Stellung des Mannes unterstrichen. Männer waren die Starken und Erfolgreichen (Pätzold 1987), die oft mit Hilfe von Metaphern aus vermenschlichten Tierwelten (Löwe, Adler, Stier, Bär), aus Architektur (Turm, Säule) beschrieben und später mit Symbolen der Technik belegt wurden (Guggenberger 1997).

Das Bild des Mannes war jahrhundertelang geprägt von Ritter- und Heldentum, Mut, Furchtlosigkeit und Ehre. Die historische Verkörperung dieses Männlichkeitsideals fand in den mittelalterlichen Zweikampftraditionen und im Duell bis ins 20. Jahrhundert hinein seinen höchsten Ausdruck. »Ehrenmänner« waren diejenigen, die Konflikte nicht scheuten, bei Kränkungen und Beleidigungen Selbstdisziplin und Kaltblütigkeit bewiesen sowie oftmals in den besten Jahren ihres Lebens im Namen der Ehre in ritualisierter Form die Nähe zum Tod suchten. Aristokratische Ehrenhändel wurden von studentischen Ehrenkodizes, den Comment-Regeln studentischer Verbindungen und ihren Mensuren oder auch Paukereien ergänzt, modifiziert bzw. ersetzt und gelten bis heute immer noch als Mutproben in den Vorstellungen vieler männlicher Studenten. So mancher ehemalige Corpsstudent und »alter Herr« blickt nicht nur stolz auf seine Mitgliedschaft in einer schlagenden Verbindung zurück, sondern auch darauf, den Mensurplatz ohne Angst betreten und im Fechtkampf den Hieben seines »Paukbruders« ohne Zeichen von Schmerz standgehalten zu haben: ein Ritter ohne Furcht und Tadel (Frevert 1995a).

Zum Männlichkeitsbild gehört bis heute die Sportlichkeit und der durchtrainierte Körper. Schon in der Antike spielten Körperkraft und Körpertraining ein große Rolle. Inbegriff des sportlichen Wettkampfes und der sportlichen Ertüchtigung waren die Olympischen Spiele, die von 776 v. Chr. bis 393 n. Chr. unter ausschließlich männlicher Beteiligung stattfanden. Seit 720 v. Chr. traten die männlichen Sportler nackt auf und huldigten auch auf diese Weise dem männlichen Schönheitsideal. Im 4. Jahrhundert n. Chr. endeten die Olympischen Spiele und wurden erst wieder 1896 aufgegriffen. Seit 1900 dürfen auch Frauen an den internationalen Wettkämpfen teilnehmen. Der alte Wahlspruch »fortius, altius, citius« stellte das Motto des Wiederbegründers der Olympischen Spiele, des Barons Pierre de Coubertin (1863–1937) dar und stand für den Willen und die Bereitschaft der Sportler, immer bessere Leistungen zu erbringen.

Auch wenn Stärke und Überlegenheit des Mannes Bestandteil der Idealkonstruktion von Männlichkeit waren und sich damit gegenüber Weiblichkeit abgrenzte, so hat es doch zugleich auch immer schon Tendenzen gegeben, die überlegene Position des Mannes in der Beziehung zur Frau zu unterminieren und das Geschlechterverhältnis umzukehren. In der Ikonographie Mitte bis Ende des 19. Jahrhunderts war es beliebt, den Mann als (Liebes-)Narr, liebestollen Greis, Hampelmann und Marionette in der Hand der verführerischen und sinnlichen Frau darzustellen. Teils unterzogen sich Männer einer selbstkritischen humorvollen und persiflierenden Sichtweise und machten sich damit bewußt zum Gespött, teils drückten sie damit aber auch gleichzeitig unterschwellige Ängste und Unsicherheiten aus. Immer wieder sah sich der Mann in seiner Männlichkeit bedroht und den Gefahren des sexuellen Begehrens der Frau ausgesetzt. Er befürchtete, Weiberlisten zu erliegen, zum eitlen und narzißtischen Dandy zu werden und nicht mehr Herr des Geschehens zu sein. Die Künstler – überwiegend Männer – stellten augenzwinkernd, aber gleichzeitig auch warnend das Ungenügen und die Lächerlichkeit ihrer Geschlechtsgenossen dar, die hilflos in weiblichen Fängen zappelten und die Macht aus den Händen gaben (Schmidt-Linsenhoff 1987).

In Karikaturen, Photographien, Gemälden und Blättern wurden das Hampelmann- und Marionetten-Motiv immer wieder bemüht, um einerseits selbstkritisch den männlichen Masochismus anzuprangern, sich ihm andererseits aber auch gerade wieder dadurch genüßlich hinzugeben. Wer wen am Gängelband zu führen glaubte, wer tatsächlich Siegerin oder Besiegter war, blieb letztlich offen. Vielleicht handelte es sich bei diesen selbstkasteienden Unterwerfungsgesten der Männer auch nur um ein Auskosten von scheinbarer Schwäche, die in Wirklichkeit Stärke war, denn nur diejenigen können eigene Schwächen zugeben und öffentlich geißeln, die stark sind und über den Dingen stehen. Von einer wirklichen Geschlechterumkehr, was Macht- und Besitzverhältnisse anbetraf, konnte also keine Rede sein. Somit waren die selbstironischen Darstellungen von Männlichkeit nur eine weitere Variante eines lustvoll masochistischen Gesellschaftsspiels zwischen Mann und Frau, in dem es den Männern gefiel, sich vorübergehend in einer Rolle zu sehen, von der die Schauspielerin Marlene Dietrich (1901–1992) in dem Film »Der blaue Engel« singen konnte, daß die Männer sie »umschwirren wie die Motten das Licht« (Schmidt-Linsenhoff 1987).

Männlichkeit und Weiblichkeit – lebenszerstörend und lebensbewahrend?

Im Laufe der Jahrhunderte waren Stärke und Härte immer schon Bestandteil des Männlichkeitsideals gewesen. Kriege vertieften diese Komponenten der Maskulinität. Der Erste Weltkrieg wurde zum Beispiel als »gigantische Mutprobe« angesehen (Frevert 1995a, 296). Das Gefühl, erst durch den Krieg frei und ein richtiger Mann zu werden bzw. geworden zu sein, wurde von vielen Kriegsteilnehmern geteilt. Selbst nach der Niederlage schrieb der Schriftsteller Ernst Jünger (1895–1998), daß der Krieg Männer aus Stahl entlassen hätte; Männer mit geschmeidigen, schlanken, muskulösen Körpern, eindrucksvollen Gesichtern und mit Augen, die Tausende von Toten gesehen hätten. Die ideale Verkörperung des Mannes wurde in der Rolle des Jagdfliegers gesehen, in dem sich Abenteuergeist, Schlachtfähigkeit, Einzelkampf und Heldentum bündelten. Hinzu kam die Beherrschung der Technik, die selbstverständlich nur vom Manne geleistet werden konnte. Im Krieg, d. h. in der Nähe zum Tode konnte sich der Mann bewähren. Nicht lebensbewahrend, sondern lebenszerstörend schien seine Bestimmung ganz im Gegensatz zu der der Frau zu sein.

Tendenzen in den 20er und 30er Jahren warfen ihre Schatten voraus und deuteten daraufhin, daß das maskuline Stereotyp die Oberhand behalten und weiterhin versuchen würde, sich gegenüber allem »Unmännlichen« abzugrenzen. Der Typus Mann etablierte sich als Teil einer Rasseideologie im Nationalsozialismus, der die Verherrlichung der Maskulinität auf die Spitze trieb. Die Idee eines neuen »faschistischen Mannes« wurde geboren und die Glorifizierung des männlichen Körpers und seines athletischen Ausdrucks wieder aufgegriffen. Ziel des faschistischen Gedankengutes war der in Kadettenanstalten und Kasernen gestählte, harte, kriegstüchtige und einsatzbereite Mann, der bereit war, sein Leben für das Vaterland zu geben. Das Ich des soldatischen Mannes ließ keine Gefühle zu, sondern war geprägt von Heldentum und Opferbereitschaft. Der faschistische Staat – ein Männerstaat – propagierte hauptsächlich die Ausstrahlung und körperliche Ausdruckskraft des Mannes und stellte ihn in den Dienst »bewährter« patriotischer Vorstellungen wie Vaterlandsliebe, Kameradschaft, Männerbündnis und Kriegsbereitschaft. Der Nationalsozialismus bediente sich des alten Ideals von der Einheit des Körpers und Geistes und ließ durch seine damals anerkannten – heute eher kritisch gesehenen – Bildhauer und Künstlerinnen wie

Joseph Thorak (1889–1952), Arno Breker (1900–1991) und Leni Riefenstahl (geb. 1902) in monumentalen Plastiken und Photographien und Filmen die Schönheit vor allem des männlichen Körpers preisen (Theweleit 1986).

Der deutsche Mann zeichnete sich durch seinen kräftigen Körperbau, seine Größe, blonden Haare, blauen Augen und seine körperliche Ertüchtigung aus. Männlichkeit, männliches Erbgut und männliche Zeugungsfähigkeit sowie Weiblichkeit, Gebärfreudigkeit und Mutterdasein waren die an den deutschen Mann und die deutsche Frau gerichteten Forderungen und Erwartungen. Die normativen Vorstellungen männlicher und weiblicher Schönheit wurden durch Rassentheorie, Rassenideologie und Rassenpolitik bestärkt, die sich ausschließlich auf die arische Rasse bezogen und die jüdische Rasse zum Antityp erhoben.

Die Schönheit und Tugenden der Frauen wurden in einem schlanken, jedoch weiblichen Körper und seiner Ausrichtung auf die Geburt von Kindern gesehen. Die Funktion der Frauen im Dritten Reich bestand vor allem darin, Leben hervorzubringen und zu bewahren. Die Geschichte der Menschheit wurde im Sinne eines Sozialdarwinismus als Kampf aller gegen alle interpretiert, bei dem nur die Stärksten überleben konnten, und entsprechend wurde die Stärke des einzelnen, aber auch die Stärke des ganzen Volkes betont und gefordert. Die Frauen standen den Männern im Lebenskampf zur Seite, ihre Aufgabe war es jedoch in erster Linie, für den Fortbestand des deutschen Volkes zu sorgen. In Einrichtungen der SS wie Lebensborn wurden sie dazu angehalten, Kinder zu empfangen und zu gebären; Kinder, die den nationalsozialistischen Rassekriterien entsprachen. Durch finanzielle Zuwendungen, durch Vergünstigungen aller Art, durch Auszeichnungen, Ordensverleihungen und Mutterkreuze sollte die Motivation von Frauen, Kinder in die Welt zu setzen, gestärkt werden. Damit wurden die Frauen wieder auf ihre biologische Funktion reduziert. Der Zugriff des Staates reichte bis in die Intimsphäre der Frauen und Männer hinein. Durch Beeinflussung und Manipulation wurde erreicht, daß sich der einzelne ganz in den Dienst des Staates stellte, der Mann sich zum Krieg bereithielt, die Frau zum Gebären von Kindern.

Die Erfolge der Frauenbewegung

Die Frauen haben sich langsam – seit Mitte des 19. Jahrhunderts bis heute, unter vielen Rückschlägen und Rückschritten – die Gleichberechtigung auf ökonomischem, politischem, sozialem und kulturellem Gebiet erkämpft. Als Gründerin der organisierten Frauenbewegung gilt Luise Peters (1819–1895), deren Ideale einem humanistisch-aufklärerischem Konzept folgten und nicht nur dem Fortschritt der Frauen, sondern vor allem der Menschheit dienen sollten. In Zeiten zunehmender weiblicher Erwerbsarbeit bildete sich neben der eher bürgerlichen eine proletarische Frauenbewegung heraus, deren Ziele die Verbesserung der sozio-ökonomischen Lage der Frauen, aber auch der Männer waren. Sowohl die bürgerliche als auch die proletarische Frauenbewegung hatte es sehr schwer, in der männerdominierten Gesellschaft Fuß zu fassen, obwohl ihre Aktivitäten ganz offensichtlich nicht gegen die Männer, auch nicht gegen das Stereotyp des Maskulinen gerichteten waren, sondern auf die Selbstverwirklichung und Gleichberechtigung beider Geschlechter auf den Gebieten des Arbeits-, Sozial- und Wahlrechts. Die Frauen wußten, daß sie auf Wohlwollen und Mithilfe der Männer bei der Änderung der bestehenden Gesetze angewiesen waren, denn zu der damaligen Zeit, in der die Frauen fast ohne alle Rechte waren und keinerlei öffentlichen politischen Einfluß hatten, konnten letztlich nur die Männer Reformen zugunsten der Frauen durchführen (Nave-Herz 1975, 1993).

Die ersten Frauenbewegungen setzten für die nachfolgenden Zeichen, denn es war ihnen gelungen, bis zur Weimarer Republik (1919–1933) alle juristischen und bürgerlichen Rechte, die auch Männer innehatten, zu erlangen. Der Nationalsozialismus (1933–1945), der ein reiner Männerstaat war, führte zum Verbot aller Frauenbewegungen und zur Stagnation auf dem Weg zur Gleichberechtigung. Im Zweiten Weltkrieg und in der Nachkriegszeit spielten die Frauen jedoch wieder eine besondere Rolle, sie zeigten der Männerwelt, daß sie imstande waren, durch Disziplin, Aktivität und »männliches Stehvermögen«, durch Härte und Einsatz aller physischen Kräfte »ihren Mann zu stehen« und in den Bombennächten, auf der Flucht und in der Nachkriegszeit für die Kinder zu sorgen sowie Hab und Gut zusammenzuhalten. Die große Diskrepanz zwischen dem althergebrachten Bild von Weiblichkeit als Schwäche, Ohnmacht, Abhängigkeit und Triebhaftigkeit und dem praktizierten Verhalten und dem tatsächlichen psychischem und physischem Vermögen der Frauen wurde deutlich und zeigte, daß die bislang nur dem Manne zugeschriebenen Fähigkeiten keineswegs an sein Geschlecht gebunden waren.

Mit dem Ende des Zweiten Weltkrieges und der Gründung zweier deutscher Staaten, der Bundesrepublik Deutschland (BRD) und der Deutschen Demokratischen Republik (DDR) im Jahre 1949 gingen die überwiegend einheitlichen Bestrebungen der Frauen, die im 19. Jahrhundert so erfolgreich begonnen hatten, getrennte Wege.

Frauen in Westdeutschland

Das maskuline Stereotyp erfuhr mit dem Ende des zweiten Weltkrieges und den von der Niederlage gezeichneten heimkehrenden Männern zwar eine Einbuße, aber es verschwand dennoch nicht aus den Köpfen der Menschen. Schon bald wieder ergriffen die Männer im gesellschaftlichen Leben die Oberhand, und die Frauen rückten notgedrungen und erzwungenermaßen in den Hintergrund bzw. wurden sehr schnell in ihre alten Rollen zurückgedrängt. Obwohl im Grundgesetz der Bundesrepublik Deutschland 1949 die

Gleichberechtigung zwischen Männern und Frauen festgeschrieben wurde, hat es noch lange gedauert und dauert bis heute an, ehe sie auf allen Gebieten verwirklicht wurde und wird.

In den 50er Jahren beherrschten Filmhelden wie Humphrey Bogart, John Wayne und junge Männer wie James Dean und Marlon Brando die Filmwelt und beeindruckten die Gesellschaft, Männer wie Frauen. Die Nachkriegszeit war in Westdeutschland vom Wirtschaftswunder und einem Nachholbedarf an Lebensgenuß geprägt. Männer wie Frauen orientierten sich zwar wieder an den traditionellen Mustern von Männlichkeit und Weiblichkeit, doch fand in den 60er Jahren ganz allmählich eine Aushöhlung dieses Stereotyps von Mann und Frau statt. Es machte sich eine Aufbruchbewegung bemerkbar, die bei den Frauen einsetzte, und zu starken Irritationen bei den Männern führte (Hurrelmann 1997b).

Die Aufbruchbewegung begann mit der Herauslösung vieler Frauen aus ihrer traditionellen Rolle als Hausfrau und Mutter. Fast unmerklich änderte sich das Frauenbild und die Frauenrolle. Frauen wollten in Privatleben und Beruf selbständig werden und sich gegenüber den Männern emanzipieren. Es handelte sich nicht um eine kämpferische Konfrontation, nicht um einen Angriff auf die Männlichkeit, sondern es ging zunächst um eine Stärkung des Frauenbildes. 1958 wurde den Frauen die volle Gleichberechtigung gesetzlich zuerkannt, obwohl auch diese bis heute in Berufs- und Familienleben noch lange nicht verwirklicht ist.

Die neue Frauenbewegung
Angeregt durch die Neue Frauenbewegung ausgehend von den USA und der von Betty Friedan (geb. 1921) gegründeten Frauenorganisation NOW (National Organisation of Women) sowie von Simone de Beauvoir (1908–1986) in Frankreich setzte sich in Westdeutschland die Journalistin Alice Schwarzer (geb. 1942) für die Rechte der Frauen ein und gleichzeitig vom Herrschaftsanspruch des Mannes in Sexualität, Beruf, Politik, im Lohn- und Bildungssystem ab. Aus der Studentenbewegung und vor allem aus der 68er Studentenrevolution ging eine radikalere Frauenbewegung hervor, die für die Rechte der Frauen auf politischem und auch auf privatem Gebiet, vornehmlich der Sexualität, eintrat, denn alles Private – so hieß es – sei auch gleichzeitig politisch. Durch Initiativen wie dem Aktions- und Weiberrat sowie durch vielfältige Aktionen, wie z. B. Proteste gegen den § 218 oder die Abtreibungs- und Selbstbezichtigungskampagne vieler Frauen zu Beginn der 70er Jahre, wurde das Recht auf den eigenen (weiblichen) Körper unterstrichen. Die Frauen stellten sich gleichermaßen gegen das Patriarchat und gegen die Dominanz der von Männern gemachten und eingehaltenen Gesetze. Erstmals in der Geschichte wurde eine bewußte Solidarität unter Frauen angestrebt (»sisterhood is powerful«) und vielfältige Frauen-Netzwerke geschaffen (Schulz 1997).

160

Eine radikalisierte Bewußtseinslage, die vor allem aus den USA, England und Frankreich in die Bundesrepublik transportiert wurde, führte bei vielen Frauen zu weiterführenden Forderungen, wie zum Beispiel, sich dem Mann nicht mehr länger zu unterwerfen und sich aus der Fixierung auf den Mann zu lösen sowie sich mit aller Macht und Konsequenz für die Gleichberechtigung der Frauen und für die Durchsetzung der weiblichen Belange einzusetzen.

Frauen in Ostdeutschland
In Ostdeutschland entstand seit Gründung der DDR ein Frauenleitbild, das sich fundamental von dem der westdeutschen Frauen unterschied. Es basierte vor allem auf der Berufstätigkeit, die für über 90% aller Frauen – ganz im Unterschied zu westdeutschen Frauen – eine Selbstverständlichkeit darstellte. Frauen leisteten wie die Männer gesellschaftlich notwendige und anerkannte Arbeit. In der Verfassung der DDR von 1949 wurde die Gleichberechtigung von Mann und Frau, ihr Recht auf Arbeit und auf gleichen Lohn bei gleicher Arbeit, ihr besonderer Schutz bei der Ausübung der Arbeit und die gemeinsame Verantwortung von Mann und Frau für die Erziehung der Kinder festgeschrieben. Damit waren weit mehr Forderungen erfüllt als die erste Frauenbewegung von Luise Peters (1819–1895), Clara Zetkin (1857–1933) und Rosa Luxemburg (1871–1919) es sich hätte träumen lassen. Einen wesentlichen Beitrag dazu hatten aber auch Männer wie Friedrich Engels (1820–1895) und August Bebel (1840–1913) geleistet, die »die Lösung der Frauenfrage« zum politischen Programm der Befreiung der Arbeiterklasse gemacht und damit die Frauen in ihrem Anliegen sehr unterstützt hatten (Dölling 1993a).

Die »Emanzipation« der Frauen, allerdings nur im Sinne einer Zuschreibung von gleichen Rechten und Pflichten in der Berufsausübung, hat in Ostdeutschland viel früher eingesetzt als in Westdeutschland und eine gesetzliche Absicherung sowie eine gesellschaftliche hohe Bewertung und Akzeptanz erhalten, aber sie wurde nicht von den Frauen selbst erkämpft und in mühseligen Auseinandersetzungen mit der Männern, wie in Westdeutschland nach 1968, errungen, sondern sie fiel den Frauen im Rahmen eines sozialistischen Weltbildes und eines politischen Programms praktisch zu. Sie war genausowenig wie in Westdeutschland – so unterschiedlich, vielfältig und vehement die Emanzipationsbewegungen sich dort auch vollzogen haben – mit einer Veränderung der hierarchischen Aufteilung der Geschlechter einhergegangen.

Das große Ziel der gleichberechtigten Berufstätigkeit von Mann und Frau wurde in der DDR zwar vordergründig verwirklicht, aber die Minderbewertung der Hausarbeit und damit der nicht erwerbstätigen Hausfrau blieb bestehen, und auch in der DDR gelang es den Frauen nur in geringem Maße, Spitzenpositionen in Wirtschaft und Politik zu erklimmen. Die weitaus meisten Frauen waren in unterbezahlten Berufen tätig und sahen ihre Beschäftigung mehr als notwendiges Übel und nicht als Lebenserfüllung an. Wegen der Doppelbelastung – 80% der Hausarbeit mußten sie allein bewältigen, und ohne daß die Männer mithalfen – reduzierten sie ihre Erwerbsarbeit, denn der Staat sorgte zwar hervorragend für die Bereitstellung von Hortplätzen und im internationalen Vergleich für außergewöhnlich großzügige finanzielle Unterstützung und Vergünstigungen, aber er löste nicht die Frage der traditionellen Arbeitsaufteilung in Familie und Haushalt, so daß den Frauen ein großes Ausmaß an zusätzlicher Belastung zukam, mit der sie alleine fertig werden mußten (Hampele 1993).

Mutterschaft stand hoch im Kurs, die Drei-Kinder-Familie wurde als gesellschaftliche Norm propagiert und durch vielfältige Anreize gefördert. Aber das Geschlechterverhältnis blieb traditionell, eine gleichverantwortliche und gleichberechtigte Partnerschaft zwischen Mann und Frau gab es genausowenig wie in Westdeutschland, wurde allerdings auch nicht wie dort zu einem gesellschaftspolitischen Thema gemacht. Die Frauen in Ostdeutschland hatten zwar die formale Gleichberechtigung und die volle Anerkennung ihrer Berufstätigkeit, während in Westdeutschland immer noch die Ideologie der Familie und nichtberufstätigen Mutter herrschte (»Für Mutterwirken gibt es nun einmal keinen vollwertigen Ersatz«, Familienminister Wüermeling, Amtszeit von 1953–1962) und außerfamiliäre Kinderbetreuung nur halbherzig und völlig unzulänglich gefördert wurde, aber im Sinne der feministischen Frauenbewegung in Westdeutschland, können sie vom heutigen Standpunkt auch nur als Ausgebeutete des patriarchalischen Staates bezeichnet werden, der sie benutzt und auch ausgenutzt hat. Es klingt schon fast sarkastisch, wenn in der DDR propagiert wurde, eine »gute Mutter« sei eine »arbeitende Mutter, die gleichberechtigt und gleich qualifiziert neben dem Vater steht« (Helwig und Nickel 1993).

Das Bild der berufstätigen Frau stellte einerseits eine Glorifizierung der Frau, als Werktätige und Helferin beim Aufbau des Sozialismus und beim Kampf gegen den Klassenfeind dar, andererseits hatten Frauen in der DDR kaum eine Wahl, nicht berufstätig zu sein und andere Lebensformen zu wählen. Frauenleitbilder bezogen sich ausschließlich auf erwerbstätige Frauen und Mütter. Hausfrauen, kinderlose Frauen oder Rentnerinnen wurden kaum thematisiert (Dölling 1993a).

Wurden in früheren Jahrhunderten die Frauen überwiegend auf ihre Mutterrolle reduziert, so bestand der Fortschritt für die Frauen aus der DDR »nur« in der Erweiterung ihrer Frauenrolle, nämlich der Berufstätigkeit, die zur gesellschaftlichen Norm erhoben und damit für Frauen quasi verpflichtend war. In der Berufstätigkeit wurde nicht so sehr die Selbstverwirklichung als vielmehr die gesellschaftliche Notwendigkeit gesehen, sich am Produktionsprozeß zu beteiligen und damit beim Auf- und Ausbau des sozialistischen Staates mitzuhelfen.

Das Männerbild beider Teile Deutschlands unterschied sich nicht wesentlich voneinander. Die Männer waren rein auf ihre Berufstätigkeit fixiert. In der DDR wurde das Bild der berufstätigen Männer stark durch die ideologische Unterteilung in Hand-Arbeit (Arbeiter) und Geistes-Arbeit (Wissenschaftlicher/Techniker) geprägt. Hinzu kam das sehr positiv besetzte Bild des Soldaten, der die Grenzen nach außen hin schützte. »Beruf und Öffentlichkeit waren die zentralen Räume des männlichen Wirkens« (Dölling 1993a). Zum Männerbild in der Bundesrepublik gehörte es, dem Ehemann die alleinige Verantwortung für die Ernährung der Familie zu übertragen, und entsprechend dominierte in allen westdeutschen Medien, angefangen bei den Schulbüchern über die Freizeitlektüre, der Zeitschriftenwerbung, in Film und Fernsehen der aktive, nach außen strebende, draufgängerische Junge und Mann, der sich den Mädchen und Frauen gegenüber selbstbewußt, unabhängig, ungebunden und überlegen zeigt, aber auch beschützend und Besitz ergreifend. Der berufstätige Mann erscheint in den westdeutschen Zeitschriften als der Genießer und der Experte schlechthin (Cornelissen 1993a).

Frauenpower im vereinigten Deutschland
Mit der Wiedervereinigung beider deutscher Staaten und dem Vereinigungsvertrag vom 3. Oktober 1990 hatten Frauen nun wieder die Möglichkeit, gemeinsam für das Erreichen einer wirklichen Gleichberechtigung einzutreten, denn sie ist in Gesamtdeutschland weder im öffentlichen noch im privaten Leben der Frauen bislang erreicht. Doch im deutsch-deutschen Schwesternverhältnis gab es auch viele Kränkungen und Mißstimmungen, die darauf beruhten, daß West-Feministinnen mit Arroganz und Unwissenheit darüber hinwegsahen, daß ostdeutsche Frauen sich zu Zeiten des Bestehens der DDR nicht ausgebeutet gefühlt, sondern die Errungenschaften des Staatssozialismus für sich dankbar in Anspruch genommen hatten und daß es ihnen nach der Vereinigung beider Staaten durch die immer mehr um sich greifende Arbeitslosigkeit, den zunehmenden Abbau sozialpolitischer Maßnahmen, durch die neue Armut und die veränderte und zu Lasten der Frauen gehende erschwerte Abtreibungspraxis sehr viel schlechter ging als vorher (Cornelissen 1993b).
   Zum anderen übersahen westdeutsche Feministinnen, daß es zumindest seit dem Herbst 89 und den Anfängen der sich auflösenden DDR auch eine ostdeutsche autonome Frauenbewegung gegeben hat, die mit sehr viel größeren Widerständen auch unter den Frauen selbst zu kämpfen hatte. Sie mußte der Gefahr einer nachträglichen Verklärung der »realsozialistischen Frauenemanzipation« entgegentreten und erst einmal ein kritisches Bewußtsein für die gelebte Situation in den Jahren 1949 -1989 wecken und die bislang unreflektiert akzeptierte Ideologie von der realisierten Gleichberechtigung hinterfragen. Dies war um so schwieriger, als sich die meisten Frauen in

einer sozial sehr viel schlechteren Position als vorher befanden, um ihr berufliches Überleben eintreten und sich gleichzeitig gegen Bevormundungen der Brüder und Schwestern aus dem Westen wehren mußten. Sie erlebten subjektiv »kolonialherrschaftliches Gebaren«, das eine Solidarität unter den deutsch-deutschen Schwestern sehr erschwerte (Dölling 1993b).

Durch zeitweiligen Rückgang des Anteils der Frauen an der Gesamtzahl der Studierenden von 50% auf 38 %, durch Abbau vieler universitärer Stellen vor allem im Mittelbau, durch sich ändernde Macht- und Kräfteverhältnisse in den Berufungskommissionen der Universitäten und Hochschulen kam es zur Auflösung der zaghaft geknüpften Netzwerke zwischen Ost- und West-Schwestern und zu Kommunikationsabbrüchen. Erst wenn die einen aufhören, die anderen »zu den anderen« machen zu wollen, kann der Dialog zwischen den Frauen Ost und den Frauen West wieder aufgenommen werden mit dem Ziel, weiterhin die Geschlechterverhältnisse zu diskutieren und Aspekte des alltäglichen Lebens aller Frauen wie Gewalt, Diskriminierung, sexuelle Belästigung etc. zu erforschen, zu hinterfragen und zu verändern (Dölling 1993b).

Die Begriffe Frauenförderung und Frauengleichstellung sind heute in Deutschland allgemein anerkannt, doch der Begriff der Quotenregelung stößt sowohl bei manchen Männern als auch bei manchen Frauen auf ein nicht ungeteiltes positives Echo. Aber trotz aller vielleicht immer noch bestehenden heimlichen Vorbehalte, wird niemand die Erfolge der Frauenbewegung und des Feminismus in Westdeutschland und die Errungenschaften der Frauen im Sozialismus in Frage stellen noch die Notwendigkeit für eine Veränderung der weiterhin bestehenden Ungerechtigkeiten zwischen Mann und Frau im Berufs- und Familienleben bestreiten.

1.3 Männer und Frauen auf der Suche nach neuen Lebensformen

In den frühen 20er Jahren – parallel zu den immer stärker aufkommenden nationalsozialistischen Gedankengängen – fand rein äußerlich, aber auch in Lebenseinstellung und Lebensstil eine Angleichung der Geschlechter statt: die Frauen kleideten sich männlich, trugen Hosen, schnitten ihre Haare kurz (der »Bubikopf« stand für Emanzipation), rauchten in der Öffentlichkeit Zigaretten und Zigarillos, eroberten sich Universitäten und Berufe, während die Männer, vom Schock der Kriegserfahrung ernüchtert und unter dem Eindruck moderner Wissenschaften wie der Psychoanalyse Sigmund Freuds (1856–1939) und der Relativitätstheorie Albert Einsteins (1879–1955) stehend, die Wirklichkeit komplexer sahen, und humanistisches, pazifistisches und sozialistisches Gedankengut zuließen und damit

164

auch den Frauen mehr Rechte – vor allem auch was ihren Lebensstil betraf – zubilligten.

Viele Männer und Frauen sahen sich als Künstler, die ihr Leben in Cafés und im Theater verbrachten. In Kunst, Literatur und Musik dominierten Dadaismus, Expressionismus, zeitkritische Romane und Erzählungen sowie die leichte Muse wie Operette, Kabarett und Revue. Die Goldenen Zwanziger sind mit Theater und Film eng verbunden und Inbegriff der Tendenz von Männern und Frauen, sich zu amüsieren und ihr Leben zu genießen. Gleichzeitig erinnerte jedoch das Leben vieler extravaganter Männer und Frauen, ihr unbürgerlicher Lebensstil und die Freiheiten, die sie sich nahmen, an Dekadenz und Laszivität des »fin de siècle«, und ihre Lebensweise wurde damit wieder einmal von anderen als Bedrohung erlebt.

Avantgarde und Künstlerleben verebbten im Nationalsozialismus und sollten erst wieder auftauchen, als die ersten Anstrengungen der Wiederaufbauphase nach dem Zweiten Weltkrieg überstanden waren. Erste Spuren der Veränderung zeigten sich in den 60er Jahren im äußeren Erscheinungsbild der Jungen und Mädchen: Die Jungen ließen sich die Haare wachsen, trugen weite Hosen und zeigten weiche und sanfte Ausdrucksformen. Verbunden war diese Entwicklung mit Impulsen aus der Musikszene und der Werbung in den Massenmedien. Kamen zunächst die modebildenden Impulse noch aus Europa, insbesondere aus England (Teddy Boys, Beatles), so wurde bald die Führungsfunktion von den Vereinigten Staaten von Amerika übernommen.

Das äußere Erscheinungsbild männlicher und weiblicher Jugendlicher änderte sich durch Einflüsse der Hippie-Bewegung. In den 70er Jahren entstand eine neue (alte?) Jugendkultur mit den Idealen eines friedlich-passiven Zusammenlebens von Männern und Frauen in einer humanen Welt ohne Kriege und militärische Auseinandersetzungen (»flower-power«) und frei von materiellem Wohlstands-, Karriere- und Leistungsdenken. Angestrebt wurde von den »Blumenkindern« eine Gemeinschaft, in der freie Liebe ohne Tabus und Einschränkungen und eine antiautoritäre Kindererziehung praktiziert werden konnte sowie ein Glückserleben im Rauschzustand möglich war. Diese Bewegung fand 1969 ihren Kulminationspunkt in »Woodstock«, einem jugendverbindenden Popmusik-Festival, zu dem Jugendliche und junge Erwachsene in einem damals nicht bekannten Umfang von 300.000 bis 500.000 Besucherinnen und Besuchern strömten. Woodstock war Symbol für die Hoffnung vieler auf eine konfliktlose, kommunikative und kreative Gesellschaft, stand jedoch auch für Drogenkonsum sowie Ausleben von Sexualität ohne feste Partnerschaft und rief damit schon wieder alte Ängste und Befürchtungen von Degeneration, Müßiggängertum und Ausschweifung hervor (Mosse 1997).

Erneut gab es Gegenströmungen, und statt Passivität war nun Aktivität, besonders im Gesundheitsverhalten, angesagt. Die Drogen-(Hasch-)Welle verebbte langsam, und in den 80er Jahren breitete sich unter Männern und Frauen ein spezielles Gesundheits- und Körperbewußtsein aus, das in Sportarten wie Joggen, Aerobic und Jazz-Dance seinen besonderen Ausdruck fand. Es basierte auf dem Gedanken, daß der einzelne etwas für seine Gesundheit tun müsse. Vorbild für eine ganze Generation wurde die amerikanische Schauspielerin Jane Fonda (geb. 1937), die in ihrer Dynamik und Aktivität die Lebenseinstellung vieler Frauen verkörperte. Ein schöner Körper war wieder gefragt, und Konditions- und Koordinationstraining sowie Ausdauerübungen für den Mann und tänzerische Gymnastik für die Frau sorgten erneut für die Herstellung eines bestimmten Körperbildes von Mann und Frau.

In den 90er Jahren hat der Gesundheitsgedanke mit der Gründung vieler Fitneß- und Bodybuilding-Studios sowie Solarien eine wahre Übersteigerung erfahren. Männer und Frauen gestalten, formen und bräunen seit dieser Zeit ihre Körper, aber sie tun dies häufig im Schnellverfahren und suchen eher das Resultat als die sportliche Betätigung oder die Entspannung. Männer und Frauen wollen nicht nur gesund sein, sie wollen vor allem gesund aussehen, und um dieses Ziel zu erreichen, quälen und schinden sie ihre Körper, nehmen Anabolika und chemische Aufbaumittel ein und setzen sich gefährlichen (Sonnen-)Strahlen aus. Sie huldigen gemeinsam demselben (alten) Ideal, nämlich der körperlichen Schönheit, und zahlen dafür einen hohen Preis. Als Beispiel dafür kann der Ex-Kugelstoßer Ralf Reichenbach gelten, der 25 Jahre lang Anabolika schluckte, nach Beendigung seiner Sportlerkarriere in extremem Ausmaß Bodybuilding betrieb und 1998 mit 47 Jahren an einem Herzinfarkt starb (Buse 1998).

Als Ikone der 90er Jahre gilt Michael Jackson, der nicht nur mehrere Schönheitsoperationen an sich hat durchführen lassen, sondern sich auch in seinem Auftreten und Habitus extrem feminin gibt und damit als Gegenbild zum gestählten und durchtainierten Körper eines Ralf Reichenbach gelten kann. Wie schnell Androgynität jedoch mit mangelnder Männlichkeit gleichgesetzt und damit eine Bedrohung für den androgynen Mann werden kann, zeigt Michael Jacksons überraschende Heirat, um jedweden Gerüchten von zu geringer Männlichkeit zu entgehen und um keinen Zweifel an seiner sexuellen Neigung aufkommen zu lassen, sowie seine demonstrative Vaterschaft, um seine Zeugungsfähigkeit zu beweisen (Hurrelmann 1997b).

Wie schon in vergangenen Zeiten reagiert auch heute der Mann sehr sensibel auf Bedrohungsgefühle und wehrt Angriffe auf seine Männlichkeit sofort ab. Im amerikanischen Wahlkampf 1988, der zum »Testosteron-Wettbewerb« ausgeartet war, fühlte sich Michael Dukakis, der Präsidentschaftskandidat und Gegner des damaligen amerikanischen Präsidenten George Bushs, genötigt, zu betonen, daß er kein »schlaffer Softie« sei, und auch George Bush (Amerikanischer Präsident von 1989–1993) hatte es nötig, seine »toughness« zu unterstreichen (Faludi 1995).

Männer- und Frauenbilder in der Werbung

Das Männer- und Frauenbild hat sich in den letzten vierzig Jahren entscheidend gewandelt, und diese Veränderung spiegelt sich auch in der Werbung wider, die einerseits die Funktion hat zu informieren, andererseits aber auch zu innovieren und im Handeln »Teilnahmebereitschaften« herzustellen (Zurstiege 1998). Werbung ist stets parteilich, subjektiv, intentional und produktbezogen, will Aufmerksamkeit erzielen, oft auch provozieren, meistens hat sie jedoch die Tendenz zum schönen Schein (Luhmann 1996). Werbung basiert auf ausgeklügelten Überzeugungs- und Personalisierungsstrategien und setzt auf Neuheit und Veränderung. Damit ist sie bestens geeignet, bestehende Bilder von Männlichkeit und Weiblichkeit durch andere Bilder, d. h. durch Vorbilder zu ersetzen. In zielgruppenbezogenen Zeitschriften wie der Frauenzeitschrift »Brigitte« und »Auto Motor und Sport«, welche überwiegend von Männern gelesen wird, dominieren entsprechende Darstellungen entweder von Frauen oder von Männern in nonverbaler, d. h. bildlicher oder verbaler Form.

Bei Abbildungen von Männern spielt die Statuseigenschaft »Erfolg« eine große Rolle. Männer werden vor allem in ihrer beruflichen Tätigkeit oder am Arbeitsplatz – in gehobener Stellung – abgebildet. Sie werden mit Fähigkeitseigenschaften wie sachlich, kompetent und tüchtig beschrieben, aber im Verlauf der Jahre verzeichnet sich auch ein Zuwachs an Darstellungen von zärtlichen Männern, als Partner in der Umarmung mit Frauen oder als Väter mit Kindern auf den Armen.

Was in den 50er Jahren unüblich war, wurde jetzt in den 90er Jahren demonstrativ gezeigt: Männer bekannten sich zum Vatersein und ließen sich mit Babys auf den Armen ablichten, die sich behaglich an ihre entblößte glatte, jedoch muskulöse Männerbrust anlehnten. Männer offenbaren damit eine vormals nur den Frauen zugeschriebene Eigenschaft, nämlich Sensibilität, und zugleich auch eine Fähigkeit, die man immer schon von ihnen erwartet hat, nämlich Schutz zu geben und Stärke zu vermitteln. Solche Bilder setzten ästhetische Leidenschaften frei (Solomon-Godeau 1997).

Mit dieser neuen Art der Abbildung von Männern wird mit Hilfe der Werbung eine »Reessentialisierung« der ursprünglich nur den Frauen zugeschriebenen Eigenschaften unterstützt und damit auch die bestehende Asymmetrie zwischen den Geschlechtern »resymmetrisiert« (Zustiege 1998). In Print-, Audio- und TV-Medien werden neuerdings eher seltene Themen diskutiert, die eigentlich in keinem Zusammenhang mit den Männern und Frauen üblicherweise zugeschriebenen Verhaltensweisen stehen, wie z. B. Vergewaltigung von Männern durch Frauen oder Einfühlungsvermögen von Männern. Das zeigt ein Abrücken von der betonten Geschlechterdifferenzierung.

Ein besonderes Ärgernis stellten in der Werbung der 70er und 80er Jahre (und stellen auch heute noch) die sexistischen und frauendiskrimierenden

Abbildungen und Textverweise dar, die Frauen auf einen »sexuellen Gebrauchswert« reduzierten oder mit »männernervenden Eigenschaften« quasi humorvoll darstellten. Dabei wurden Verkaufsstrategien angewandt, die sich an männliche Kunden wandten und in denen Frauen zu Objekten degradiert wurden. So schwankt das Frauenbild in der Werbung und auch in den Medien zwischen der Darstellung der Frau als Sexobjekt und – in Ansätzen – als beruflich ernstzunehmende Frau, als Karrierefrau, hin und her und führt zu »dissonanten Stereotypisierungen« (Cornelissen 1993a).

In der Werbung werden häufig junge und auch oft unbekleidete oder spärlich bekleidete Frauen dargestellt, dies betont noch einmal die nach wie vor bestehende Bedeutung einer körperlichen Attraktivität für Frauen, nicht jedoch im gleichen Ausmaß für Männer. Frauen werden häufig beziehungsorientiert abgebildet, d. h. ihr Blick ruht auf anderen Personen, während der Blick von Männern unbestimmter oder auf Gegenstände fixiert ist (Cornelissen 1993a).

Während der nackte Körper der Frau schon lange enttabuisiert worden ist, geschieht dies nun auch mit dem männlichen nackten Körper. Jedoch besteht die Kunst der Werbung gerade darin, allzu gewagte Darstellungen geschickt zu entschärfen und mit Doppeldeutigem und Paradoxem als Relativierungsstrategien zu spielen (Rutschky 1994; Zustiege 1998).

Die Darstellung und Abbildung von Frauen in Zeitschriften hat ihre größte Veränderung in Ostdeutschland nach der Vereinigung erfahren. Während vor 1990 in gängigen Frauenzeitschriften wie z. B. »Für Dich« die Frau überwiegend arbeitend »wie ein Mann« und auch in herausragenden Tätigkeiten und Funktionen abgebildet wurde, d. h. zuverlässig, konzentriert und leistungsstark, oder auch am Fließband stehend oder sitzend, in Reih und Glied arbeitend, veränderte sich die Bilderwelt schlagartig, als westdeutsche Verlage die Zeitschriften übernahmen. Bilder von berufstätigen Frauen traten zurück zugunsten von abgebildeten schönen und weiblichen Frauenkörpern. Nicht mehr die Normalfrau in ihrem Alltagsleben wurde gezeigt, sondern das Model »als Verkörperung weiblicher, verführerischer Schönheit«. Berufstätige Frauen wurden vor allem mit dem Ziel ihrer kosmetischen Verschönerung bzw. der Vervollkommnung ihrer Persönlichkeit, der Vergrößerung ihres Selbstbewußtseins und der Verbesserung ihrer Ausstrahlung gezeigt (Dölling 1993a). Nach 1990 finden Frauen in der Werbung in Ost- und Westdeutschland gleichermaßen als auf Schönheit bedachte Konsumentinnen Berücksichtigung, aber es hat sich doch auch – darüber hinausgehend – einiges verändert.

In Musikkultur, Mode und Kosmetik war Ende der 80er und zu Beginn der 90er Jahre der weiche und feminine Mann gefragt. In der Werbung (Versace) tauchten junge schöne Männer auf: gestylt, geschminkt, mit hellen Strähnen und Gel in den längeren (jedoch nicht langen) Haaren, von fließenden weichen Stoffen umhüllt und mit melancholischem Blick. Attribute der

Frau wie Schmuck (Ohrring, Kette, Armband), Accessoires und (Hand-) Tasche wurden vom Mann übernommen. Die Unterwäscheindustrie entdeckte den Mann als Kunden und überbot sich in der Vielfalt an teuren und exquisiten Angeboten wie Seidendessous und body-shirts und machte kaum noch einen Unterschied in der Ausstattung für Männer und Frauen. Alles wies auf die Preisung eines androgynen Typs hin. Androgynes Aussehen wurde zum Modeausdruck schlechthin, Männer betonten ihre Weiblichkeit, und ein neues Wort für feminisierte Männer, das des »Softie«, wurde geboren. Zur Zeit, Ende der 90er Jahre, ist die Softie-Ära in der Werbung wieder vorbei, und der Mann wird erneut sportlich und durchtrainiert dargestellt, der männliche, muskulöse Körper ist wieder gefragt, jedoch – und das ist neu – von edlen Düften umgeben.

Titelgeschichten in Männerzeitschriften mit den Überschriften »Überlisten Sie Ihren Bauch«, die vor Jahren nur von Frauen gelesen worden wären, sollen nun auch speziell den Mann ansprechen und appellieren mit suggestiven Ausrufen wie »Starker Auftritt« oder »Vorteilhafte Position« an männliche »cleverness« (Men's Health, 1998). Es werden Themen angesprochen wie Stilberatung, sicheres Auftreten, Körperpflege und Körperbewußtsein sowie Gesundheit. Nach wie vor wird in der Werbung auf den Mann als Sportler zurückgegriffen (»shaped by the spirit of sport«, Kirium), und das positive Image eines Boris Becker wird dazu verwandt, den Verkauf einer bestimmten Uhrenmarke zu steigern.

Sowohl Männer als auch Frauen – letztere in der Mehrzahl – träumen, angeregt von den Medien, den Traum vom großen Glück und erstreben den Beruf des »Model«, den Mister- oder Miss-Titel eines Schönheitswettbewerbs oder geben sich schon mit der Ernennung des »Gesichts des Jahres« eines Jugendmagazin zufrieden. Von dem Gewinn solcher Titel versprechen sie sich Ruhm, Geld, Erfolg und Berühmtheit. Sie nehmen Schönheitsoperationen, chirurgische Eingriffe, Injektionen, Transplantationen und Implantationen in Kauf, Kuren und Korrekturen, Hilfs- und Aufbaumittel, und alles nur, um äußere körperliche Perfektion zu erzielen und um einem Jugend- und Schönheitskult zu huldigen. In diesem Punkt stehen Männer den Frauen in nichts nach. Der männliche und weibliche Körper ist zum Fetisch geworden, dem vieles geopfert wird. Anforderungen und Strapazen des Berufs- und Alltagsleben werden ignoriert, ebenso die Kurzlebigkeit der Ideale und Modetrends.

In Frauenzeitschriften werden zwar immer noch konventionelle Frauenthemen wie Essen und Trinken, Frisuren, Kosmetik und Fragen wie »Wie erobere ich ihn»? angesprochen, daneben jedoch auch Themen wie Karriere, Beruf und Business. Eine kleine kostenlose Extra-Broschüre bzw. Beilage der Ausgabe April 1998 von Cosmopolitan mit einem 10-Punkte-Programm für erfolgreiche Frauen und dem Titel: »Stark sein, aber nicht perfekt« wendet sich an kluge, kompetente und unabhängige Frauen und setzt damit schon voraus, was sie erreichen bzw. verstärken will. In der Werbung werden damit neue Frauen- und Männerbilder geschaffen oder auch eine Tendenz in der Gesellschaft unterstützt, die sich abzeichnet (Cosmopolitan 1998). Immer seltener werden Frauen als Hausfrauen abgebildet und immer öfter als »Karrierefrauen«.

Fazit

Jahrhundertelang wurden Männer und Frauen an einem Bild gemessen, nämlich am Männlichkeitsbild. Es gab ›ein‹ Geschlecht, das männliche; und dies wurde in der Geschichte der Menschen zum allgemein Menschlichen erhoben, das weibliche Geschlecht war stets das ›andere‹ Geschlecht, das ›zweite‹ in der Rangfolge, wie die französische Schriftstellerin Simone de Beauvoir (1949) zu Recht bemängelte. Das maskuline Stereotyp stand für eine Sicht der menschlichen Natur und der menschlichen Handlungen schlechthin und beeinflußte fast jeden Aspekt der Gesellschaft (Mosse 1997).

Die Geschichte von Männern und Frauen vereint in sich Fortschritte und Rückschritte, was die Gleichberechigung beider Geschlechter anbetrifft. Die Achtung der Frau ging in der Vergangenheit und geht auch heute immer noch gleichzeitig mit Verachtung einher. Männer wußten und wissen sich aus einem Gefühl der Bedrohung heraus phasenweise nur noch mit den Waffen der Ironie und Selbstbelustigung gegenüber den Frauen zu wehren. Immer wieder entstanden und entstehen neue Klischees und Vorurteile, die auch noch bis in das jetzige Jahrhundert hinein Gültigkeit besitzen und zum Beispiel von Herbert Groenemeyer Ende der 80er Jahre besungen wurden.

Die alten und neuen Bilder vom Mann zeigen, daß auch Männer immer schon einem Körper- und Schönheitsideal gehuldigt, dabei jedoch immer Attribute wie stark, kräftig, muskulös gepriesen und sich damit vom weiblichen Schönheitsideal abgesetzt haben. Doch trotz aller Unterschiede gibt es bei beiden Geschlechtern die Vorstellung von der Einheit von Körper und Geist. Als im Jahre 1956 die Hochzeit des Schriftstellers Arthur Miller (1915–1997) mit der Schauspielerin Marilyn Monroe (1926–1962) in der amerikanischen Presse mit dem Begriff der Verbindung von »the Brain and the Body« gefeiert wurde, reagierte die Schauspielerin zu Recht gekränkt, aber auch Arthur Miller hätte allen Grund gehabt, sich ebenfalls gekränkt zu fühlen, denn eines körperlosen Geistes bezichtigt zu werden, mußte für einen Mann ebenso beleidigend gewesen sein wie für eine Frau die Unterstellung, einen geistlosen Körper zu besitzen (Krischke 1998).

Überkommene Selbstverständlichkeiten der Geschlechterrollen sind heute dahin. Die vormals strengen Anforderungen an männliches und weibliches Verhalten haben sich gelockert, und es sind vor allen Dingen die Frauen, die die jahrhundertelang getragenen Einschränkungen nicht mehr haben hinnehmen wollen. Während das berufliche und private Selbstbewußtsein der Frauen in letzter Zeit enorm gestiegen ist und sie auf vielfältige Erfolge verweisen können, die sie Schritt für Schritt errungen haben, zeigen sich bei den Männern doch mannigfache Unsicherheiten und Orientierungsbedürfnisse. Es gibt sehr viele unterschiedliche Bewußtseins- und Handlungsmuster, Sowohl-als-auch-Haltungen und widersprüchliche Einstellungen, aber auch Versuche der Neuorientierung von Männern und Frauen (Brenner und Grubauer 1991).

Es ist der Frauenbewegung und der Frauenforschung zu verdanken, auf die in allen gesellschaftlichen Bereichen vorherrschende männliche Sichtweise (Androzentrismus) hingewiesen zu haben und zunächst die Forderung nach Gleichheit und Gleichberechtigung von Männern und Frauen aufgestellt, später dann die spezifischen weiblichen Eigenarten von Frauen in den Mittelpunkt gerückt zu haben. Es erfolgte eine Umbewertung des Weiblichen vom Defizitären über das Differente zum ›Besseren‹, das vor allem in der Beziehungsfähigkeit der Frauen gesehen wurde (Faulstich-Wieland 1995).

Männer haben im Laufe der Geschichte die Emotionalität von Frauen, ihre größere Fürsorge- und Empathiefähigkeit einerseits dankbar angenommen – vor allem dann, wenn sie ihnen selbst zugutekam –, andererseits nahmen sie sie aber auch als Bedrohung wahr und werteten sie als typisch weiblich ab. Es zieht sich ebenfalls die Angst des Mannes vor seinen eigenen weiblichen Anteilen durch die Geschichte sowie seine Angst vor der Homosexualität. Die wichtigsten Aspekte der Männerbilder waren und sind die Abwertung von Frauen, die Verwerfung weiblicher Sexualität und des Begehrens der Frau, die Marginalisierung von sexuell andersfühlenden und -denkenden Männern und Frauen sowie die Verbindung von Männlichkeit mit Aggression, Gewalt und Härte. Immer wieder war es in verschiedenen Epochen das Ziel, starke, gestählte und kriegstüchtige Männer heranzuziehen, während die Aufgaben der Frauen immer schon darin bestanden haben, Leben hervorzubringen und zu bewahren (Benjamin 1990, 1993; Thornton 1995).

Männer- und Frauenbilder – dies ist deutlich geworden – haben sich ständig verändert, und Männer und Frauen waren immer wieder auf der Suche nach neuen Lebensformen. Zeitweilig ist es dabei sogar vorübergehend zur Angleichung des äußeren Erscheinungsbildes gekommen. Auch die Zuschreibung von Mann und Frau ist in geschlechtlicher Hinsicht nicht mehr unabänderlich, und es scheint so zu sein, als ob die Bandbreite tolerierter männlicher und weiblicher Verhaltensweisen in den letzten Jahren größer geworden ist, auch wenn immer noch eine Tendenz zur Abwertung dessen herrscht, was nicht eindeutig in das System der Zweigeschlechtlichkeit paßt und nicht den Erwartungen der Geschlechtsstereotype entspricht (Becker-Schmidt 1993).

2. Werden Männer ihre »K's« nach dem Vorbild der Frauen erweitern?

Die meisten Rollen von Männern und Frauen befinden sich im Umbruch. Frauen haben sich dieser Entwicklung bislang offener und bewußter gestellt. Sie haben zu ihren drei klassischen »K's« weitere hinzuerschlossen. Demgegenüber sind Männer immer noch – und in großer Ausschließlichkeit – auf ihre Berufsrolle, also das »K« der Karriere, fixiert. Die Bewegung der Männer in den ›weiblichen Raum‹ hinein läßt auf sich warten, während die Bewegung der Frauen in den ›männlichen Raum‹ hinein bereits seit langem stattgefunden hat, ohne daß dies den Frauen gesundheitlich geschadet hätte (Gern 1992). Auch Männer müssen deshalb neu über ihre spezifischen Rollenbelastungen und Rollenanspannungen nachdenken und zu einem Umdenken gelangen, was die Nützlichkeit von Rollenvielfalt und die Nachteile von Rollenbeschränkung anbetrifft (Farrell 1995).

2.1 Die positiven Auswirkungen der Rollenvielfalt

Von einer sozialen Rolle (Partner/Partnerin, Ehefrau/Ehemann, Vater/Mutter, Berufstätiger/Berufstätige usw.), ihren Merkmalen, der Zufriedenheit mit ihnen und den jeweiligen rollenspezifischen Belastungen gehen Effekte aus, die auf das Wohlgefühl und die Gesundheit der »Rollenträger« einwirken. Rollenvielfalt kann einerseits zur Belastung und zum Streß, andererseits aber auch zur Entlastung, Abwechselung, Flexibilität führen und soziale Unterstützung, Ressourcen und Privilegien mit sich bringen. In jedem Fall erhöht Zufriedenheit mit der jeweiligen Rolle das Wohlbefinden (Barnett, Davidson und Marshall 1991; Hibbard und Pope 1993).

Generell zeigt die Forschung, daß Rollenvielfalt eher der Gesundheit förderlich ist als die Fixierung auf nur eine oder wenige Rollen. Dies wurde vor allem bei erwerbstätigen Frauen und Müttern im Vergleich zu Nur-Hausfrauen festgestellt. Natürlich erhöht Berufstätigkeit Streß- und Belastungsgefühle von (Ehe-)Frauen mit Kindern, aber sie werden gemäßigt durch eine positive Einstellung zur Arbeit und durch ein Wohlgefühl am Arbeitsplatz, das wiederum in erster Linie von der Unterstützung durch Kollegen und von der dortigen sozialen Interaktion und Kommunikation abhängt. Für Männer und Frauen gilt gleichermaßen, daß Berufe mit komplexen Arbeits- und Selbständigkeitsanforderungen zu einem hohen Wohlgefühl führen. Stressend sind die Berufe, die Arbeiten mit wenig Entscheidungsmöglichkeiten, großer Monotonie und hohen psychologischen Anforderungen an Konzentration und Aufmerksamkeit stellen (Barnett und Marshall 1993).

Berufstätigkeit von Frauen senkt häufig den Streß, der aus der Versorgungsrolle als Mutter, Ehefrau und Pflegerin von Verwandten resultiert. Gemildert wird die subjektive Belastung durch den Berufsstreß dann, wenn eine gute Partnerbeziehung besteht. Verheiratete Frauen profitieren besonders dann von ihrem ehelichen Status, wenn sie in der Ehe ein Klima der Kooperation und Gleichberechtigung vorfinden. In dem Maße, wie die eheliche Rolle soziale Unterstützung vermittelt, vermag sie, den Rollenstreß zu mildern, der mit der Berufstätigkeit verbunden ist (Hibbard und Pope 1993).

Entscheidend für die Gesundheit von Frauen sind die Rahmenbedingungen, die mit den Rollen verbunden sind bzw. das Wohlgefühl, das sie vermitteln und die Ausstrahlung dieses Wohlgefühls auf andere Rollenbereiche. Ehe und Mutterschaft haben zum Beispiel bei nicht erwerbstätigen Frauen keinen positiven Gesundheitseffekt, hingegen wirken sie als gesundheitsfördernder Puffer bei erwerbstätigen Frauen, dies jedoch wiederum nur unter der Bedingung, daß die Ehe auf der Grundlage der Partnerschaft und Gleichberechtigung geführt wird und den Frauen Entscheidungsfreiheit läßt (Hibbard und Pope 1993).

Treffen diese Aussagen analog auch für Männer zu? Wohl kaum. Da Männer die Rollenvielfalt der Frauen meist nicht besitzen, wird ihr Berufsstreß auch nicht durch die Rolle als Ehepartner oder Vater abgemildert, da sie diese Rolle nicht in derselben Intensität ausüben wie Frauen. Bei Männern erhöht sich daher das Risiko von koronaren Herzkrankheiten aufgrund des hohen Berufsstresses, der durch den Ehestatus nicht abgemildert wird, erheblich (Hibbard und Pope 1993).

Während sich die Frauen zu den drei traditionellen »K's« – Kinder, Küche und Kirche – das vierte »K« dazu erobert haben, nämlich die Karriere und damit gesundheitlich nicht schlechter fahren als vorher, bezeichnen die drei »K's« des Mannes – Konkurrenz, Karriere und Kollaps – das hohe Kontrollbedürfnis des Mannes und sein Bestreben, immer der Beste, der Größte und der Stärkste sein zu wollen – bis hin zu seinem gesundheitlichen Kollaps. Während die vier wesentlichen Lebens- und Rollenbereiche der Frauen, die vier »K's«, sehr unterschiedlich voneinander sind und die Frauen die Wahl haben, welchen dieser Bereiche sie in einem bestimmten Abschnitt ihres Lebens in den Mittelpunkt stellen wollen und sie Streß aus dem einen Bereich durch Befriedigung in anderen ausgleichen können, vermögen dies Männer nicht. Sie besetzen meist nur ein »K«, nämlich den Beruf, und es fehlen ihnen allzuoft die »K's« aus dem Orientierungsbereich Beziehung, weil sie sich aus der Erziehung der Kinder heraushalten, Freundschaftsbeziehungen nicht pflegen und sich den praktischen Tätigkeiten des Haushaltes verweigern.

Männergesundheitsforschung ist so wichtig wie Frauengesundheitsforschung

Es fällt auf, daß der Gesundheit von Frauen sowohl in wissenschaftlichen Untersuchungen als auch in den Medien weit mehr Interesse entgegengebracht wird als der von Männern. Dies hängt mit den traditionellen geschlechtsstereotypen Vorstellungen zusammen, nach denen in unserer Gesellschaft die Männer als gesund und die Frauen üblicherweise als krank angesehen werden – und dies obwohl in fast allen führenden Krankheiten die Männer die höhere Sterblichkeitsrate aufweisen (Klotz 1997).

Frauen setzen sich schon seit langem mit ihren geschlechtsspezifischen Belastungen und ihrer Gesundheit auseinander – ein Verdienst der Frauenbewegung und der Frauengesundheitsforschung. Auf seiten der Männer gab es bis vor kurzem keine ähnliche Bewegung. Erste Anfänge dazu kommen aus der Men's Health-Bewegung aus Amerika (Brod 1987; Connell 1987; Farrell 1995, Williamson 1995; Griffiths 1996). Inzwischen gibt es auch in Deutschland etliche Forscherinnen und Forscher, die sich mit der geschlechtsspezifischen Situation von Männern, mit ihren Rollenstereotypen, Zwängen und Lebensgewohnheiten kritisch auseinandersetzen (Pilgrim 1986, 1989; Hollstein 1990, 1991, 1992a, b, 1993; Willems und Winter 1990; Winter und Willems 1992; Brzoska 1992; Winter 1993; Sielert 1993a, b; Böhnisch und Winter 1994; Engelfried 1997; Gottschalch 1997; Möller 1997; Zimmermann 1998).

Diese Forscherinnen und Forscher weisen darauf hin, daß Männer es bisher nicht genügend gelernt hätten, ihre Ängste mit anderen Männern zu teilen und sich bei ihnen emotionale Unterstützung zu holen, so wie Frauen sich auch Hilfe und Zuwendung von Frauen einholen. Männer weisen häufig zu wenig Bezugspersonen auf, zu denen sie einen emotionalen Austausch pflegen, ihr soziales Netzwerk ist meistens nur arbeits- und wettbewerbsorientiert. Im Alter verfügen Männer nicht über dieselben sozialen Ressourcen wie Frauen, weil sie den Bereich der Beziehungspflege während ihres Erwerbslebens sträflich vernachlässigt haben.

Fast alle Autorinnen und Autoren betonen die Notwendigkeit, daß Männer ihr Risikoverhalten verändern, gesundheitsbewußter leben und mehr Beziehungspflege üben müssen. Das Netzwerk von Selbsthilfegruppen für Männer müßte ausgebaut werden, und Männer müßten darin bestärkt und dazu motiviert werden, fremde Hilfe auch in persönlichen Dingen anzunehmen. Auf der Männerseite besteht ein großes Defizit in der Inanspruchnahme von Angeboten an Prävention, Behandlung und Rehabilitation (Eikkenberg und Hurrelmann 1997).

Die meisten Forscherinnen und Forscher sind sich in ihren Forderungen einig: Männer dürfen die Gefühlswelt und die Beziehungspflege nicht mehr länger nur den Frauen überlassen, sie müssen beginnen, Gefühle wahrzunehmen und zuzulassen, müssen anfangen, emotional nicht nur zu nehmen, sondern auch zu geben. Vor allem aber müssen sie ihre Ängste aufgeben, von der Frau verschlungen und vereinnahmt zu werden und ihre Unabhängigkeit zu verlieren (Hollstein 1990).

Männer halten ihren Körper für einen Besitz, mit dem sie unbegrenzt wuchern. Sie benutzen ihn als eine Leistungsmaschine und sind verärgert, wenn er nicht mehr funktioniert. Sie nehmen ihren Körper nicht als Bestandteil ihrer Persönlichkeit wahr – ein Widerpruch zum Idealbild des klassischen männlichen Stereotyps. Am Ende des Lebens summiert sich die Kombination des sorglosen und des schädigenden Umgangs mit dem eigenen Körper zu der höheren Todesrate der Männer. Daher ist es notwendig, daß sich Männer gesundheitlich sorgsamer verhalten, mit ihrem Körper nicht Raubbau treiben, sondern ihn pflegen und achten.

Dazu gehört auch ein selbstreflexiver Umgang mit dem Körper. Männer müssen dazu gebracht werden, Krankheitssymptome ernster zu nehmen und zu einem früheren Zeitpunkt als bisher einen Arzt aufzusuchen. Frauen sind bezüglich ihres gesundheitsrelevanten Verhaltens gegenüber den Männern im Vorteil, und Männer haben daher einen großen Nachholbedarf, was Gesundheitsbewußtsein und Gesundheitshandeln anbetrifft. Ihre Symptomwahrnehmung und ihre Symptombewertung müssen sie schärfen, sich auch gesünder ernähren und weniger den Drogen Alkohol und Tabak zusprechen. Vor allem beim letzteren ist der Zusammenhang mit den koronaren Herzkrankheiten längst bewiesen, aber sehr viele Männer kümmern sich nicht um wissenschaftliche Befunde, sie rauchen weiter, halten sich für unverwundbar und verharren in dem Glauben, es würde sie schon nicht treffen.

Zwar sprechen einige Befunde für einen genetisch bedingten Unterschied in der Lebenserwartung von Männern und Frauen, was die exogenen (z. B. ernährungsbedingten) und auch soziokulturellen Ursachen relativiert. Dies trifft sowohl auf die hohe Sterberate bei Männern vor der Geburt und kurz nach der Geburt zu als auch auf die versagenden Kontrollmechanismen bei bösartigen Zellveränderungen (z. B. Prostatakarzinom) im Alter (Klotz 1997).

Dennoch kann man davon ausgehen, daß bestehende Vulnerabilitäten bei Männern durch Umwelt und Sozialisation modifiziert und beeinflußt – wenn auch nicht aufgehoben – werden können, so daß die Bedeutung des Gesundheitsbewußtseins und Gesundheitshandelns unbestritten bleibt. Eine Förderung der Kompetenz, mit Streß umzugehen und Angebote der Gesundheitsfürsorge in Anspruch zu nehmen, kann sich nur positiv für die Gesundheit von Männern auswirken, und es kann als gesichert gelten, daß sich ein regulierender und mäßigender Umgang mit den eigenen Gefühlen gesundheitsprotektiv auswirkt (Lazarus und Folkman 1984; Goleman 1996).

Abschied von der hegemonialen Männlichkeit

Traditionelle Familienstrukturen, in denen der Mann das ›Oberhaupt‹ der Familie ist und die alleinige Entscheidungsbefugnis innehat, lösen sich in allen modernen Gesellschaften auf. Frauen haben das Terrain der Erwerbstätigkeit erobert und sich damit ein weit größeres Mitspracherecht geschaffen. Männer sind größtenteils nicht mehr die alleinigen Ernährer der Familie, so daß die Verantwortlichkeiten innerhalb der Familie neu verteilt werden müssen. Die Männer müssen sich von der jahrhundertelang verinnerlichten Vorstellung lösen, qua Geburt und Geschlecht einen Vorsprung und einen Vorrang vor den Frauen zu haben. Sie müssen einen Teil ihrer liebgewordenen Machtpositionen aufgeben und ein neues Verhältnis zur Macht gewinnen (Lenz 1997).

Eine demokratische Gesellschaft verlangt ausgeglichene Machtverhältnisse der Geschlechter, Gleichberechtigung und also Gleichbewertung von Männern und Frauen. Dazu gehört die Überwindung der geschlechtsspezifischen Arbeitsteilung im Berufsleben ebenso wie der Abbau von Ungerechtigkeit zwischen Männern und Frauen im Privat- und Familienleben sowie in der Haushaltsführung.

Ein Ausgleich der Machtverhältnisse zwischen den Geschlechtern führt auch zu einer Neuformulierung von alten Männlichkeits- und Weiblichkeitskonzepten, zu einer Befreiung von geschlechtsspezifischen Zwängen sowie zu anderen erweiterten Sichtweisen der Sexualität. In diesem Zusammenhang ist es auch an der Zeit, von der Überbewertung der Heterosexualität als der einzigen »richtigen« Form der Sexualität Abschied zu nehmen und der Homosexualität von Männern und Frauen einen – als Minderheit unter der Mehrheit – gleichwertigen Platz zuzubilligen.

Die Machtverhältnisse von Männern und Frauen schließen auch Erfahrungen von Ohnmacht und damit die Auseinandersetzung mit eigenen Ängsten ein, und zwar bei beiden Geschlechtern. Nicht der Ausdruck von Gefühlen ist ein Zeichen von Schwäche, sondern im Gegenteil ihre Verdrängung, Verleugnung und Abspaltung. Stärke und Schwäche stellen nicht Grenzziehungen zwischen den Geschlechtern dar, sondern innerhalb der Geschlechter. Männer und Frauen sind nicht stark bzw. schwach an sich, sondern es gibt starke und schwache Männer und Frauen.

Männer können in der Auseinandersetzung mit sich selbst ihren inneren und humanen Kern entdecken, eine innere Kraft und auch ›Macht‹ entwickeln, die auf eigener Stärke und nicht auf der Unterdrückung des Weiblichen aufbaut. Der Schlüssel zu einer neuen Form von Männlichkeit scheint die Entdeckung der eigenen Empfindsamkeit zu sein. Damit in Zusammenhang steht die Empathiefähigkeit, die gerade bei Männern einer Stärkung bedarf. Ziel der neuen Männlichkeit ist es, daß Männer ihre »blinden Flecken« nicht mehr abwehren müssen, sondern ihre Wahrnehmung und Sensibilität dafür vergrößern und ihr Gefühlsspektrum erweitern können (Lenz 1997).

Ein neuer Begriff von Männlichkeit, der auch das Eingeständnis von Machtlosigkeit einschließt, und damit in Zusammenhang stehend eine flexiblere und reflexivere Lebenseinstellung kann für die Gesundheit von Männern nur förderlich sein. Ein Abschiednehmen vom Macher- und Machoverhalten ist hilfreich. Der Begriff der »hegemonialen Männlichkeit« (Connell 1987) wird damit überwunden. Er bezieht sich auf so verschiedene Bereiche wie Sexualität (›der Mann ist heterosexuell‹), Entscheidungsmacht (‹der Mann entscheidet›) und Rationalitätsorientierung (‹der Mann denkt logisch‹) und drückt aus, daß es verschiedene Dimensionen gibt, die durch ein machthierarchisches Verhältnis zueinander geprägt sind. Hegemoniale Männlichkeit ist überholt und veraltet, sie war jahrhundertelang gesellschaftlich gestaltet, durch kulturelle Prozesse und durch den Einfluß auf das private Leben geprägt sowie durch das Einverständnis unter Männern aufrechterhalten worden. Hegemoniale Männlichkeit wurde (und wird teilweise noch) von Männern in »geheimer Übereinstimmung« mit dem Ziel der Unterordnung von Frauen inszeniert (Connell 1987; Brzoska 1992).

Solcherart Vorstellungen lassen sich mit einem modernen Begriff von Männlichkeit nicht vereinbaren. Nicht Körpereinsatz und Muskelkompetenz, Überlegenheitsgehabe und Durchsetzung um jeden Preis sind heute gefragt, sondern emotionale und soziale Kompetenz auf der Basis von Gleichwertigkeit der Geschlechter (Möller 1997a, b; Zimmermann 1998). Der einseitige Machtanspruch, der traditionell zur männlichen Rolle dazugehörte, muß zugunsten des Begriffs der Selbstwirksamkeit und der Kohärenz im Sinne Antonovskys verändert und erweitert werden (Antonovsky 1997).

Nicht die Macht und das Bestreben, alles unter Kontrolle zu haben, ist danach das Entscheidende, sondern das realistische und immer wieder neu aufzubauende Gefühl, mit den Anforderungen aus der Innen- und Außenwelt zurechtzukommen und dafür jeweils die passende Bewältigungsstrategie zu haben. Eine solche Bewältigungsstrategie bedeutet nicht, mit allen Problemen allein fertigwerden zu müssen, sondern sie läßt es zu, sich Hilfe und Unterstützung zu holen, und setzt Emotionalität nicht mit Schwäche, sondern mit Stärke gleich. Nicht der Allmachts-, sondern der flexible Bewältigungsanspruch rückt in den Vordergrund, kombiniert mit einer positiven Einstellung gegenüber den eigenen Fähigkeiten und mit dem Vertrauen auf Möglichkeiten der Hilfe durch ein weitgeflochtenes soziales Netzwerk (Hurrelmann 1997b).

Die Machtteilung von Männern und Frauen beruht auf der Grundlage eines angemessenen Selbstbewußtseins beider Geschlechter, bedeutet nicht Herrschaft über andere, sondern über sich selbst und stärkt das Bewußtwerden der eigenen Gefühle, Anspannungen und Belastungen bei sich selbst. Sie verdrängt nicht die eigene Körperlichkeit und Emotionalität, sondern baut im Gegenteil auf die Macht der Beziehungsfähigkeit und Liebe und aktiviert dabei eigene Ressourcen der Kommunikations- und Beziehungsfähigkeit. Männer mit einer starken Identität begreifen, daß Verzicht auf Macht nicht Verzicht auf Stärke ist. Ihrem Machtverzicht muß allerdings eine kritische Auseinandersetzung mit männlicher Gewalt vorausgehen (Astrachan 1992).

2.2 Die Attraktivität der individuellen Rollenvielfalt

Vieles spricht dafür, daß die alleinige Fixierung der Männer auf ihre Berufs-rolle und die Vernachlässigung so wichtiger Bereiche wie Familie, Freunde, Gefühlsbereitschaft und Gesundheitsvorsorge sich negativ auf die Gesund-heit der Männer auswirkt und daß im Gegenzug die Rollenvielfalt der Frauen, ihre Spielräume, ihre Einfühlungsfähigkeit und ihr reflexives Ge-sundheitsverhalten einen positiven Einfluß – trotz aller bestehenden Bela-stungen – ausübt. Gerade weil sie zeitweilig ihre Rollen untereinander aus-tauschen und temporär nacheinander ausüben können, liegt die Vermutung nahe, daß sich diese Flexibilität für Frauen gesundheitlich zumindest nicht nachteilig auswirkt. Damit sollen keineswegs die multiplen Belastungen – oft Drei- und Vierfachbelastungen – heruntergespielt werden, denn es ist nicht zu übersehen, daß Frauen auf diese Anspannungen sehr deutlich mit psychischen und psychosomatischen Störungen reagieren (Hurrelmann 1996).

Natürlich kann man die Frage aufwerfen, wer denn nun den höheren Preis zahle, die Männer, die früher sterben, oder die Frauen, die länger leben, aber sich dabei überwiegend nicht gesund fühlen (Maschewsky-Schneider 1994, 1996). Es ist eine Frage, die die Frauenforschung von Beginn an beschäftigt hat und die bis heute nicht eindeutig beantwortet werden kann. Frauen ha-ben zwar ein besseres Gesundheitsbewußtsein als Männer, dafür aber ein schlechteres subjektives gesundheitliches Wohlbefinden. Die Frauengesund-heitsforschung fordert, daß die in den Lebensbedingungen von Frauen lie-genden Belastungen, Diskriminierungen und Widersprüche gesehen und in ihrem Niederschlag auf das Wohlbefinden von Frauen berücksichtigt wer-den müssen. In erster Linie müßten die nicht zu übersehenden Benachteili-gungen in der Lebenswelt von Frauen aufgehoben und die Zuschreibungs-prozesse in der Medizin verändert werden, die Frauen immer noch primär als krank, schwach und leidend darstellen. Als Folge davon seien Frauen jahrhundertelang medikalisiert und pathologisiert worden (Klesse, Sonntag, Brinkmann, Maschewsky-Schneider 1992).

Die Frauengesundheitsforschung tritt dafür ein, daß der Mythos – Frauen, das kranke Geschlecht – gebrochen werde, und hat aufgezeigt, daß sich nicht die Frau aufgrund ihres Geschlechts krank fühle, sondern aufgrund vieler psychosozialer Risiken und Benachteiligungen in ihrem Leben (Maschewsky-Schneider 1996).

Dennoch bleibt festzustellen, daß sich die Belastungen und das geringere Wohlgefühl von Frauen nicht in einer höheren Mortalitätsrate niederschlägt, sondern in einer längeren Lebensdauer. Man könnte vermuten, daß die »Mehrfachbelastung« – ohne daß dies zynisch klingen soll – sich häufig zu einer »Mehrfach-Gestaltungsmöglichkeit« wandelt und die Nachteile der frauenspezifischen Rollenkonstellation gegenüber den Vorteilen zurücktritt (Hurrelmann 1996).

Männer sind in den Wettbewerbs- und Konkurrenzmechanismen des Berufslebens verwurzelt und sind schon von klein auf darin trainiert, zu erobern, zu gewinnen und den Ton anzugeben. Sie sind den Karrieremustern verhaftet – und haben nichts weiter als ihren Beruf. Ein Scheitern darin, ein Entlassenwerden, Arbeitslosigkeit bedeutet für sie ein Scheitern im Leben, denn sie haben nichts, worauf sie sich stützen können. Sie haben sich keine Ausweichfelder geschaffen, in denen sie emotionale Befriedigung erhalten können. Auf diese Weise rächt sich das Absondern des Mannes von der Familie und dem häuslichen Kontext. Während Frauen sich Unterstützung und Bereicherung aus beiden Bereichen – Berufswelt und Familienwelt – holen können, ziehen Männer ihre Zufriedenheit häufig nur aus dem Berufsleben, und das ist instabil geworden und kann ihn von heute auf morgen in ein tiefes Loch werfen. Die Fixierung auf nur eine Welt trennt den Mann von den anderen möglichen Welten ab.

Auch Männer träumen manchmal von flexiblen Arbeitszeiten

Nicht jeder Mann hat den Wunsch, Karriere zu machen und in einem Gipfelsturm zum Vorstandsvorsitzenden aufzusteigen, um sich dann von seinem Beruf gesundheitlich aufzehren zu lassen. Für viele Männer gibt es auch »ein Leben vor dem Tod«, das sie genießen möchten (Hermani 1998).

Allmählich steigt die Zahl der Männer, die eigene Berufstätigkeit zeitweise einschränken, um sich auch außerberuflichen Interessen, wie zum Beispiel Kindern und Familie, zu widmen. In mittleren und größeren Unternehmen spricht es sich herum, daß eine Personalpolitik, die auf die Vereinbarkeit von Beruf und Familie setzt – und zwar sowohl bei Männern als auch bei Frauen –, sich auch wirtschaftlich für das Unternehmen auszahlt. Immer mehr Frauen dringen in Männerberufe ein. Untersuchungen von Unternehmensberatungen haben gezeigt, daß gemischtgeschlechtliche Teams bei Problemen zu qualitativ besseren, tragfähigeren und kreativeren Lösungen kommen als nur männlich oder nur weiblich zusammengesetzte Teams (Hermani 1998).

Kompetenz ist eine prinzipiell geschlechtsunabhängige Fähigkeit, daher muß Personalpolitik geschlechtsneutral und leistungsorientiert erfolgen.

Nicht Frauenförderung nach Quote ist angesagt, denn sie hat nicht dazu geführt, den Anteil von Frauen in qualifizierten Fach- und Führungspositionen zu vergrößern, sondern Gleichstellungskonzepte mit geschlechtsunabhängiger Leistungsbeurteilung, die die Möglichkeit der freien Wahl von Männern und Frauen beinhalten, ohne Nachteile und Diskriminierungen für eine gewisse Zeitspanne entweder der Familie, der Fort- und Weiterbildung oder dem Beruf den Vorzug zu geben (Hermani 1998).

Ähnlich wie Frauen sollten auch Männer zwischen verschiedenen Lebensbereichen wählen können. Sie sollten die Chance haben, biographisch unterschiedliche Akzente zu setzen und sich in den einen Bereich hinein- und auch wieder herauszubewegen. Wünschenswert wäre eine flexible »jonglierende« Auseinandersetzung von Männern und Frauen mit den drei »K's«, die bislang von den Frauen besetzt waren, und ebenso einem vierten »K«, dem Bereich Karriere, der gleichermaßen Frauen und Männern offenstünde (Hurrelmann 1997b).

Angleichung der Lebensweisen von Männern und Frauen

In den letzten Jahren ist eine zugleich positive und negative Angleichung der Verhaltensweisen von Männern und Frauen zu verzeichnen, die sich darin zeigt, daß Berufstätigkeit von Frauen heute nicht mehr hinterfragt wird und daß immer mehr Frauen auch leitende Positionen in Männerberufen und Männerdomänen einnehmen, daß sie jedoch auch vermehrt Alkohol trinken, stärker noch als Männer rauchen und vielfältige andere männliche Verhaltensweisen praktizieren. So zeigen sie z. B. in Film, Kunst und Theater Muskeln und Kraft, wie es bis dahin nur Filmhelden wie Arnold Schwarzenegger und Silvester Stallone getan haben. Starke Frauen wie in dem Film »Thelma und Luise« zeigen Kaltblütigkeit, Mut, Durchsetzungsfähigkeit, üben Rache und nehmen – ganz in Wildwest-Manier – tödliche Abrechnungen vor. Als kahlrasierter GI dringt die Schauspielerin Demi Moore in dem Film »Die Akte Jane« in die männerbeherrschte Welt der US-Army ein, robbt wie ihre männlichen Kollegen durch den Schlamm, joggt im Regen, absolviert einarmige Liegestützen, kämpft verbissen als Soldatin um Anerkennung und um Gleichberechtigung und zeigt männliches Kampfgebaren. Die letzten Reste der Männerbastionen scheinen von den Frauen erobert zu werden, obwohl dies sicherlich nicht im Sinne der Frauenbewegungen war (Block und Temsch 1998).

Gegen Ende der 90er Jahre hat der Begriff »neue Frauenbewegung« viel von seinem provokativen Charakter verloren. Zahlreiche Männer akzeptierten und unterstützten in der Vergangenheit die Forderungen der Frauen, sorgten mit für deren Durchsetzung und setzten sich sogar an die Spitze der Frauenbewegung (Farrell 1995). Sie haben sich für die Befreiung der Frauen eingesetzt und merken nun, daß sie vergessen haben, sich selbst zu befreien.

180

Mit der Frauenbewegung wurden Entwicklungen in Gang gesetzt, die viele Männer stark verunsichern und nicht nur zu einer Aushöhlung des alten Männerstereotyps führen, sondern auch zu Gegenbewegungen der Männer.

In letzter Zeit zeigt sich eine Tendenz von Männern, teilweise derselben Männer, die sich zuvor für die Belange von Frauen engagiert haben, sich mehr auf ihre eigenen männlichen Bedürfnisse zu besinnen. Es ist dabei eine Männerbewegung entstanden, die – analog dem weiblichen Bewußtsein der Frauenbewegung – ein männliches Bewußtsein entwickeln und sich dafür einsetzen möchte, daß Männer nicht länger schweigen, sondern sich ebenfalls artikulieren und ihre Sicht der Dinge darstellen. Der »Geschlechterkampf« soll nicht mehr einseitig geführt, sondern in einen Dialog verwandelt werden (Faludi 1995; Farrelll 1995).

Dafür ist es notwendig, so Farrell, daß eine Männerbewegung auf die Situation der Männer und auf die Kehrseite der Medaille aufmerksam macht, die darin besteht, daß auch Männer Ängste und unerfüllte Sehnsüchte haben, daß sie auch oft scheitern und ihre Lebenspläne nicht verwirklichen können, daß auch sie Opfer ihrer Rolle sind und erhebliche Nachteile in Kauf nehmen, wie zum Beispiel die im Vergleich zu Frauen häufigere Ausübung gefährlicher Berufe, die höhere Anzahl berufsbedingter Krankheiten, die größere Wahrscheinlichkeit, Opfer von Gewaltverbrechen zu werden, die höhere Unfall- und Suizidhäufigkeit und den um sieben Jahre früheren Tod (Guggenberger 1997). Der Anschein von Stärke, die vermeintliche Macht, Dominanz und Herrschaft der Männer ist der Grund für ihre Schwäche, die bislang nicht genügend – auch nicht von Feministinnen – gesehen wurde (Farrell 1995).

Fazit

Männlichkeit und Weiblichkeit verhalten sich relational zueinander: eine Veränderung des einen zieht die Veränderung des anderen nach sich. Aussagen über ein Geschlecht implizieren Aussagen über das jeweils andere. Der relationale Aspekt der Geschlechtskategorien ist deshalb so wichtig und darf nicht übersehen werden, weil sonst die Differenz der Geschlechter festgeschrieben und übersehen würde, daß Geschlecht nicht etwas ist, was wir ›haben‹, sondern etwas ist, was wir ›tun‹ (Hausen und Wunder 1992; Armbruster, Müller und Stein-Hilbers 1995; Meuser 1995).

Männer und Frauen werden zwar in ein »symbolisches System der Zweigeschlechtlichkeit« hineingeboren, aber sie wirken auch aktiv mit bei dessen Konstruktion und Aneignung (»doing gender«) und zementieren so die Geschlechterhierarchie. Geschlechterdifferenz ist keine faktische Gegebenheit, sondern Ergebnis einer kognitiven und emotionalen Selbstsozialisation, unterstützt durch soziale und kulturelle Faktoren (Hagemann-White 1984; 1993; Stein-Hilbers 1994).

Vorstellungen von Alfermann (1996), die auf dem Androgyniekonzept beruhen, entsprechen diesen Gedanken. Danach stellen Männlichkeit und Weiblichkeit nicht zwei entgegensetzte Pole auf *einem* Kontinuum dar, und Männer und Frauen haben auch nicht unterschiedliche und einander ergänzende Rollen zu erfüllen, sondern sie siedeln sich – unabhängig von ihrem Geschlecht – an einem beliebigen Punkt, auf *zwei voneinander* unabhängigen Dimensionen an, nämlich einer Maskulinitäts- und einer Feminitätsdimension. Männer und Frauen können unabhängig von ihrem biologischen Geschlecht jeden beliebigen Punkt auf diesen beiden Dimensionen einnehmen. Nach diesem Konzept sind nicht nur maskuline Männer oder nur feminine Frauen denkbar, sondern mindestens vier Typen von Personen (Abb. 21).

Es gibt Menschen, Männer und Frauen, die sich als hoch feminin (A1) und als hoch maskulin (A2) bezeichnen, und Menschen, die Indifferenten (A3), die sich auf beiden Dimensionen niedrig einstufen. Weiterhin gibt es die Androgynen (A4), die sich in hohem Maße mit positiv bewerteten maskulinen wie auch femininen Eigenschaften beschreiben. Die letzte Kombination könnte als erstrebenswertes Sozialisationsziel von Jungen und Mädchen gel-

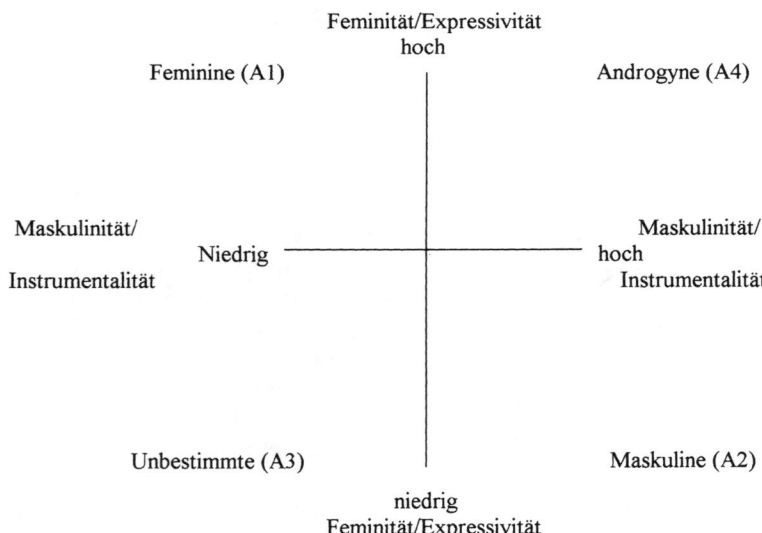

Abb. 21: Geschlechtsrollenidentität nach dem Androgynitätskonzept

Quelle: Alfermann 1996, 61

ten, ein Ziel, das die Polarisierung von Geschlechtsrollen ablehnt und die Grenzen der Geschlechtsrollen erweitert. Mädchen und Jungen, Frauen und Männer sollen ihre Rollen nach ihren Fähigkeiten, Möglichkeiten und Neigungen übernehmen und nicht gezwungen werden, sie ihrem biologischen Geschlecht anzupassen (Alfermann 1996).

Wir halten es für die Entwicklung von Kindern und Jugendlichen für sehr wichtig, allzu starre geschlechtsspezifische Verhaltensweisen von Jungen und Mädchen aufzubrechen. Eine Möglichkeit dazu bietet das Konfrontieren mit Verhaltensweisen, die nicht dem Muster männlich *oder* weiblich folgen, die keine Ausschließlichkeit postulieren, sondern ein Verhalten zulassen, das sowohl männliche als auch weibliche Eigenschaften in sich birgt. Es sollen sich weder Frauen an männliche Verhaltens- und Lebenslaufmuster anpassen müssen noch umgekehrt Männer an weibliche Lebensstile. Beide Geschlechter sollen ihre Rollen frei wählen können und dabei keinem Zwang in Form von institutionalisierten Handlungsbedingungen unterliegen. Sie sollen sich aus der Macht, dem Zwang und dem Druck der Geschlechterstereotypien befreien können (Becker-Schmidt 1993). Dieser Grundgedanke liegt dem Paradigma des Geschlechtsrollenzwangs (Sex Role Strain Paradigma) zugrunde. Es drückt außerdem aus, daß es kein angeborenes Bedürfnis nach Geschlechtsrollenidentität gibt, sondern nur ein von der Gesellschaft normiertes Verhalten der Geschlechter. Der Druck, der auf den einzelnen lastet, das erwartete Verhalten zu zeigen, kann – wie die Geschichte von Männern und Frauen gezeigt hat – zu Belastungen (strain) und zu psychischen Problemen führen (Pleck 1981).

Zusammenfassung

Die alten Bilder von Männlichkeit und Weiblichkeit haben ihre Bedeutung verloren, neue sind hinzugetreten, die das Verhaltens-, Erfahrens- und Gefühlsspektrum von Männern und Frauen erweitern. Die Anziehung der Geschlechter, das erotische Bindeglied zwischen ihnen, sollte auf jeden Fall erhalten bleiben und muß durch eine Neuorientierung sowohl des Frauen- als auch des Männerbildes keinesfalls verlorengehen. Durch die Flexibilisierung der Geschlechtsrollen und der damit verbundenen Bilder von Mann und Frau wird die Spannung zwischen den Geschlechtern nicht ab-, sondern im Gegenteil neu aufgebaut und erhält eine andere Qualität, da es – wenn weitere notwendige Veränderungen greifen, die vor allem das Männerbild betreffen – größere Spielräume für die Ausgestaltung des eigenen Verhaltensspielraumes gibt. Auch wenn keine vorgefertigten Stereotype existieren, leben die gefühlsmäßigen Bindungen, die Liebes- und Sexualbeziehungen zwischen Mann und Frau, Mann und Mann und Frau und Frau selbstverständlich weiterhin von gegenseitigen Vorstellungen und Erwartungen, aber diese sind individuell und persönlich – und nicht vorfabriziert oder in irgendeiner Weise vorprogrammiert. Individualisierung bedeutet immer Freisetzung von vertrauten und festgefügten Mustern, die zunächst von Verunsicherungen begleitet sind, welche doch wiederum zu einer Neugestaltung der Beziehungen führen werden, und in diesem Sinn ist Verunsicherung ein momentanes Geschehen, das einen kreativen Prozeß in Gang setzen kann, denn der Spielraum für soziale, kulturelle und individuelle Ausgestaltung der genetischen Grundausstattung von Mann und Frau ist weit größer als bisher angenommen. Jeder von uns ist für die Ausgestaltung des eigenen Bildes seiner Persönlichkeit, der Wahl seines Handlungsrepertoires und damit des eigenen Bildes von Männlichkeit oder Weiblichkeit selbst verantwortlich (Hurrelmann 1997b).

Es kann als Paradoxon gesehen werden, daß die Männerforschung ihre Impulse aus der Frauenforschung erhalten und entscheidende Erkenntnisse durch sie gewonnen hat, daß also (wieder einmal) Männer von weiblichen Fähigkeiten profitiert haben. Die »Öffnung des feministischen Blicks auf die Männer« geschah allerdings nicht gezielt, sondern fast zwangsläufig, denn das Erkenntnisinteresse der Frauen richtete sich zunächst auf die Frauen selbst und ihre Lebenssituationen. Da diese jedoch nicht losgelöst von denen der Männer betrachtet werden konnten, gerieten die Männer ebenfalls ins Blickfeld, und es wurden wertvolle Einsichten über ihre Männlichkeitskonzepte gewonnen (Engelfried 1997).

Möglicherweise ist es für Männer schwierig, neue Wege zu gehen, weil herkömmliche und für überholt angesehene, an Männer gerichtete Erwartungen nach wie vor Bestand haben, wie z. B. den Mann weiterhin als Hauptverdiener, als Beschützer, als Kavalier anzusehen. Männlichkeit muß aus dem Bereich des Normal-Selbstverständlichen herausgezogen und genau wie Weiblichkeit einem relativierenden Blick unterzogen werden. Das heißt in Übereinstimmung mit Frevert (1993) und Rosenhaft (1996), daß der Frauengeschichte eine Männergeschichte zur Vervollständigung der Geschlechtergeschichte folgen muß.

Es hat sich bei Männern und Frauen die Erkenntnis durchgesetzt, daß nicht die Frauen an sich als Problemgruppe anzusehen, sondern daß die in unserer Gesellschaft dominanten Vorstellungen darüber, wie Männer und Frauen zu sein haben, problematisch sind. Kritisiert werden vor allem – von der Frauen- und mittlerweile auch der Männerforschung – die traditionellen Männlichkeitskonzepte, die nicht nur für Frauen, sondern auch für Männern selbst von Nachteil sind (Hagemann-White 1984; Hagemann-White und Rerrich 1988; Brzoska 1992; Grabrucker 1995; Farrell 1995; Engelfried 1997).

Männer schaden sich vor allem gesundheitlich selbst, indem sie immer noch traditionelle Männlichkeitsklischees leben. Schon aus diesem Grund ist ein Umdenken und eine Besinnung auf die beeinträchtigenden Elemente der männlichen Rolle notwendig. Connells Begriff der hegemonialen Männlichkeit weist ja daraufhin, daß es nicht nur eine Ausrichtung von Männlichkeit, sondern mehrere unterschiedliche gibt. Ein verbindendes Element sind die Unterordnungs- und Unterwerfungsstrategien, die sich nicht nur gegen Frauen richten, sondern auch gegen Männer untereinander. Nicht nur zwischen Männern und Frauen existieren Barrieren, sondern ebenfalls zwischen Männern. Die Männerwelt ist eine auf Dominanz aufgebaute Hierarchie und funktioniert mit Hilfe von Macht und Kontrolle (Sabo und Gordon 1995).

Geschlechterverhältnisse sind geprägt sowohl durch die Beziehungen zwischen den Geschlechtern als auch innerhalb einer Geschlechtsgruppe. Gerade der letzte Aspekt wird oft übersehen, hat er doch auch einen Einfluß auf die Gestaltung der Beziehungen zwischen den Geschlechtern, denn die Hierarchien unter Jungen und unter Männern prägen maßgeblich den Umgang von Jungen und Männern mit Mädchen und Frauen. Letzten Endes führen die harten und brutalen Auseinandersetzungen unter Männern und die dort erlittenen Kränkungen, Unterlegenheitsgefühle und Frustrationen zur Machtdemonstration gegenüber Frauen, zur Gewaltanwendung und auch zum sexuellen Mißbrauch, da Sexualität für viele Männer ein Forum für die eigene körperliche Überlegenheit und damit ein Schauplatz für die Unterwerfung der Frau ist (Engelfried 1997).

Es gibt nicht nur eine Gestaltungsform von Männlichkeit, sondern mehrere – auch konträre –, und in jeder männlichen individuellen Person konkurrieren in spezifischen Lebensabschnitten unterschiedliche Männlichkeiten miteinander. Auch wenn die Gesellschaft auf Jungen und Männer großen Druck ausübt, traditionelle Männlichkeit zu leben, so haben Jungen und Männer doch die Wahl der Entscheidung. Sie entscheiden sich für bestimmte Verhaltensweisen oder dagegen und konstruieren so aktiv ihr Mannsein. Damit tragen sie die Verantwortung für ihr Tun. Es wird deutlich, daß Männlichkeit ein soziales Konstrukt ist, das beibehalten werden kann, aber auch veränderbar ist (Engelfried 1997).

Dies ist der Ausgangspunkt der Männerforschung, die darauf abzielt, einen Veränderungsprozeß in Gang zu setzen, der Männer zu der Erkenntnis bringen könnte, daß es so nicht weitergeht wie bisher und daß sie sich sowohl ins berufliche und familiäre als auch ins gesundheitliche Aus manövrieren, wenn sie so weitermachen mit ihrem konkurrenzbezogenen, riskanten und emotional distanzierten Lebensstil und ihrem schädlichen Gesundheitshandeln (Sabo und Gordon 1995).

Das Ausleben traditioneller Männlichkeit schädigt vor allem die Gesundheit von Männern und beeinträchtigt ihre Lebenserwartung. Traditionelle Männlichkeit heißt unter anderem Fixierung auf eine Rolle und Abspaltung von dem inneren Kern der Persönlichkeit sowie mangelnde Autonomie im Sinne Gruens (1992).

Unsere These lautet in Übereinstimmung mit Vertreterinnen und Vertretern der Männer- und der Frauenforschung, daß Männer und Frauen grundsätzlich verschiedene Rollen innehaben sollten und daß eine Polarisierung in entgegengesetzte Geschlechterstereotype vermieden werden muß. Männer und Frauen sollten die Möglichkeit haben, ihr Rollenverhalten je nach den Anforderungen ihrer Lebensbedingungen und nach eigenen Wünschen frei wählen zu können. Der Zwang, sich in bestimmten Situationen nur so und nicht anders verhalten zu dürfen, engt männliches und weibliches Verhalten unnötig ein und führt zur Starrheit und Fixierung. Wir plädieren dafür, daß sich Männer und Frauen in eigener Selbstverantwortung und eigener Entscheidung ihre jeweils eigene Gestaltungsform von Männlichkeit und Weiblichkeit aneignen und pflegen sollten und daß die Spannung und erotische Anziehungskraft zwischen den Geschlechtern durch die Vielfalt der Rollenausprägungen erhalten bleibe (Halper 1992; Hollstein 1992a, b; Böhnisch und Winter 1994; Sabo und Gordon 1995; Maschewsky-Schneider 1996, 1997; Engelfried 1997; Möller 1997a; b Lenz 1997; Hurrelmann 1997b).

Literatur

Abele, A./Becker, P. (Hrsg.) (1991): Wohlbefinden. Theorie-Empirie-Praxis. Weinheim: Juventa

Alfermann, D. (1996): Geschlechterrollen und geschlechtstypisches Verhalten. Stuttgart, Berlin, Köln: Kohlhammer

Althoff, G. (1991): Weiblichkeit als Kunst. Die Geschichte eines kulturellen Deutungsmusters. Stuttgart: Metzler

Althoff, G. (1998): Schönheit als Spiegel der Moral. Zur Tradition der Ästhetisierung des weiblichen Körpers. Neue Zürcher Zeitung vom 21./22. März 1998, Nr. 67, S. 57

Amann, G./Wipplinger, R. (Hrsg.) (1997): Sexueller Mißbrauch. Überblick zu Forschung, Beratung und Therapie. Ein Handbuch. Tübingen: Deutsche Gesellschaft für Verhaltenstherapie

Angermeyer, M.C. (1991): »Zuviel Streß!« Vorstellungen von Patienten mit funktionellen Psychosen über die Ursachen ihrer Krankheit. In: Flick, U. (Hrsg.): Alltagswissen über Gesundheit und Krankheit. Subjektive Theorien und soziale Repräsentationen. Heidelberg: Asanger, 116–126

Antonovsky, A. (1987): Unraveling the mystery of health. San Francisco: Jossey-Bass

Antonovsky, A (1993): Gesundheitsforschung versus Krankheitsforschung. In: Franke, A./ Broda, M. (Hrsg.): Psychosomatische Gesundheit. Versuch einer Abkehr vom Pathogenese-Konzept. Tübingen: Deutsche Gesellschaft für Verhaltenstherapie, 3–14

Antonovsky, A. (1997): Salutogenese. Zur Entmystifizierung der Gesundheit. Tübingen: Deutsche Gesellschaft für Verhaltenstherapie

Arbeitsgruppe Bildungsbericht am Max-Planck-Institut für Bildungsforschung 1994 (Hrsg.) (1994): Das Bildungswesen in der Bundesrepublik Deutschland. Strukturen und Entwicklungen im Überblick. Vollst. überarb. und erw. Neuausgabe. Reinbek b.H.: rororo

Armbruster, L.C./Müller, U./Stein-Hilbers, M. (1995): Einleitung. In: Armbruster, L.C./Müller, U./Stein-Hilbers, M. (Hrsg.): Neue Horizonte? Sozialwissenschaftliche Forschung über Geschlechter und Geschlechterverhältnisse. Opladen: Leske + Budrich, 7–21

Astrachan, A. (1992): Wie Männer fühlen. Ihre Reaktionen auf emanzipierte Frauen. Ein Report. München: Kösel

Aukett, R./Ritchie, J. Mill, K. (1988): Gender Diffenrences and Friendship Patterns. Sex Roles, 19, 57–66

Badinter, E. (1992): XY. Die Identität des Mannes. München, Zürich: Piper

Badura, B./Kickbusch, I. (Eds.) (1991): Health promotion research. Towards a new social epidemiology. WHO Regional Publications, European Series, No 37

Baethge, M. (1994): Arbeit und Identität. In: Beck, U./Beck-Gernsheim, E. (Hrsg.): Riskante Freiheiten. Frankfurt a.M.: Suhrkamp, 245–295

Bandura, A. (1979): Eine soziallerntheoretische Analyse. Stuttgart: Klett

Bange, D. (1993): Sexueller Mißbrauch an Jungen. In: Winter, R. (Hrsg.): Stehversuche. Sexuelle Jungensozialisation und männliche Lebensbewältigung durch Sexualität. Schwäb. Gmünd und Tübingen: Neuling, 119–148

Bange, D./Boehme, U. (1997): Sexuelle Gewalt an Jungen. In: Amann, G./Wipplinger, R. (Hrsg.): Sexueller Mißbrauch. Überblick zu Forschung, Beratung und Therapie. Ein Handbuch. Tübingen: Deutsche Gesellschaft für Verhaltenstherapie, 726–737

Barnett, R.C./ Marshall, N.L. (1993): Men, family-role quality, job-role quality and physical health. Health Psychology, 12, 1, 48–55

Barnett, R.C./Davidson, H./Marshall, N.L. (1991): Physical symptoms and the interplay of work and family roles. Health Psychology, 10, 94–101

Barta, I./Breu, Z./Hammer-Tugendhat, D./Jenni, U./Nierhaus, I./Schöbel, J. (Hrsg.) (1987): Frauen. Bilder. Männer. Mythen. Kunsthistorische Beiträge. Berlin: Reimer

Batra, A. (1995): Tabak: Neue Befunde zu Gefährdungspotentialen. In: Deutsche Hauptstelle gegen die Suchtgefahren (Hrsg.): Jahrbuch Sucht 96. Geesthacht: Neuland, 84–93

Baur, J. (1988): Über die geschlechtstypische Sozialisation des Körpers. Ein Literaturüberblick. Zeitschrift f. Sozialisationsforschung und Erziehungssoziologie, 8: 152–160

Baur, J./Miethling, W.D. (1991): Die Körperkarriere im Lebenslauf. Zur Entwicklung des Körperverhältnisses im Jugendalter. Zeitschrift f. Sozialisationsforschung und Erziehungssoziologie, 11, 163–188

Beall, A.E. (1993): A social structionist view of gender. In: Beall, A.E./Sternberg, R.J. (Eds.): The psychology of gender. New York: Guilford Press, 127–147

Beck, U. (1986): Risikogesellschaft. Auf dem Weg in eine andere Moderne. Frankfurt a.M.: Suhrkamp

Beck, U./Beck-Gernsheim, E. (1990): Das ganz normale Chaos der Liebe. Frankfurt a.M.: Suhrkamp

Beck-Gernsheim, E. (1980): Das halbierte Leben. Männerwelt Beruf, Frauenwelt Familie. Frankfurt a.M.: Suhrkamp

Beck-Gernsheim, E. (1983): Vom »Dasein für andere« zum Anspruch auf ein Stück »eigenes Leben«. Individualisierungsprozesse im weiblichen Lebenszusammenhang. Soziale Welt, 34, 307–340

Beck-Gernsheim, E. (1997): Wenn Scheidung normal wird. Pädagogik, Heft 7–8, 21–26

Becker-Schmidt, R. (1993): Geschlechterdifferenz-Geschlechterverhältnis: soziale Dimensionen des Begriffs »Geschlecht«. Zeitschrift für Frauenforschung, Heft 1+2, 37–46

Beckmann, P./Engelbrech, G. (Hrsg.) (1994): Arbeitsmarkt für Frauen 2000 – Ein Schritt vor oder ein Schritt zurück? Kompendium zur Erwerbstätigkeit von Frauen. Nürnberg: Institut für Arbeitsmarkt- und Berufsforschung der Bundesanstalt für Arbeit

Behnken, I./Jaumann, O. (Hrsg.) (1995): Kindheit und Schule. Kinderleben im Blick von Grundschulpädagogik und Kindheitsforschung. Weinheim und München: Juventa

Belle, D. (1990): Der Streß des Versorgens: Frauen als Spenderinnen sozialer Unterstützung. In: Schmerl, C./Nestmann, F. (Hrsg.): Ist Geben seliger als Nehmen? Frauen und Social Support. Frankfurt: Campus, 36–52

Benard, Ch./Schlaffer, E. (1991): Sagt uns, wo die Väter sind. Reinbek b. H.: Rowohlt

Benjamin, J. (1990): »Die Fesseln der Liebe«. Basel, Frankfurt: Stroemfeld/Roter Stern

Benjamin, J. (1993): »Phantasie und Geschlecht«. Basel, Frankfurt: Stroemfeld/Roter Stern

Biener, K, (1992): Lebensgewohnheiten und Gesundheit. Berlin, Stuttgart, Toronto: Huber

Bierhoff-Alfermann, D. (1989): Androgynie. Opladen: Westdeutscher Verlag

Bilden, H. (1991): Geschlechtsspezifische Sozialisation. In: Hurrelmann, K./Ulich, D. (Hrsg.): Neues Handbuch der Sozialisationsforschung. Weinheim: Beltz, 279–303

Blättner, B. (1991): Stärkt oder schwächt die Gesundheitsbildung Frauen? In: Landesinstitut für Schule und Weiterbildung (Hrsg): Gesundheitsbildung – Angelegenheit von Frauen? Soest, 9–27

Blaxter, M. (1990): Health and lifestyles. London: Routledge

Block, K./Temsch, J. (1998): Ganz wild auf die Kampfweiber. Süddeutsche Zeitung vom 21./22. März 1998, Nr. 67, S. VII

Bock, G. (1988): Geschichte, Frauengeschichte, Geschlechtergeschichte. Geschichte und Gesellschaft 14, 364–369

Bock, U. (1988): Androgynie und Feminismus. Beltz: Weinheim

Boenche, F. (1994): Männliches Gesundheitsverhalten. In: Schneider-Wohlfart, U. u. a. (Hrsg.): Gesundheitsbildung. Soest, 137–144

Bohleber, W. (1992): Identität und Selbst. Die Bedeutung der neueren Entwicklungsforschung für die psychoanalytische Theorie des Selbst. Psyche, 46. Jg., Heft 4, 336–365

Böhm, W./Lindauer, M. (Hrsg.) (1992): Mann und Frau – Frau und Mann. Hintergründe, Ursachen und Problematik der Geschlechterrollen. 5. Würzburger Symposium der Universität Würzburg. Stuttgart: Klett

Böhnisch, L. (1997): Über die alten und neuen Väter. In: Böhnisch, L./Lenz, K. (Hrsg.): Familien. Eine interdisziplinäre Einführung. Weinheim und München: Juventa, 155–166

Böhnisch, L./Winter, R. (1994): Männliche Sozialisation. Bewältigungsprobleme männlicher Geschlechtsidentität im Lebenslauf. 2. Aufl. Weinheim: Juventa

Bongers, D. (1986): Das Körperselbstbild von Männern. In: Brähler, E. (Hrsg.): Körpererleben – Ein subjektiver Ausdruck von Leib und Seele. Beiträge zur psychosomatischen Medizin. Berlin, Heidelberg, New York., Tokyo: Springer, 137–146

Born, G. (1994): Beruf und weiblicher Lebenslauf. Plädoyer für einen Perspektivenwechsel in der Betrachtung der Frauenerwerbsarbeit. In: Beckmann, P./Engelbrech, G. (Hrsg.): Arbeitsmarkt für Frauen 2000 – Ein Schritt vor oder ein Schritt zurück? Kompendium zur Erwerbstätigkeit von Frauen. Nürnberg: Institut für Arbeitsmarkt- und Berufsforschung der Bundesanstalt für Arbeit

Bracht, U. /Keiner, D. (Hrsg.) (1994): Geschlechterverhältnisse und Pädagogik. Jahrbuch für Pädagogik 1994. Frankfurt a.M.: Peter Lang

Brähler, E. /Felder, H. (Hrsg.) (1992): Weiblichkeit, Männlichkeit und Gesundheit. Medizinpsychologische und psychosomatische Untersuchungen. Opladen: Westdeutscher Verlag

Brandes, H./Bullinger, H. (Hrsg.) (1996): Handbuch Männerarbeit. Psychologische Verlags Union: Weinheim

Braun, K. (1995): Frauenforschung, Geschlechterforschung und feministische Politik. Feministische Studien, 13. Jg., Heft 2, 107–117

Brengelmann, J.C./Henrich, G. (1990): Geschlecht und Geschlechtsrolle: Kompetenz, Lebensbewältigung und Streß. In: Brengelmann. J.C. (Hrsg.): Vorträge zur Verhaltenskompetenz und -inkompetenz. Frankfurt a.M.: Verlag Peter Lang, 115–149

Brenner, G./Grubauer, F. (1991): Geschlechterroller. Ein Problemaufriß. In: Brenner, G./Grubauer, F. (Hrsg.): Typisch Mädchen? Typisch Junge? Persönlichkeitsentwicklung und Wandel der Geschlechtsrollen. Weinheim: Juventa, 8–10

Briscoe, M. (1987): Why do people go to the doctor? Sex differences in the correlates of GP consultation. Social Science and Medicine, 25, 507–513

Brockhaus, U./Kolshorn, M. (1997): Die Ursachen sexueller Gewalt. In: Amann, G./Wipplinger, R. (Hrsg.): Sexueller Mißbrauch. Überblick zu Forschung, Beratung und Therapie. Ein Handbuch. Tübingen: Deutsche Gesellschaft für Verhaltenstherapie, 89–105

Brod, H. (1987): The Making of Masculinities. The New Men's Studies. Boston: Allen & Unwin

Brod, H. (1990): Pornography and the alienation of male sexuality. In: Hearn, J./Morgan, D.H.J. (Eds): Men, Masculinities & Social Theories. London: Unwin Hyman, 124–137

Brown, G.W./Harris, T.O. (Eds) (1989): Life events and illness. London: Unwin Hyman

Brück, B./Kahlert, H./Krüll, M./Milz, H./Osterland, A./Wegehaupt-Schneider, I. (1992): Feministische Soziologie. Eine Einführung. Frankfurt: Campus

Brüderl, L. (1992): Beruf und Familie: Frauen im Spagat zwischen zwei Lebenswelten. In: Brüderl, L./Paetzold, B. (Hrsg.): Frauenleben zwischen Beruf und Familie. Psychosoziale Konsequenzen für Persönlichkeit und Gesundheit. Weinheim und München: Juventa, 11–34

Bründel, H. (1993): Suizidgefährdete Jugendliche. Theoretische und empirische Grundlagen für Früherkennung, Diagnostik und Prävention. Weinheim und München: Juventa

Bründel, H./Hurrelmann, K. (1994): Gewalt macht Schule. Wie gehen wir mit aggressiven Kindern um? München: Droemer Knaur

Bründel, H./Hurrelmann, K. (1996): Einführung in die Kindheitsforschung. Weinheim, Basel: Beltz

Brzoska, G. (1992): Zur »Männerforschung«. Verhaltenstherapie und Psychosoziale Praxis 1, 5–26

Bundesministerium für Frauen und Jugend (Hrsg.) (1994): BMFJ Medienpaket »Gewalt gegen Frauen und Mädchen« Bonn

Bundesministerium für Familie, Senioren, Frauen und Jugend (Hrsg.) (1995): 1. Bericht der UN-Sonderberichterstatterin zu »Gewalt gegen Frauen« und Informationen der Bundesregierung an die UN-Sonderberichterstatterin »Gewalt gegen Frauen«. Materialien zur Frauenpolitik 45/95

Bundesministerium für Familie, Senioren, Frauen und Jugend (Hrsg.) (1996): Abbau von Beziehungsgewalt als Konfliktlösungsmuster. Stuttgart, Berlin, Köln: Kohlhammer

Bundesministerium für Familie, Senioren, Frauen und Jugend (Hrsg.) (1997a): (K)ein Kavaliersdelikt? Sexuelle Belästigung im Arbeitsleben. Bonn

Bundesministerium für Familie, Senioren, Frauen und Jugend (Hrsg.) (1997b): Sexuelle Belästigung am Arbeitsplatz. Stuttgart, Berlin, Köln: Kohlhammer

Bundesministerium für Familie, Senioren, Frauen und Jugend (Hrsg.) (1997c): Gewalt gegen Frauen hat viele Gesichter. Informationen von Frauen für Frauen. Bonn

Bundesministerium für Familie, Senioren, Frauen und Jugend (Hrsg.) (1997d): Anlaufstelle für vergewaltigte Frauen. Stuttgart, Berlin, Köln: Kohlhammer

Bundesministerium für Gesundheit (1997): Antwort der Bundesregierung, Drucksache 13/ 5214. Frauenspezifische Gesundheitsversorgung. Deutscher Bundestag 13. Wahlperiode

Busch, G./Hess-Diebäcker, D./Stein-Hilbers, M. (1995): Den Männern die Hälfte der Familie, den Frauen mehr Chancen im Beruf. 2. überarb. Aufl. Weinheim: Deutscher Studienverlag

Buse, U. (1998): Der Extremist. Der Spiegel, 14/1998, 122–126

Busfield, J. (1996): Men, women and madness. London: Macmillan press

Butler, J. (1991): Das Unbehagen der Geschlechter. Frankfurt a.M.: Suhrkamp

Büttner, C./Dittmann, M (Hrsg.) (1992): Brave Mädchen, böse Buben? Erziehung zur Geschlechtsidentität in Kindergarten und Grundschule. Weinheim: Beltz

Casper, W./Wiesner, G. (1995): Mortalität im Kindes- und Jugendalter. In: Kolip, P./Hurrelmann, K./Schnabel, P.E. (Hrsg.): Jugend und Gesundheit. Interventionsfelder und Präventionsbereiche. Weinheim: Juventa, 69–86

Chesney, M.A. (1991): Women, Work-Related Stress and Smoking. In: Frankenhaeuser, M./ Lundberg, U./Chesney, M.A. (Eds.): Women, Work, and Health. N.Y.: Plenum, 139–155

Chodorow, N.J. (1990): Das Erbe der Mütter. Psychoanalyse und Soziologie der Geschlechter. 3. Aufl. München: Frauenoffensive

Coleman, W. (1990): Doing Masculinity/Doing Theory. In: Hearn, J./Morgan, D. (Eds.): Men, Maculinities and Social Theory. London: Unwin Hyman, 186–199

Connell, R.W. (1987): Gender and power. Cambridge (UK): Polity Press

Corneau, G. (1993): Abwesende Väter – Verlorene Söhne. Die Suche nach der männlichen Identität. Düsseldorf/Solothurn: Walter

Cornelissen, W. (1993a): Traditionelle Rollenmuster – Frauen- und Männerbilder in den westdeutschen Medien. In: Helwig, G./Nickel, H.M (Hrsg.): Frauen in Deutschland 1945–1992. Berlin: Akademie Verlag, 53–69

Cornelissen, W. (1993b): Politische Partizipation von Frauen in der alten Bundesrepublik und im vereinten Deutschland. In: Helwig, G./Nickel, H.M (Hrsg.): Frauen in Deutschland 1945–1992. Akademieverlag: Berlin, 321–349

Cosmopolitan (1998): Deutschsprachige Ausgabe. Publikation der Verlagsgruppe Jürg Marquardt. Nr. 4, April 1998

Csikszentmihalyi, M (1992): Flow – Die sieben Elemente des Glücks. Psychologie Heute, 19. Jg., Heft 1, 20–29

De Beauvoir, S. (1991): Das andere Geschlecht – Sitte und Sexus der Frau. Reinbek b.H.: Rowohlt (erstm. 1949)

Deicher, S. (Hrsg.) (1993): Die weibliche und die männliche Linie. Das imaginäre Geschlecht der modernen Kunst von Klimt bis Mondrian. Berlin: Reimer

Der Spiegel (1998): »Schau mal, hier steht was«. Nr. 21, 108–127

Deutsches Jugendinstitut (Hrsg.) (1992): Was tun Kinder am Nachmittag? Ergebnisse einer empirischen Studie zur mittleren Kindheit. München: Verlag Deutsches Jugendinstitut, DJI

Diekmann, A./Herschelmann, M./Pech, D./Schmidt, K. (Hrsg.) (1994): Gewohnheitstäter. Männer und Gewalt. Köln: Papy-Rossa

Dietzen, A. (1993): Soziales Geschlecht. Soziale, kulturelle und symbolische Dimensionen des Gender-Konzepts. Opladen: Westdeutscher Verlag

Dölling, I. (1993a): Gespaltenes Bewußtsein – Frauen- und Männerbilder in der DDR. In: Helwig, G./Nickel, H.M. (Hrsg.): Frauen in Deutschland 1945–1992. Berlin: Akademie Verlag, 23–51

Dölling, I. (1993b): Aufbruch nach der Wende – Frauenforschung in der DDR und in den neuen Bundesländern. In: Helwig, G./Nickel, H.M. (Hrsg.): Frauen in Deutschland 1945–1992. Berlin: Akademie Verlag, 397–426

Dross, M. (1991): »Warum bin ich trotz allem gesund geblieben?« Subjektive Theorien von Gesundheit am Beispiel von psychisch gesunden Frauen. In Flick, U. (Hrsg.): Alltagswissen über Gesundheit und Krankheit: subjektive Theorien und soziale Repräsentationen. Heidelberg: Asanger, 59–69

Du Bois-Reymond, M./Büchner, P./Krüger, H.H./Ecarius, J./Fuhs, B. (1994): Kinderleben. Modernisierung von Kindheit im interkulturellen Vergleich. Opladen: Leske + Budrich

Duden, B. (1993): Die Frau ohne Unterleib. Feministische Studien, H 2, 24–33

Düring, S. (1993): Wilde und andere Mädchen. Die Pubertät. Freiburg i.Br.: Kore

Eickenberg, H.-U./Hurrelmann, K. (1997): Warum fällt die Lebenserwartung von Männern immer stärker hinter die der Frauen zurück? Medizinische und soziologische Erklärungsansätze. Zeitschrift für Sozialisationsforschung und Erziehungssoziologie, ZSE 17. Jg. Heft 2, 118–134

Eifert, Ch./Epple, A./Kessel, M./Michaelis, M./Nowack, C./Schicke, K./Weltecke, D. (Hrsg.) (1996): Was sind Männer? Was sind Frauen? Geschlechtskonstruktionen im historischen Wandel. Frankfurt a.M.: Suhrkamp

Eisler, R.M./Blalock, J.A. (1991): Masculine Gender Role Stress: Implications For The Assessment Of Men. Clinical Psychology Review, Vol. 11: 45–60

Enders-Dragässer, U./Fuchs, C. (1989): Interaktionen der Geschlechter. Sexismusstrukturen in der Schule. Weinheim: Juventa

Engel, U./Hurrelmann, K. (1989): Psychosoziale Belastung im Jugendalter. Empirische Befunde zum Einfluß von Familie, Schule und Gleichaltrigengruppe. Berlin, New York: de Gruyter

Engel, U./Hurrelmann, K. (1993): Was Jugendliche wagen. Eine Längsschnittstudie über Drogenkonsum, Streßreaktionen und Delinquenz im Jugendalter. Weinheim: Juventa

Engelfried, C. (1993): Männlichkeit und sexuelle Gewalt: Über die verhängnisvolle künstliche Trennung zweier in sich verworrener Phänomene In: Winter, R. (Hrsg.): Stehversuche. Sexuelle Jungensozialisation und männliche Lebensbewältigung durch Sexualität. Schwäb. Gmünd und Tübingen: Neuling, 235–251

Engelfried, C. (1997): Männlichkeiten. Die Öffnung des feministischen Blicks auf den Mann. Weinheim: Juventa

Ericsson, K. (1994): Die Geschlechterfalle. Biologisch bestimmt oder gesellschaftlich geprägt? Hamburg: Kabel

Ernst, H. (1998): Die 3 Gesichter der Liebe. Psychologie Heute. Compact. Zu Zweit. Heft 1, 70

Faltermaier, T. (1993): Subjektive und soziale Konstruktion von Gesundheit. In: Hohl, J./Reisbeck, G. (Hrsg.): Individuum, Lebenswelt, Gesellschaft. München: Profil, 313–331

Faltermaier, T. (1994): Gesundheitsbewußtsein und Gesundheitshandeln. Vom Umgang mit Gesundheit im Alltag. Weinheim: Beltz, Psychologie Verlags Union

Faludi, S. (1995): Backlash. Die Männer schlagen zurück. Reinbek b. Hamburg: rororo

Farrel, W. (1995): Mythos Männermacht. Frankfurt: Zweitausendeins

Faulstich-Wieland, H. (1993): Bilanz der Koedukationsdebatte. Zeitschrift für Frauenforschung. Jg. 11, H. 3, 33–58

191

Faulstich-Wieland, H. (1995): Geschlecht und Erziehung. Grundlagen des pädagogischen Umgangs mit Mädchen und Jungen. Darmstadt: WBG

Felder, H./Brähler, E. (1992): Weiblichkeit, Männlichkeit und Gesundheit. In: Brähler, E. /Felder, H. (Hrsg.): Weiblichkeit, Männlichkeit und Gesundheit. Medizinpsychologische und psychosomatische Untersuchungen. Opladen: Westdeutscher Verlag, 9–32

Feuerlein, W. (1996): Alkoholismus. Warnsignale, Vorbeugung, Therapie. München: C.H. Beck

Fiedler, P. (1996): Stottern. In: Margraf, J. (Hrsg.): Lehrbuch der Verhaltenstherapie, Bd. 2: Störungen. Glossar. Berlin, Heidelberg: Springer, 393–400

Fine, R. (1990): Der vergessene Mann. Männliche Psyche und Sexualität aus psychoanalytischer Sicht. München: Psychologie Verlags Union

Flaake, K. (1988): Weibliche Identität in der Schule: Das unterschiedliche Verhältnis von Lehrerinnen und Lehrern zu ihrem Beruf. In: Giesche, S./Sachse, D. (Hrsg.): Frauen verändern Lernen. Dokumentation der 6. Fachtagung der AG Frauen und Schule. Kiel: Hypatia, 180–186

Flaake, K. (1989): Berufliche Orientierungen von Lehrerinnen und Lehrern. Eine empirische Untersuchung. Frankfurt a.M.: Campus

Flaake, K./King, V. (1992): Weibliche Adoleszenz. Zur Sozialisation junger Frauen. Frankfurt: Campus

Flick, U. (1991): Alltagswissen über Gesundheit und Krankheit. Überblick und Einleitung. In: Flick, U. (Hrsg.): Alltagswissen über Gesundheit und Krankheit. Subjektive Theorien und soziale Repräsentationen. Heidelberg: Asanger, 9–27

Fliegel, S. (1998): Heute nicht, Liebling! Psychologie Heute. Compact. Zu Zweit. Heft 1, 54–56

Fölling-Albers, M./Hopf, A. (1995): Auf dem Weg vom Kleinkind zum Schulkind. Eine Langzeitstudie zum Aufwachsen in veschiedenen Lebensräumen. Opladen: Leske + Budrich

Fooken, I. (1989): Kompetenz im Alter – Ein Beitrag zur Psychologie des Mannes. In: Rott, C./ Oswald, F. (Hrsg.): Kompetenz im Alter. Beiträge zur III. Gerontologischen Woche. 2.5. -6. 5. 1988 in Heidelberg. Vaduz: Liechtenstein

Franke, A. (1993): Die Unschärfe des Begriffs »Gesundheit« und seine gesundheitspolitischen Auswirkungen. In: Franke, A./Broda, M. (Hrsg.): Psychosomatische Gesundheit. Versuch einer Abkehr vom Pathogenese-Konzept. Tübingen: Deutsche Gesellschaft für Verhaltenstherapie, 15–34

Freud, S. (1981): Drei Abhandlungen zur Sexualtheorie. (Erstveröff. 1925). Frankfurt a.M.: Fischer

Frevert, U. (1993): Männergeschichte als Provokation? WerkstattGeschichte 6, Dez. 93, 9–11

Frevert, U. (1995a): Ehrenmänner. Das Duell in der bürgerlichen Gesellschaft. München: dtv

Frevert, U. (1995b): Mann und Weib und Weib und Mann. Geschlechter-Differenzen in der Moderne. München: Beck

Friday, N. (1992): Befreiung zur Lust. Frauen und ihre sexuellen Phantasien. München: Bertelsmann

Friedan, B. (1970): Der Weiblichkeitswahn oder die Selbstbefreiung der Frau. Reinbek bei Hamburg: Rowohlt

Friedman, R.C. (1993): Männliche Homosexualität. Berlin, Heidelberg, New York: Springer

Friedrich, H./Wiedemeyer, M. (1992): Arbeitslosigkeit – ein Dauerproblem im vereinten Deutschland? Dimensionen, Ursachen, Strategien. Opladen: Leske und Budrich

Fuchs-Brüninghoff, E./Gröner, H. (1993): Arbeit und Arbeitslosigkeit. Zum Wert von Arbeit heute. München und Basel: Reinhardt

Fuchs, R./Schwarzer, R. (1997): Tabakkonsum: Erklärungsmodelle und Interventionsansätze. In: Schwarzer, R. (Hrsg.): Gesundheitspsychologie, 2. Aufl. Göttingen: Hogrefe, 209–244

Gawatz, R. (1993): Gesundheitskonzepte: Ihre Bedeutung im Zusammenhang von sozialer Lage und Gesundheit. In: Gawatz, R./Novack, P. (Hrsg.): Soziale Konstruktion von Gesundheit. Wissenschaftliche und alltagspraktische Gesundheitskonzepte. Ulm: Universitätsverlag, 155–167

Geiling-Maul, B. (Hrsg.) (1992): Frauenalltag. Weibliche Lebenskultur in beiden Teilen Deutschlands. Köln: Bund-Verlag

Gern, C. (1992): Geschlechtsrollen: Stabilität oder Wandel? Eine empirische Analyse von Heiratsinseraten. Opladen: Westdeutscher Verlag

GesundheitsAkademie/Landesinstitut für Schule und Weiterbildung, NRW (Hrsg.) (1998): Die Gesundheit der Männer ist das Glück der Frauen? Chancen und Grenzen geschlechtsspezifischer Gesundheitsarbeit. Frankfurt a.m.: Mabuse

Gildemeister, R. (1988): Geschlechtsspezifische Sozialisation. Soziale Welt, H.4, 486–503

Gildemeister, R./Wetterer, A. (1992): Wie Geschlechter gemacht werden. Die soziale Konstruktion der Zweigeschlechtlichkeit und ihre Reifizierung in der Frauenforschung. In: Knapp, G./Wetterer, A. (Hrsg.): Traditionen – Brüche. Entwicklungen feministischer Theorie. Freiburg i.Br.: Kore, 201–254

Gilligan, C. (1984): Die andere Stimme. Lebenskonflikte und Moral der Frau. München: Piper

Gilligan, C. (1991): Moralische Orientierung und moralische Entwicklung In: Nunner-Winckler (Hrsg.): Weibliche Moral. Die Kontroverse um eine geschlechtsspezifische Ethik. Frankfurt a.m.: Campus, 79–100

Gilligan, C. (1995): Die andere Stimme – Zehn Jahre später. Anstöße, Jg. 41, 72–76

Gillis, J.R. (1997): Mythos Familie. Auf der Suche nach der eigenen Lebensform. Weinheim und Berlin: Beltz Quadriga

Gilmore, D. (1991): Mythos Mann. Rollen, Rituale, Leitbilder. München: Artemis & Winkler.

Glaeske, G. (1994): Gesellschaftliche Aspekte des Medikamentenmißbrauchs. In: Burmester, J. (Hrsg): Schlucken und ducken. Medikamentenmißbrauch bei Frauen und Kindern. Geesthacht: Neuland, 31–42

Glaeske, G. (1995): Arzneimittel 1994. In: Deutsche Hauptstelle gegen die Suchtgefahren (Hrsg.): Jahrbuch Sucht 96. Geesthacht: Neuland. 103–123

Gloger-Tippelt, G. (1993): Geschlechtertypisierung als Prozeß über die Lebensspanne. Zeitschrift für Sozialisationsforschung und Erziehungssoziologie, ZSE, H. 3, 258–275

Glücks, E./Ottemeier-Glücks, F.G. (Hrsg.) (1994): Geschlechtsbezogene Pädagogik: ein Bildungskonzept zur Qualifizierung koedukativer Praxis durch parteiliche Mädchenarbeit und antisexistische Jungenarbeit. Münster: Votum

Goffmann, E. (1971): Verhalten in sozialen Situationen. Strukturen und Regeln der Interaktion im öffentlichen Raum. Gütersloh: Bertelsmann Fachverlag

Goffmann, E. (1981): Geschlecht und Werbung. Frankfurt a.M.: Suhrkamp

Goldner, V./Penn, P./Sheinberg, M./Walker, G. (1992): Liebe und Gewalt: geschlechtsspezifische Paradoxe in instabilen Beziehungen. Familiendynamik 17. Jg. 109–140

Goldner, V. (1993): Sowohl als auch. Familiendynamik 18. Jg., Heft 3, 207–222

Goleman, D. (1996): Emotionale Intelligenz. München: Hanser

Golombok, S./Fivush, R. (1994): Gender Development. Cambridge: Cambridge University Press

Göpel, E./Schneider-Wohlfarth, U. (Hrsg.) (1994): Provokationen zur Gesundheit. Beiträge zu einem reflexiven Verständnis von Gesundheit und Krankheit. Frankfurt a. M.: Mabuse

Gottschalch, W. (1997): Männlichkeit und Gewalt. Eine psychoanalytisch und historisch soziologische Reise in die Abgründe der Männlichkeit. Weinheim und München: Juventa

Gould, R.E. (1982): Sexual Functioning in Relation to the Changing Roles of Men. In: Solomon, K./Levy, N.B. (Eds): Men in Transition. Theory and Therapy. New York, London: Plenum Press, 165–173

Grabrucker, M. (1985): »Typisch Mädchen...«. Prägung in den ersten drei Lebensjahren. Ein Tagebuch. Frankfurt a.M.: Fischer

Grabrucker, M. (1995): Zur deutschen Ausgabe. Vorwort von Marianne Grabrucker. In: Farrell, W.: Mythos Männermacht. Frankfurt: Zweitausendeins

Gray, J. (1993): Männer sind anders. Frauen auch. München: Goldmann

Griffiths, S. (1996): Men's health. Unhealthy lifestyles and an unwillingness to seek medical help. British Medical Journal 312, 69–70

193

Gruen, A. (1992): Der Verrat am Selbst. Die Angst vor Autonomie bei Mann und Frau. München: dtv.

Guggenberger, B. (1997): Einfach schön. Schönheit als soziale Macht. München: dtv

Haase, A./Jösting, N./Mücke, K./Vetter, D. (Hrsg.) (1996): Auf und nieder – Aspekte männlicher Sexualität und Gesundheit. Tübingen: Deutsche Gesellschaft für Verhaltenstherapie

Haase, A, (1998): Perspektiven für eine geschlechtsspezifische Gesundheitsforschung. Ein Blick von Männern für Männer. In: GesundheitsAkademie/Landesinstitut für Schule und Weiterbildung, NRW (Hrsg.): Die Gesundheit der Männer ist das Glück der Frauen? Chancen und Grenzen geschlechtsspezifischer Gesundheitsarbeit. Frankfurt a.M.: Mabuse, 63–76

Hänsel, D. (1991): Die männliche und die weibliche Form des Lehrerseins. Neue Sammlung, Heft 2, 187–202

Härtel, U. (1988): Geschlechtsspezifische Inanspruchnahme medizinischer Hilfe. Zeitschrift Sozial- und Präventivmedizin 33, 148–154

Hagemann-White, C. (1984): Sozialisation weiblich – männlich? Opladen: Westdeutscher Verlag

Hagemann-White, C. (1993): Die Konstruktion des Geschlechts auf frischer Tat ertappen? Methodische Konsequenzen einer theoretischen Einsicht. Feministische Studien, 11. Jg. Heft 2, 68–73

Hagemann-White, C. (1995): Beruf und Familie für Frauen und Männer – Die Suche nach egalitärer Gemeinschaft. In: Nauck, B./Onnen-Isemann, C. (Hrsg.): Familie im Brennpunkt von Wissenschaft und Forschung. Neuwied, Kriftel, Berlin: Luchterhand, 505–512

Hagemann-White, C./Rerrich, M.S. (Hrsg.) (1988): Frauen. Männer. Bilder. Männer und Männlichkeit in der feministischen Diskussion. Bielefeld: AJZ-Verlag

Haisch, J./Zeitler, H.P. (Hrsg.) (1991): Gesundheitspsychologie: Zur Sozialpsychologie der Prävention und Krankheitsbewältigung. Heidelberg: Asanger

Halper, J. (1992): Die andere Seite des erfolgreichen Mannes. München, Landsberg am Lech: mvg

Hammer-Tugendhat, D. (1987): Venus und Luxoria. Zum Verhältnis von Kunst und Ideologie im Hochmittelalter. In: Barta, I./Breu, Z./Hammer-Tugendhat, D./Jenni, U./Nierhaus, I./Schöbel, J. (Hrsg.): Frauen. Bilder. Männer. Mythen. Kunsthistorische Beiträge. Berlin: Reimer, 13–34

Hampele, A. (1993): »Arbeite mit, plane mit, regiere mit« – Zur politischen Partizipation von Frauen in der DDR. In: Helwig, G./Nickel, H.M (Hrsg.): Frauen in Deutschland 1945–1992. Akademieverlag: Berlin, 281–320

Hanesch, W./Adamy, W./Martens, R./Rentsch, D./Schneider, U./Schubert, U./Wißkirchen, M. (1994): Armut in Deutschland. Reinbek bei Hamburg: Rowohlt

Hannover, B. (1997): Zur Entwicklung des geschlechtsrollenbezogenen Selbstkonzepts: Der Einfluß »maskuliner und »femininer« Tätigkeiten auf die Selbstbeschreibung mit instrumentellen und expressiven Personeigenschaften. Zeitschrift für Sozialpsychologie, 28, 60–75

Hansen, H.L./Jensen, J. (1998): Female seafarers adopt the high risk lifestyle of male seafarers. Occupational And Environmental Medicine, January, Vol 55, Nr 1, 49–51

Harten, H.C. (1997): Zementierung der Geschlechterrrollen – Sozialisationstheoretische Überlegungen. In: Amann, G./Wipplinger, R. (Hrsg.): Sexueller Mißbrauch. Überblick zu Forschung, Beratung und Therapie. Ein Handbuch. Tübingen: Deutsche Gesellschaft für Verhaltenstherapie, 106–120

Hausen, K./Wunder, H. (Hrsg.) (1992): Frauengeschichte-Geschlechtergeschichte. Frankfurt a.M., N.Y.: Campus

Hazzard, W.R. (1986): Biological Basis of the Sex Differential in Longevity. Journal of the American Geriatrics Society, 34: 455–471

Hearn, J./Morgan, D.H.J. (Eds) (1990): Men, Masculinities & Social Theories. London: Unwin Hyman

Heinz, W.R. (1991): Berufliche und betriebliche Sozialisation. In: Hurrelmann, K./Ulich, D. (Hrsg.): Neues Handbuch der Sozialisationsforschung. Weinheim und Basel: Beltz, 397–415

Helfferich, C. (1993): Das unterschiedliche Schweiger der Organe bei Frauen und Männern – subjektive Gesundheitskonzepte und »objektive« Gesundheitsdefinitionen. In: Franke, A./ Broda, M. (Hrsg.) (1993): Psychosomatische Gesundheit. Versuch einer Abkehr vom Pathogenese-Konzept. Tübingen: Deutsche Gesellschaft für Verhaltenstherapie, 35–66

Helfferich, C. (1994a): Jugend, Körper und Geschlecht. Opladen: Leske + Budrich

Helfferich, C. (1994b): Quo vadis Frauengesundheitsforschung? Warum es so nicht weitergeht, warum es weitergeht und wie es weitergehen könnte. Forschungsinstitut Frau und Gesellschaft (Hrsg.): Zeitschrift für Frauenforschung, 12. Jg., Heft 4, 7–19

Helfferich, C./Troschke, J. von (Hrsg.) (1994): Der Beitrag der Frauengesundheitsforschung zu den Gesundheitswissenschaften/Public Health in Deutschland. Freiburg: Koodinierungsstelle Gesundheitswissenschaften /Public Health an der Abteilung für Medizinische Soziologie der Albert-Ludwigs-Universität

Helfferich, C./Walter, M./Franzkowiak, P. (1986): Mädchen Gesundheit. Risikoaffinitäten und Gesundheitsverhalten in der Sozialisation weiblicher Jugendlicher. Köln: Bundeszentrale für gesundheitliche Aufklärung

Helwig, G./Nickel, H.M (Hrsg.) (1993): Frauen in Deutschland 1945–1992. Berlin: Akademie Verlag

Hermani, G. (1998): Auch Männer träumen manchmal von flexiblen Arbeitszeiten. Frankfurter Allgemeine Zeitung, vom 1. August 1998, Nr. 176. S. 43

Hersey, G.L. (1998): Verführung nach Maß. Ideal und Tyrannei des perfekten Körpers. Berlin: Siedler

Hertoft. P. (1989): Klinische Sexologie. Köln: Deutscher Ärzte Verlag

Herzberg, I. (1992): Kinderfreundschaften und Spielkontake. In: Deutsches Jugendinstitut (Hrsg.): Was tun Kinder am Nachmittag? Ergebnisse einer empirischen Studie zur mittleren Kindheit. München: Verlag Deutsches Jugendinstitut, DJI, 75–126

Hibbard, J. H./Pope, C.R. (1993): The quality of social roles as predictors of morbidity and mortality. Social Science and Medicine 36, 217–225

Hirschauer, S. (1989): Die interaktive Konstruktion von Geschlechtszugehörigkeit. Zeitschrift für Soziologie, 18, 2, 100–118

Hirschauer, S. (1994): Die soziale Fortpflanzung der Zweigeschlechtlichkeit. Kölner Zeitschrift für Soziologie und Sozialpsychologie, 46. Jg., Heft 4, 668–692

Hirschauer, S. (1996): Wie sind Frauen, wie sind Männer? In: Eifert, Ch./Epple, A./Kessel, M. u. a. (Hrsg.): Was sind Männer? Was sind Frauen? Geschlechtskonstruktionen im historischen Wandel. Frankfurt a.M.: Suhrkamp, 240–255

Hite, S. (1982a): Weibliche Sexualität. Von Frauen für Frauen. München: Goldmann

Hite, S. (1982b): Hite Report I: Das sexuelle Erleben des Mannes und Hite Report II: Die sexuellen Vorlieben und Praktiken des männlichen Geschlechts. München: Bertelsmann

Hoepner-Stamos, F. (1995): Prävalenz und Ätiologie chronischer Erkrankungen im Kindes- und Jugendalter. In: Kolip, P./Hurrelmann, K./Schnabel, P.E. (Hrsg.): Jugend und Gesundheit. Interventionsfelder und Präventionsbereiche. Weinheim: Juventa, 49–68

Hoepner-Stamos, F./Palentien, Ch./Settertobulte, W./ Hurrelmann, K. (1997): Der Zugang Jugendlicher zum ambulanten medizinischen Versorgungssystem und Möglichkeiten zu seiner Verbesserung. Zeitschrift für Gesundheitswissenschaften, 5. Jg., H. 1, 42–55

Hoff, E.-H. (1994): Arbeit und Sozialisation. In: Schneewind, K.A. (Hrsg.): Psychologie der Erziehung und Sozialisation. Göttingen: Hogrefe, 525–553

Hohl, J./Reisbeck, G. (Hrsg.) (1993): Individuum, Lebenswelt, Gesellschaft. München: Profil

Holler-Nowitzki, B. (1994): Psychosomatische Beschwerden im Jugendalter. Schulische Belastungen, Zukunftsangst und Streßreaktionen. Weinheim: Juventa

Hollstein, W. (1990): Die Männer. Vorwärts oder zurück? Stuttgart: Deutsche Verlags-Anstalt

Hollstein, W. (1991): Nicht Herrscher, aber kräftig. Die Zukunft der Männer. Reinbek bei Hamburg: Rowohlt

Hollstein, W. (1992a): »Machen Sie Platz, mein Herr!« Teilen statt Herrschen. Reinbek bei Hamburg: Rowohlt

195

Hollstein, W. (1992b): Männlichkeit und Gesundheit. In: Brähler, E./Felder, H. (Hrsg.) Weiblichkeit, Männlichkeit und Gesundheit. Medizinpsychologische und psychosomatische Untersuchungen. Opladen: Westdeutscher Verlag, 64–75

Hollstein, W. (1993): Die Männerfrage. Bundeszentrale für politische Bildung (Hrsg.): Aus Politik und Zeitgeschichte. Beilage zur Wochenzeitung Das Parlament vom 5. 2. 1993, Bonn, 3–14

Honig, M.S./Leu, H.R./Nissen, U. (Hrsg.) (1996): Kinder und Kindheit. Soziokulturelle Muster – sozialisationstheoretische Perspektive. Weinheim und München: Juventa

Horstkemper, M./Wagner-Winterhager, L. (Hrsg.) (1990): Mädchen und Jungen – Männer und Frauen in der Schule. 1. Beiheft der Zeitschrift »Die Deutsche Schule«. Weinheim: Juventa

Hrabal, V./Marshall, P. (1992): Entwicklungsdruck und Erziehungslast. Göttingen: Hogrefe

Hu, Y./Goldman, N. (1990): Mortality differentials by marital status. Demography, 27, 2, 233–250

Huber, A. (1994): Das Leben als Thriller: Nervenkitzel oder Glückssache? Psychologie Heute, 21. Jg., Heft 6, 64–69

Hummel, K. (1998): Wie ein Skelett ohne Kopf. Immer mehr Männer magersüchtig. Frankfurter Allgemeine Zeitung vom 12. 8. 1998

Hurrelmann, K. (1990): Sozialisation und Gesundheit. In: Schwarzer, R. (Hrsg.): Gesundheitspsychologie. Ein Lehrbuch. Göttingen: Hogrefe, 93–101

Hurrelmann, K. (1991): Junge Frauen: sensibler und selbstkritischer als junge Männer. Pädagogik 7–8, 91, 58–62

Hurrelmann, K. (1996): Männergesundheit – Frauengesundheit. In: Haase, A./Jösting, N./ Mücke, K./Vetter, D. (Hrsg.): Auf und nieder – Aspekte männlicher Sexualität und Gesundheit. Tübingen: Deutsche Gesellschaft für Verhaltenstherapie, 165–179

Hurrelmann, K. (1997a): Geschlecht und Gesundheit – Einführung in den Themenschwerpunkt. Zeitschrift für Sozialisationsforschung und Erziehungssoziologie, ZSE 17.Jg., Heft 2, 115–117

Hurrelmann, K. (1997b): Alte und neue Bilder vom Mann und von der Männlichkeit. Vortragstext. Fakultät der Gesundheitswissenschaften der Universität Bielefeld

Hurrelmann, K. (1998): Einführung in die Sozialisationstheorie. Über den Zusammenhang von Sozialstruktur und Persönlichkeit. 6. Aufl. Weinheim: Beltz

Hurrelmann, K./Bründel, H. (1997): Drogengebrauch – Drogenmißbrauch. Eine Gratwanderung zwischen Genuß und Abhängigkeit. Darmstadt: WBG

Hurrelmann, K./Hesse, S. (1991): Drogenkonsum als problematische Form der Lebensbewältigung. Sucht, 37, 240–252

Hurrelmann, K./Ulich, D. (Hrsg.) (1991): Neues Handbuch der Sozialisationsforschung. Weinheim: Beltz

Hurrelmann, K./Laaser, U. (Hrsg.) (1993): Gesundheitswissenschaften. Handbuch für Lehre, Forschung und Praxis. Weinheim und Basel: Beltz

Junge, B. (1995): Suchtstoffe, Suchtformen und Auswirkungen. Alkohol. In: Deutsche Hauptstelle gegen die Suchtgefahren (Hrsg.): Jahrbuch Sucht 96. Geesthacht: Neuland, 9–30

Jungwirth, H. (1994): Mädchen und Buben im Computerunterricht – Beobachtungen und Erklärungen. Zentralblatt für Didaktik der Mathematik, Jg. 26, 41–48

Kalb, P./Petry, C./Sitte, K. (Hrsg.) (1990): Unterrichten – und was sonst? Zum Berufsverständnis von Lehrerinnen und Lehrern. Weinheim: Beltz

Kammerer, I. (1991): Mädchenbildung und EDV. Geschlechtsspezifische Aspekte des Informatik-Unterrichts. Erziehung und Unterricht, 693–698

Kamper, D./Rittner, V. (Hrsg.) (1976): Zur Geschichte des Körpers. Frankfurt a.M.: Campus

Käser, E. (1998): Kultiviert und überflüssig. Der Körper im Zeitalter seiner Entbehrlichkeit. Neue Zürcher Zeitung vom 21./22. März 1998, S. 55

Kasten, H. (1996): Weiblich – männlich. Geschlechtsrollen und ihre Entwicklung. Berlin, Heidelberg: Springer

196

Kaufmann, J.C. (1996): Frauenkörper-Männerblicke. Konstanz: Universitätsverlag
Kauke, M. (1995): Kinder auf dem Pausenhof. Soziale Interaktion und soziale Normen. In: Behnken, I./Jaumann, O. (Hrsg.): Kindheit und Schule. Kinderleben im Blick von Grundschulpädagogik und Kindheitsforschung. Weinheim und München: Juventa, 51–62
Keiser, S. (1997): Vereinbarkeit von Familie und Beruf – nur eine Frauenfrage? In: Böhnisch, L./ Lenz, K. (Hrsg.): Familien. Eine interdisziplinäre Einführung. Weinheim und München: Juventa, 235–250
Kessler, S./McKenna, W. (1978): Gender – An Ethnomethodological Approach. New York: Wiley
Kessler, H. (1998): Verhängnis der Gewißheit. DIE ZEIT, Nr. 33, 6. August 1998, 25
Kickbusch, I./Trojan, A. (1981): Gemeinsam sind wir stärker. Selbsthilfegruppen und Gesundheit. Selbstdarstellungen, Analysen, Forschungsergebnisse. Frankfurt a.M.: Fischer
Kinsey, A. et al. (1954): Das sexuelle Verhalten der Frau. Frankfurt a.M.: Fischer
Kinsey, A. C./Pomeroy, W.B./Martin, C.E. et al. (1955): Das sexuelle Verhalten des Mannes. Frankfurt a.M.: Fischer
Klein, M. (1990): Sportbünde – Männerbünde? In: Völger, G./Welck, K., von. (Hrsg.): Männerbande – Männerbünde. Zur Rolle des Mannes im Kulturvergleich. Bd. 2. Köln: Rautenstrauch-Joest-Museum f. Völkerkunde, 137–148
Klesse, R./Sonntag, U./Brinkmann, M./Maschewsky-Schneider, U. (1992): Gesundheitshandeln von Frauen. Leben zwischen Selbst-Losigkeit und Selbst-Bewußtsein. Frankfurt: Campus
Klotz, Th. (1997): »Männergesundheit«. Geschlechtsspezifische Unterschiede im Gesundheits- und Krankheitszustand. Universität Bielefeld, Fakultät für Gesundheitswissenschaften
Klotz, Th./Engelmann, U./Neubauer, S. (Hrsg.) (1996): Gesundheitsmanagement und Krankenhausorganisation im Wandel. Berlin: Acron-Verlag
Klotz, Th./Hurrelmann, K. (1998): Adapting the health-care system to the needs of the aging male. The Aging Male, 1, 20–27
Klotz, Th./Hurrelmann, K./Eickenberg, H.U. (1998): Der frühe Tod des starken Geschlechts. Deutsches Ärzteblatt 95, Heft 9, A-460–464
Kluitmann, A. (1989): Klagemänner, Klageweiber. In: Frauen und Gesundheit. Psychologie Heute, Weinheim
Knapp, G.A./Wetterer, A. (Hrsg.) (1992): Traditionen. Brüche. Entwicklung feministischer Theorie. Freiburg i.Br.: Kore
Kohlberg, L. (1974): Zur kognitiven Entwicklung des Kindes. Frankfurt a.M.: Suhrkamp
Kohlmann, C.W./Weidner, G./Dotzauer, E./Burns, L.R. (1997): Gender differences in health behaviors: The role of avoidant coping. European Review of Applied Psychology, Vol. 47 (2), 115–121
Köhler, W. (1993): Vom Mann zum Post-Mann. Die Männerbewegung im Spiegel ihrer Literatur. Psychologie Heute, 20. Jg., Heft 4, 66–71
Kolip, P. (1993): Freundschaften im Jugendalter. Der Beitrag sozialer Netzwerke zur Problembewältigung. Weinheim: Juventa
Kolip, P. (1995): Prävalenz des Zigarettenkonsums und Image des Rauchens im Jugendalter: Alters- und geschlechtsspezifische Aspekte. Sucht, 41, 5, 323–333
Kolip, P. (1997a): Geschlecht und Gesundheit im Jugendalter. Die Konstruktion von Geschlechtlichkeit über somatische Kulturen. Universität Bielefeld. Habilitationsschrift
Kolip, P. (1997b): Geschlechtlichkeit im Jugendalter – oder: Der blinde Fleck der Jugendgesundheitsforschung. In: Zeitschrift für Sozialisationsforschung und Erziehungssoziologie, 17. Jg., H.2, 135–146
Kolip, P. (1998): Frauen und Männer. In: Schwartz, F.W./Badura, B./Leidl, R./Raspe, H./Siegrist, J. (Hrsg.): Das Public Health Buch. Gesundheit und Gesundheitswesen. München, Wien, Baltimore: Urban & Schwarzenberg
Kolip, P./Hurrelmann, K. (1994) Was ist Gesundheit im Jugendalter? Indikatoren für körperliches, psychisches und soziales Wohlbefinden. In: Kolip, P. (Hrsg.): Lebenslust und Wohlbe-

197

finden. Beiträge zur geschlechtsspezifischen Jugendgesundheitsforschung, Weinheim: Juventa, 25–46

Kolip, P./Hurrelmann, K./Schnabel, P.E. (1995): Gesundheitliche Lage und Präventionsfelder im Kindes- und Jugendalter. In: Kolip, P./Hurrelmann, K./Schnabel, P.E. (Hrsg.): Jugend und Gesundheit. Interventionsfelder und Präventionsbereiche. Weinheim: Juventa, 7–24

Kolip, P./Nordlohne, E./Hurrelmann, K. (1995): Der Jugendgesundheitssurvey 1993. In: Kolip, P./Hurrelmann, K./Schnabel, P.E. (Hrsg.): Jugend und Gesundheit. Interventionsfelder und Präventionsbereiche. Weinheim: Juventa, 25–48

Kontakt- und Beratungsstelle Hamburg (Hrsg.) (o.J.): Männer gegen Männergewalt. Mühlendamm 66, 22087 Hamburg

Krappmann, L./Oswald, H. (1995): Alltag der Schulkinder. Beobachtungen und Analysen von Interaktionen und Sozialbeziehungen. Weinheim und München: Juventa

Krischke, W. (1998): Künstliche Intelligenz. Lob des Leibes. Frankfurter Allgemeine Zeitung vom 25. März, Nr. 71, S. N 5

Kuhlmann, E. (1996): Subjektive Gesundheitskonzepte, Beruf und Geschlecht. Eine empirische Untersuchung mit Professorinnen und Professoren. Münster: lit-Verlag

Kupfer, J./Felder, H./Brähler, E. (1992): Zur Genese geschlechtsspezifischer Somatisierung. In: Brähler, E. /Felder, H. (Hrsg.): Weiblichkeit, Männlichkeit und Gesundheit. Medizinpsychologische und psychosomatische Untersuchungen. Opladen: Westdeutscher Verlag, 156–176

Laaser, U./Schwartz, F.W. (1992): Gesundheitsberichterstattung und Public Health in Deutschland. Berlin: Springer

Landweer, H. (1993): Kritik und Verteidigung der Kategorie Geschlecht. Wahrnehmung und symboltheoretische Überlegungen zur sex/gender-Unterscheidung. Feministische Studien, Heft 2, 34–43

Laqueur, T. (1992): Auf den Leib geschrieben. Die Inszenierung der Geschlechter von der Antike bis Freud. Frankfurt a.M.: Campus

Larsen, R. (1995): Anästhesie. 5. Aufl. München: Urban und Schwarzenberg

Lazarus, R.S. (1993): Coping theory and research: Past, present and future. Psychosomatic medicine, 55,234–247

Lazarus, R.S./Folkman, S. (1984): Stress, Appraisal, and Coping. New York: Springer

Leadbeater, B.J./Blatt, S.J./Quinlan, D.M. (1995): Gender-Linked Vulnerabilities To Depressive Symptoms, Stress, And Problem Behaviors In Adolescents. Journal of Research On Adolescents, 5(1), 1–29

Legato, M.J. (1995): Die Medizin muß begreifen: Frauenkörper funktionieren anders. Psychologie Heute, 22. Jg., Heft 8, 44–53

Lennon, M.C. (1987): Sex Differences In Distress: The Impact Of Gender And Work Roles. Journal of Health and Social Behavior, Vol. 28, 290–305

Lenz, H.-J. (1997): Männerbildung: Ansätze und Perspektiven. In: Möller, K. (Hrsg.): Nur Macher und Macho? Geschlechtsreflektierende Jungen- und Männerarbeit. Weinheim: Juventa, 165–184

Leppin, A. (1994): Bedingungen des Gesundheitsverhaltens. Risikowahrnehmung und persönliche Ressourcen. Weinheim, München: Juventa

Lindemann, G. (1993a): Wider die Verdrängung des Leibes aus der Geschlechtskonstruktion. Feministische Studien, Heft 2, 44–54

Lindemann, G. (1993b): Das paradoxe Geschlecht. Transsexualität im Spannungsfeld von Körper, Leib und Gefühl. Frankfurt a.M.: Fischer ZeitSchriften

Linkens, H.J. (1996): AIDS im Zwiespalt. In: Deutsches Ärztemagazin Der Kassenarzt, 9, 13–18

Lohaus, A. (1990): Gesundheit und Krankheit aus der Sicht von Kindern. Göttingen: Verlag für Psychologie, Hogrefe

Lohaus, A. (1993): Gesundheitsförderung und Krankheitsprävention im Kindes- und Jugendalter. Göttingen: Hogrefe

Loosen, W. (1997): Das kranke Mannsbild. Schwache Seiten des kranken Geschlechts. Münchener Medizinische Wochenschrift, 139, Nr. 45, 18–19

Lösel, F./Bender, D. (1991): Jugend und Gesundheit In: Haisch, J./Zeitler, H.P. (Hrsg.): Gesundheitspsychologie: Zur Sozialpsychologie der Prävention und Krankheitsbewältigung. Heidelberg: Asanger, 65–86

Luhmann, N. (1988): Frauen, Männer und George Spencer Brown. Zeitschrift für Soziologie, 17. Jg., Heft 1, 47–71

Luhmann, N. (1996): Die Realität der Massenmedien 2. Auflage. Opladen: Westdeutscher Verlag

Madanes, C. (1990): Sex, Love And Violence. Strategies for Transformation. New York, London: Norton & Company

Maier, F. (1993): Zwischen Arbeitsmarkt und Familie – Frauenarbeit in den alten Bundesländern. In: Helwig, G./Nickel, H.M. (Hrsg.): Frauen in Deutschland 1945–1992. Akademieverlag: Berlin, 257–279

Maixner, W./Humphrey, C. (1993): Gender differences in pain and cardiovascular responses to forearm ischemia. Clin J Pain, 9 (1), 16–25

Mansel, J./Kolip, P. (1996): Wohin mit der Wut? Eine geschlechtsspezifische Analyse zum Zusammenhang zwischen aggressiven Gefühlen, Gewalt und psychosomatischen Beschwerden im Jugendalter. Soziale Probleme, 7 (2), 94–111

Maricevic, V./Goldberg, V. (1995): »La cage aux folles«. Von Mann zu Frau. Kilchberg, Zürich: Edition Stemmle

Maron, M. (1998): Versagen ist männlich. DIE ZEIT vom 20.5.98

Martikainen, P./Valkonen, T. (1996): Mortality after the death of a spouse: rates and causes of death in a large Finnish cohort. American Journal of Public Health, 86, 1087–1093

Maschewsky-Schneider, U. (1994): Frauen leben länger als Männer – Sind sie auch gesünder? Zeitschrift für Frauenforschung, 12 (4), 28–38

Maschewsky-Schneider, U. (1996): Frauen das kranke Geschlecht – Mythos und Wirklichkeit. In: Maschewsky-Schneider, U. (Hrsg.): Frauen das kranke Geschlecht – Mythos und Wirklichkeit. Opladen: Leske + Budrich, 7–18

Maschewsky-Schneider, U. (1997): Frauen sind anders krank. Zur gesundheitlichen Lage der Frauen in Deutschland. Weinheim und München Juventa

Maschewsky-Schneider, U./Greiser, E./Helmert, U. (1988): Sind Frauen gesünder als Männer? Zur gesundheitlichen Lage der Frauen in der Bundesrepublik Deutschland. Sozial- und Präventivmedizin, 33, 173–180

Maschewsky-Schneider, U./Klesse, R./Sonntag, U. (1991): Lebensbedingungen, Gesundheitskonzepte und Gesundheitshandeln von Frauen. In: Stahr, I./Jungk, S./Schulz, E. (Hrsg.): Frauen-Gesundheits-Bildung. Grundlagen und Konzepte. Weinheim: Juventa

Masters, W.H./Johnson, V.E. (1970): Die sexuelle Reaktion. Reinbek bei Hamburg: rororo

Matthews, K.A. (1989): Interactive Effects of Behavior and Reproductive Hormones on Sex Differences in Risk for Coronary Heart Disease. Health Psychology, 8 (4), 373–387

Matthias, H. (1995): Eheschließung: Bedeutung, Gründe und Typologien. In: Nauck, B./Onnen-Isemann, C. (Hrsg.): Familie im Brennpunkt von Wissenschaft und Forschung. Neuwied, Kriftel, Berlin: Luchterhand, 383–398

Mead, G.H. (1968): Geist, Identität und Gesellschaft: aus der Sicht des Sozialbehaviorismus. Frankfurt a.M: Suhrkamp

Mens Health (1998): Das Magazin für Männer. Deutsche Ausgabe, März und April

Mertens, H. (1996): Hausfrau – Karrierefrau? Vereinbarkeit von Beruf und Familie als Herausforderung. Hrsg. vom Ev. Familienbildungswerk Westfalen und Lippe e.V. Münster: Votum

Mertens, W. (1994): Entwicklung der Psychosexualität und der Geschlechtsidentität. Bde 1+2. Stuttgart, Berlin, Köln: Kohlhammer

Metz-Göckel, S. (1988): Geschlechterverhältnisse, Geschlechtersozialisation und Geschlechtsidentität. Ein Trendbericht. Zeitschrift für Sozialisationsforschung und Erziehungssoziologie, 2, 85–97

Meuser, M. (1995): Geschlechterverhältnisse und Maskulinitäten. Eine wissenssoziologische Perspektive. In: Armbruster, L.C./Müller, U./Stein-Hilbers, M. (Hrsg.): Neue Horizonte? Sozialwissenschaftliche Forschung über Geschlechter und Geschlechterverhältnisse. Opladen: Leske + Budrich, 107–134

Meyer, S./Schulze, E. (1993): Frauen in der Modernisierungsfalle – Wandel von Ehe, Familie und Partnerschaft in der Bundesrepublik Deutschland. In: Helwig, G./Nickel, H.M. (Hrsg.): Frauen in Deutschland 1945–1992. Akademieverlag: Berlin, 166–189

Miller, A. (1982): Das Drama des begabten Kindes und die Suche nach dem wahren Selbst. Frankfurt a.M.: Suhrkamp

Milz, H. (1992): Der wiederentdeckte Körper. Vom schöpferischen Umgang mit sich selbst. München und Zürich: Artemis

Möller, K. (1997a): Zur Einführung: Merkmale und Konturen sozialer und pädagogischer Arbeit am Männlichkeits-Spagat. In: Möller, K. (Hrsg.): Nur Macher und Macho? Geschlechtsreflektierende Jungen- und Männerarbeit. Weinheim: Juventa, 7–22

Möller, K. (1997b): Männlichkeit und männliche Sozialisation. In: Möller, K. (Hrsg.): Nur Macher und Macho? Geschlechtsreflektierende Jungen- und Männerarbeit. Weinheim: Juventa, 23–60

Moser, T. (1979): Grammatik der Gefühle. Mutmaßungen über die ersten Lebensjahre. Frankfurt a.M.: Suhrkamp

Mosse, G.L. (1997): Das Bild des Mannes. Zur Konstruktion der modernen Männlichkeit. S. Fischer: Frankfurt a.M.

Mrazek, J. (1987): Struktur und Entwicklung des Körperkonzeptes im Kindes- und Jugendalter. Zeitschrift für Entwicklungspsychologie und Pädagogische Psychologie, Bd. 19, Heft 1, 1–13

Müller, U./Schmidt-Waldherr, H. (Hrsg.) (1989): FrauenSozialKunde. Wandel und Differenzierung von Lebensformen und Bewußtsein. Bielefeld: AJZ/FF3

Müller-Daehn, S. (1990): Versuch einer psychologischen Erklärung für die Entstehung von Arzneimittelabhängigkeit bei 45- bis 55jährigen Familienfrauen. In: Deutsche Hauptstelle gegen die Suchtgefahren (Hrsg.): Abhängigkeit bei Frauen und Männern. Freiburg i.Br.: Lambertus, 98–104

Münchener Medizinische Wochenschrift (Hrsg.) (1998): Herzinfarkt Prävention, Letter vom 13. 5. 1998

Myrtek, M. (1995): Type A behavior pattern, personality factors, disease, and physiological reactivity. A meta-analytic update. Personality and Individual Differences, 18 (4), 491–502

Nagl-Docekal, H./Pauer-Studer, H. (Hrsg.) (1993): Jenseits der Geschlechtermoral. Beiträge zur feministischen Ethik. Frankfurt a.M.: Fischer

Nagl. R./Kirchler, E. (1994): Kinderfreundschaften und Freizeitgestaltung. In: Wilk, L./Bacher, J. (Hrsg.): Kindliche Lebenswelten. Eine sozialwissenschaftliche Annäherung. Opladen: Leske + Budrich, 295–347

Nauck, B./Onnen-Isemann, C. (Hrsg.) (1995): Familie im Brennpunkt von Wissenschaft und Forschung. Neuwied, Kriftel, Berlin: Luchterhand

Nave-Herz, R. (1975): Die Ziele der Frauenbewegung. Eine Inhaltsanalyse der Emanzipationsliteratur von 1968 bis 1973. Aus Politik und Zeitgeschichte. Beilage zur Wochenzeitung Das Parlament. B 50/75, 3–30

Nave-Herz, R. (1993): Die Geschichte der Frauenbewegung in Deutschland. (Hrsg. von der Niedersächsischen Landeszentrale für politische Bildung) Hannover

Nestmann, F./Schmerl, C. (1990): Das Geschlechterparadox in der Social Support-Forschung. In: Schmerl, C./Nestmann, F. (Hrsg.): Ist Geben seliger als Nehmen? Frauen und Social Support. Frankfurt: Campus, 7–35

Neubauer, G. (1990) Jugendphase und Sexualität. Eine empirische Überprüfung eines sozialisationstheoretischen Modells. Stuttgart: Enke

Neubauer, W. (1993): Identitätsbildung. In: Markefka, M./Nauck, B. (Hrsg.): Handbuch der Kindheitsforschung. Neuwied: Luchterhand, 303–318

Neutzling, R./Schnack, D. (1991): Jungs sind halt so. Wirklich? Acht Thesen zu einem vernachlässigten Thema. In: Brenner, G./Grubauer, F. (Hrsg.): Typisch Mädchen? Typisch Junge? Persönlichkeitsentwicklung und Wandel der Geschlechtsrollen. Weinheim: Juventa, 133–136

Newcomb, P.A./Carbone, P.P. (1992): The Health Consequences Of Smoking. Medical Clinics of North America, Vol. 76, No 2, 305–331

Newnham, H.H./Silberberg, J. (1997): Women's hearts are hard to break. The Lancet, 349 (suppl.I.), s13-s16

Nickel, H.M. (1993): »Mitgestalterinnen des Sozialismus«- Frauenarbeit in der DDR. In: Helwig, G./Nickel, H.M. (Hrsg.): Frauen in Deutschland 1945–1992. Akademieverlag: Berlin, 233–256

Nissen, U. (1992): Raum und Zeit in der Nachmittagsgestaltung von Kindern. In: Deutsches Jugendinstitut (Hrsg.): Was tun Kinder am Nachmittag? Ergebnisse einer empirischen Studie zur mittleren Kindheit. München: Verlag Deutsches Jugendinstitut, DJI, 127–170

Nissen, U. (1998): Kindheit, Geschlecht und Raum. Sozialisationstheoretische Zusammenhänge geschlechtsspezifischer Raumaneignung. Weinheim: Juventa

Nitzschke, B. (1988): Sexualität und Männlichkeit. Zwischen Symbiosewunsch und Gewalt. Reinbek bei Hamburg: rororo

Noack, H. (1991): Conceptualizing and measuring health. In: Badura, B./Kickbusch, I. (Eds.): Health promotion research. Towards a new social epidemiology. WHO Regional Publications. European Series No 37, 85–111

Nordlohne, E. (1992): Die Kosten jugendlicher Problembewältigung. Alkohol-, Zigaretten- und Arzneimittelkonsum im Jugendalter. Weinheim: Juventa

Nordlohne, E./Hurrelmann, K./Holler, B. (1990): Jugendspezifische Belastungen und die Rolle des Arzneimittelkonsums. In: Steinhausen, H.C. (Hrsg.): Das Jugendalter. Entwicklungen-Probleme-Hilfen. Bern: Huber

Nordlohne, E./Kolip, P. (1994): Gesundheits- und Krankheitskonzepte 14- bis 17jähriger Jugendlicher: Ergebnisse einer repräsentativen Jugendbefragung. In: Kolip, P. (Hrsg.): Lebenslust und Wohlbefinden. Beiträge zur geschlechtsspezifischen Jugendgesundheitsforschung, Weinheim: Juventa, 121–138

Nuissl, E. (1993): Männerbildung. Vom Netzwerk bildungsferner Männlichkeit. Frankfurt a.M: Verlag für Akademische Schriften, VAS

Nunner-Winckler, G. (Hrsg.) (1991): Weibliche Moral. Die Kontroverse um eine geschlechtsspezifische Ethik. Frankfurt a.M.: Campus

Ochel, A. (1989): Hausfrauenarbeit. Eine qualitative Studie über Alltagsbelastungen und Bewältigungsstrategien von Hausfrauen. München: Profil

Ochel, A. (1993): Lebenswelt von Frauen am Beispiel von Nur-Hausfrauen und Auch-Hausfrauen. In: Hohl, J./Reisbeck, G. (Hrsg.): Individuum, Lebenswelt, Gesellschaft. München: Profil, 183–198

Olbricht, I. (1993): Was Frauen krank macht. Der Einfluß der Seele auf die Gesundheit der Frau. München: Kösel

Olbricht, I. (1994): Unsere ganze Kultur geht auf die Zerstörung des weiblichen Körpers hinaus. Ab 40. Zeitschrift für, über Frauen. Wie sie leben, was sie denken, wer sie sind. Schwerpunktthema: Krankheit und Gesundheit, 5. Jg., Heft 2, 12–17

Ostner, I./Lichtblau, K. (Hrsg.) (1992): Feministische Vernunftkritik: Ansätze und Traditionen. Frankfurt a.M.: Campus

Ovesey, L./Person, E. (1993): Gender Identity and Sexual Psychopathology in Men: A Psychodynamic Analysis of Homosexuality, Transsexualism, and Transvestism. American Academie Psychoanalysis, 1 (1), New York: John Wiley and Sons.

Pätzold, A. (1987): Fremdkörper der Männergesellschaft. Freund- und Feindbilder von Männern. In: Barta, I./Breu, Z./Hammer-Tugendhat, D./Jenni, U./Nierhaus, I./Schöbel, J. (Hrsg.): Frauen. Bilder. Männer. Mythen. Kunsthistorische Beiträge. Berlin: Reimer, 345–365

Palentien, C./Hurrelmann, K. (1994): Gesundheitsprobleme und Strukturen medizinischer und psychosozialer Versorgung im Jugendalter. Das Gesundheitswesen 56, 181–186

Palentien, C. (1997): Jugend und Streß. Ursachen, Entstehung und Bewältigung. Neuwied, Kriftel, Berlin: Luchterhand

Parpat, J. (1994): Männlicher Lebenswandel durch langfristige Männergruppenarbeit: Zur Überwindung des patriarchalischen Syndroms. Inaugural-Dissertation am Fachbereich Philosophie und Sozialwissenschaften I der Freien Universität Berlin

Parsons, T. (1968): Sozialstruktur und Persönlichkeit. Frankfurt a.M.: Europäische Verlagsanstalt

Paulus, P. (Hrsg.) (1992): Prävention und Gesundheitsförderung. Perspektiven für die psychosoziale Praxis. Köln: Gesellschaft für wissenschaftliche Gesprächspsychotherapie e.V.

Pekrun, R./Fend, H. (Hrsg.) (1991): Schule und Persönlichkeitsentwicklung. Ein Resümee der Längsschnittforschung. Stuttgart: Enke

Petri, H. (1997): Guter Vater – Böser Vater. Psychologie der männlichen Identität. Bern, München, Wien: Scherz

Pfister, G. (1993): Spiel- und Bewegungserfahrungen von Mädchen. In: Flade, A./Kustor-Hüttl, B. (Hrsg.): Mädchen in der Stadtplanung. Bolzplätze – und was sonst? Weinheim: Deutscher Studien Verlag, 41–70

Pierret, J. (1988): What social groups think they can do about health. In: Anderson, P./Davies, J.K./Kickbusch, J./McQueen, D./Turner, J. (Eds.): Health behaviour research and health promotion. Oxford: Oxford University Press, 45–52

Pilgrim, V.E. (1986): Der Untergang des Mannes. Reinbek b.H.: Rowohlt

Pilgrim, V.E. (1988): »Muttersöhne«. Aktual. Aufl. Düsseldorf: claassen

Pleck, J.H. (1981): The Myth of Masculinity. Cambridge, Mass.: Massachusetts Institute of Technology Press

Preuss-Lausitz, U. (1991): Der Kaiserin neue Kleider? Fragen an die feministische Schulforschung beim Blick auf die Jungen. Päd.extra, 5–12

Preuss-Lausitz, U. (1992): Mädchen an den Rand gedrängt? Soziale Beziehungen in Grundschulklassen. Zeitschrift für Sozialisationsforschung und Erziehungssoziologie, ZSE, H. 1, 66–79

Preuss-Lausitz, U. (1993): Die Kinder des Jahrhunderts. Zur Pädagogik der Vielfalt im Jahr 2000. Weinheim: Beltz

Rauchfleisch, U. (1998): Schwule und lesbische Paare: Typische Bindungsunfähigkeit? Psychologie Heute. Compakt. Zu Zweit. Heft 1, 44–47

Rebstock, D. (1993): Kleine Männer – Große Männer. Zum Funktionswandel des Vaterseins und die Bedeutung des Vaters für den Sohn. Schwäb. Gmünd und Tübingen: Neuling

Reisman, J.M. (1990): Intimacy in Same-Sex Friendships. Sex Roles, 23, 65–82

Remien, J. (1995): Medikamente mit Mißbrauchspotential. In: Deutsche Hauptstelle gegen die Suchtgefahren (Hrsg.): Jahrbuch Sucht 96. Geesthacht: Neuland, 124–133

Remschmidt, H. (1992): Adoleszenz. Entwicklung und Entwicklungskrisen im Jugendalter. Stuttgart: Thieme

Retzer, A. (1993): Die Gewalt der Eindeutigkeit – Die Mehrdeutigkeit der Gewalt. Zum Verhältnis von Liebe, Vernunft und Gewalt. Familiendynamik, 18. Jg., Heft 3, 232–254

Rios, P. (1996): Autismus. In: Margraf, J. (Hrsg.): Lehrbuch der Verhaltenstherapie, Bd. 2: Störungen. Glossar. Berlin, Heidelberg: Springer, 381–392

Rittner, V. (1994): Selbstbehauptung mit dem Körper. Schlankheit, Fitneß und Sportlichkeit als Körperideale und neue soziale Zwänge. In: Göpel, E./Schneider-Wohlfarth, U. (Hrsg.): Provokationen zur Gesundheit. Frankfurt a. M.: Mabuse, 195–210

Robertson, S. (1995): Men's health promotion in the UK: a hidden problem. British Journal of Nursing, 4, 399–401

202

Rodin, J./Ickovics, J.R. (1990): Women's Health. Review and Research Agenda as We Approach the 21st Century. American Psychologist, Vol. 45, No 9, 1018–1034

Rommelspacher, B. (1992): Mitmenschlichkeit und Unterwerfung. Zur Ambivalenz der weiblichen Moral. Frankfurt a.M.: Campus

Rosenhaft, E. (1996): Zwei Geschlechter – eine Geschichte? In: Eifert, Ch./Epple, A./Kessel, M. u. a. (Hrsg.): Was sind Männer? Was sind Frauen? Geschlechtskonstruktionen im historischen Wandel. Frankfurt a.M.: Suhrkamp, 257–274

Ross, C.E./Bird, C.E. (1994): Sex Stratification and Health Lifestyle: Consequences for Men's and Women's Perceived Health. Journal of Health and Social Behavior, Vol 35: 161–178

Ruhl, R./Krüger, A. (1990): Jungen sind noch keine Männer. Thesen zur Notwendigkeit geschlechtsspezifischer Arbeit. Pro Familia Magazin, 2, 6–8

Rutschky, M. (1994): Nichts als Helden. Der Mann hat die Werbung erobert – heroisch, martialisch, nackt. Mehr als nur ein Zufall? Zeitmagazin, Nr. 10/1994, 4. März, 12–17

Sabo, D./Gordon, D.F. (1995): Rethinking Men's Health and Illness. In: Sabo, D./Gordon, D.F. (Eds.): Men's health and illness: Gender, power, and the body. SAGE Publications 1–21

Schellenberg, P. (1991): Homosexualität im Mann. Eine tiefenpsychologische Studie. München: Kösel

Scheskat, T. (1994): Der innenverbundene Mann. Männliche Selbstwahrnehmung und Körperorientierte Therapie. Göttingen: Männerbüroverlag

Schlüter, A./Stahr, I. (Hrsg.) (1990): Wohin geht die Frauenforschung? Köln: Böhlau

Schmauch, U. (1988): So anders und so lebendig... Über Mütter und Söhne. In: Hagemann-White, C./Rerrich, M.S. (Hrsg.): Frauen. Männer. Bilder. Männer und Männlichkeit in der feministischen Diskussion. Bielefeld: AJZ-Verlag, 78–97

Schmauch, U. (1993): Kindheit und Geschlecht. Anatomie und Schicksal. Zur Psychoanalyse der frühen Geschlechtersozialisation. Basel, Frankfurt a.M: Stroemfeld/ Nexus

Schmerl, C./Nestmann, F. (1991): Frauen und Helfen. Wie weit trägt die »weibliche Natur«? In: Nestmann, F./Schmerl, C. (Hrsg.): Frauen – das hilfreiche Geschlecht? Dienst am Nächsten oder soziales Expertentum? Reinbek bei Hamburg: Rowohlt, 9–44

Schmidt, L.R./Dlugosch, G.E. (1992): Entwicklungspsychologische Aspekte der Gesundheitspsychologie. Zeitschrift für Klinische Psychologie, 21, 36–47

Schmidt-Denter, U. (1994): Soziale Entwicklung: ein Lehrbuch über soziale Beziehungen im Laufe des menschlichen Lebens. Weinheim: Beltz Psychologie-Verlags-Union

Schmidt-Linsenhoff, V. (1987): Mann und Weib – Weib und Hampelmann. In: Barta, I./Breu, Z./Hammer-Tugendhat, D./Jenni, U./Nierhaus,I./Schöbel, J. (Hrsg.): Frauen. Bilder. Männer. Mythen. Kunsthistorische Beiträge. Berlin: Reimer, 366–390

Schnack, D./Neutzling, R. (1990): Kleine Helden in Not. Jungen auf der Suche nach Männlichkeit. Reinbek bei Hamburg: rororo

Schnack, D./Neutzling, R. (1993): Die Prinzenrolle. Über männliche Sexualität. Reinbek bei Hamburg: rororo

Schnack, D./Neutzling, R. (1997): Der Alte kann mich mal gern haben. Über männliche Sehnsüchte, Gewalt und Liebe. Reinbek bei Hamburg: rororo

Schnack, D./Gesterkamp, T. (1998): Hauptsache Arbeit? Männer zwischen Beruf und Familie. Reinbek bei Hamburg: rororo

Schneewind, K.A. (Hrsg.) (1994): Psychologie der Erziehung und Sozialisation. Göttingen: Hogrefe

Schneider, S. (1996): Psychische Störungen des Kindes- und Jugendalters. In: Margraf, J. (Hrsg.): Lehrbuch der Verhaltenstherapie, Bd. 2: Störungen. Glossar. Berlin, Heidelberg: Springer, 337–362

Schreyer, F. (1991): Weibliche familiale Arbeit und männliche Dauererwerbslosigkeit im Arbeitermilieu. Institut für Arbeitsmarkt- und Berufsforschung der Bundesanstalt für Arbeit Nürnberg

Schriftenreihe des Bundesministers für Jugend, Familie und Gesundheit (Hrsg.) (1981): Hilfen für mißhandelte Frauen, Band 124. Stuttgart, Berlin, Köln, Mainz: Kohlhammer:

Schriftenreihe des Bundesministers für Jugend, Familie und Gesundheit (Hrsg.) (1987): Verbesserung der Wohnsituation von mißhandelten Frauen und ihren Kindern nach dem Verlassen des Frauenhauses. Band 213. Stuttgart, Berlin, Köln, Mainz: Kohlhammer

Schümer, G. (1992): Unterschiede in der Berufsausübung von Lehrern und Lehrerinnen. Zeitschrift für Pädagogik, Jg. 38, Heft 5, 655–679

Schüppel, R./Büchele, G./Batz, L./Koenig, W. (1998): Sex differences in selection of pacemakers: retrospective observational study. British Medical Journal, Vol 316, 16 May, 1492–1495

Schulte-Strathaus, R. (1998): Herzinfarkt. Das typische Männerproblem gilt nun als Todesursache Nummer eins bei Frauen. Psychologie Heute, 25. Jg., 7, 54–55

Schulz, K. (1997): »Das Private ist politisch«. 1968 und die Anfänge der neuen Frauenbewegung in der Bundesrepublik Deutschland. Unveröff. Magisterarbeit der Fak. f. Gesch. und Phil. der Universität Bielefeld

Schulze, C./Welters, L. (1991): Geschlechts- und altersspezifisches Gesundheitsverständnis. In: Flick, U. (Hrsg.): Alltagswissen über Gesundheit und Krankheit. Subjektive Theorien und soziale Repräsentationen. Heidelberg: Asanger, 70–86

Schwartz, F.W./Badura, B./Leidl, R./Raspe, H./Siegrist, J. (Hrsg.) (1998): Public Health. Gesundheit und Gesundheitswesen. München: Urban & Schwarzenberg

Schwarzer, R./Leppin, A. (1989): Sozialer Rückhalt und Gesundheit. Eine Metaanalyse. Göttingen: Hogrefe

Schwarzer, R. (1995): Psychologie des Gesundheitsverhaltens. 2. überarb. Aufl. Göttingen: Hogrefe

Schwarzer, R. (Hrsg.) (1997): Gesundheitspsychologie. 2. Aufl.. Göttingen: Hogrefe

Scott, J.W. (1988): Gender- And The Politics Of History. New York: Columbia University Press

Scott, J.W. (1994): Gender: Eine nützliche Kategorie der historischen Analyse. In: Kaiser, N. (Hrsg.): Selbstbewußt, Frauen in den USA. Leipzig: Reclam, 27–75

Settertobulte, W./Palentien, C./Hurrelmann,K. (Hrsg) (1995): Gesundheitsversorgung für Kinder und Jugendliche. Heidelberg: Asanger

Sheehy, G. (1995): Die neuen Lebensphasen. Wie man aus jedem Alter das Beste machen kann. München, Leipzig: List

Shye, D./Mullooly, J.P./Freeborn, D.K./Pope, C.R. (1995): Gender Differences In The Relationship Between Social Network Support And Mortality: A Longitudinal Study Of An Elderly Cohort. Soc. Sci. Med., Vol. 41, No7, 935–945

Sielert, U. (1993a): Jungenarbeit. Praxishandbuch für die Jugendarbeit. 2. Aufl.. Weinheim: Juventa

Sielert, U. (1993b): Liebe in Kauf nehmen, um Sexualität zu bekommen? In: Winter, R. (Hrsg.): Stehversuche. Sexuelle Jungensozialisation und männliche Lebensbewältigung durch Sexualität. Schwäb. Gmünd und Tübingen: Neuling, 55–69

Sieverding, M. (1992): Weiblichkeit – Männlichkeit und psychische Gesundheit. In: Brähler, E. / Felder, H. (Hrsg.): Weiblichkeit, Männlichkeit und Gesundheit. Medizinpsychologische und psychosomatische Untersuchungen. Opladen: Westdeutscher Verlag, 33–63

Sieverding, M. (1997): Die Bedeutung von Prototyp-Matching für präventives Verhalten: Ist die Teilnahme an Streßbewältigungskursen »unmännlich«? Sonderdruck Zeitschrift für Gesundheitspsychologie, Bd. V, Heft 4, 272–289.

Solomon, K/Levy, N.B. (Eds) (1982): Men In Transition. Theory and Therapy. New York, London: Plenum Press

Solomon-Godeau, A. (1997): Male Trouble. A Crisis in Representation. London: Thames and Hudson

Sonntag, U./Gerdes, U. (Hrsg.) (1992): Frau und Gesundheit. Oldenburg: Bibliotheks- und Informationssystem der Universität Oldenburg

Sonntag, U./Blättner, B. (1998): Gesundheitshandeln von Frauen und Männern. Eine Literaturrecherche. In: GesundheitsAkademie/Landesinstitut für Schule und Weiterbildung, NRW (Hrsg): Die Gesundheit der Männer ist das Glück der Frauen? Chancen und Grenzen geschlechtsspezifischer Gesundheitsarbeit. Frankfurt a.M.: Mabuse, 149–237

Spickernagel, E. (1987): Vom Aufbau des großen Unterschieds. Der weibliche und männliche Körper und seine symbolischen Formen. In: Barta, I./Breu, Z./Hammer-Tugendhat, D./ Jenni, U./Nierhaus, I./Schöbel, J. (Hrsg.): Frauen. Bilder. Männer. Mythen. Kunsthistorische Beiträge. Berlin: Reimer, 107–114

Stahr, I./Jungk, S./Schulz, E. (Hrsg.) (1991): Frauengesundheitsbildung. Grundlagen und Konzepte. Weinheim: Juventa

Statistisches Bundesamt (1998): Todesursachenstatistiken. Wiesbaden

Stein-Hilbers, M. (1994a): Handeln und behandelt werden: Geschlechtsspezifische Konstruktion von Krankheit und Gesundheit im Jugendalter. In: Kolip, P. (Hrsg.): Lebenslust und Wohlbefinden. Beiträge zur geschlechtsspeziischen Jugendgesundheitsforschung, Weinheim: Juventa, 83–100

Stein-Hilbers, M. (1994b): Männer und Männlichkeiten in der neueren sozialwissenschaftlichen Diskussion. Psychologie und Gesellschaftskritik 71/72, 18. Jg., 3/4, 67–78

Stein-Hilbers, M. (1995): Geschlechterverhältnisse und somatische Kulturen. Jahrbuch für Krit. Medizin. Bd. 24, S. 62–81. Hamburg: Argument

Stillion, J.M. (1995): Premature Death Among Males. In: Sabo, D./Gordon, D-.F. (Eds): Men's health and illness: Gender, power, and the body. SAGE Publications, 46–67

Stoller, R.J. (1968): Sex and Gender: On the Development of Masculinity and Feminity. London: The Hogarth Press and the Institute of Psychoanalysis, Vol. 1

Struck, P. (1996): Die Schule der Zukunft. Von der Belehrungsanstalt zur Lernwerkstatt. Darmstadt: WBG

Stüven, N. (1992): Kognitive Denkstile bei Mädchen und Jungen. Untersuchungen belegen Unterschiede. Gymnasium in Niedersachsen, 91–95

Swanson, J.M./Forrest, K.A. (Hrsg.) (1987): Die Sexualität des Mannes. Köln: Deutscher Ärzte-Verlag

Terhart,E./Czerwenka, K./Ehrich, K./Jordan, F./Schmidt, H.J. (1993): Berufsbiographien von Lehrern und Lehrerinnen. Abschlußbericht an die DFG. Lüneburg: Inst. f. Hochschulforschung

Theweleit, K. (1986): Männerphantasien. Basel, Frankfurt a.M.: Stroemfeld/Roter Stern

Thornton, A.D. (1995): Wessen Männlichkeiten? Ideologie, Theorie und Vergnügen auf dem Ultimate Feld. In: Armbruster, L.C./Müller, U./Stein-Hilbers, M. (Hrsg.): Neue Horizonte? Sozialwissenschaftliche Forschung über Geschlechter und Geschlechterverhältnisse. Opladen: Leske + Budrich

Tillmann, K.J. (Hrsg.) (1992): Jugend weiblich – Jugend männlich. Opladen: Leske + Budrich

Tillmann, K.J. (1994): Sozialisationstheorien. Eine Einführung in den Zusammenhang von Gesellschaft, Institution und Subjektwerdung. Reinbek b.H.: Rowohlt

Trautner, H.M. (1993): Entwicklung der Geschlechtstypisierung. In: Markefka, M./Nauck, B. (Hrsg.): Handbuch der Kindheitsforschung. Neuwied: Luchterhand, 289–302

Trautner, H.M. (1994): Geschlechtsspezifische Erziehung und Sozialisation. In: Schneewind, K.A. (Hrsg.): Psychologie der Erziehung und Sozialisation. Göttingen: Hogrefe. 167–195

Trost, J. (1995): Ehen und andere dyadische Beziehungen. In: Nauck, B./Onnen-Isemann, C. (Hrsg.): Familie im Brennpunkt von Wissenschaft und Forschung. Neuwied, Kriftel, Berlin: Luchterhand, 343–356

Vaskowics, L.A. (1995): Partnerschaftsverläufe: Verständigung durch Illusionen? In: Nauck, B./ Onnen-Isemann, C. (Hrsg.): Familie im Brennpunkt von Wissenschaft und Forschung. Neuwied, Kriftel, Berlin: Luchterhand, 331–342

Venth, A./Lenz, J. (1998): Wozu geschlechtsspezifische Ansätze in der Gesundheitsbildung? In: GesundheitsAkademie/Landesinstitut für Schule und Weiterbildung, NRW (Hrsg.): Die Gesundheit der Männer ist das Glück der Frauen? Chancen und Grenzen geschlechtsspezifischer Gesundheitsarbeit. Frankfurt a.M.: Mabuse, 133–149

Verbrugge, L.M. (1982): Sex Differentials in Health. Prevention, Vol. 97, No.5, 417–434

Verbrugge, L.M. (1985): Gender and Health: An Update on Hypotheses and Evidence. Journal of Health and Social Behavior, Vol. 26, 156–182

Verbrugge, M. (1989): The Twain Meet: Empirical Explanations of Sex Differences in Health and Mortality. Journal of Health and Social Behavior, Vol 30: 282–304

Verlinden, M. (1995): Mädchen und Jungen im Kindergarten. 2. überarb. u. ergänzte Aufl. Köln: Sozialpädagogisches Institut (SPI)

Versteegen, U. (1988): Zur Bedeutung des Konzepts der »Lebensweisen« für die Gesundheitspsychologie. Eine empirische Untersuchung zu den Determinanten des Gesundheitsverhaltens 30–50jähriger Frauen. Diss. Univ. Freiburg

Vogt, I. (1993): Psychologische Grundlagen der Gesundheitswissenschaften. In: Hurrelmann, K./Laaser, U. (Hrsg.): Gesundheitswissenschaften: Handbuch für Lehre, Forschung und Praxis. Weinheim: Beltz, 46–62

Vogt, I. (1994): Grenzenlose Schönheit – Grenzenloser Körper. Zeitschrift für Frauenforschung. 12, (4) 98–105

Vogt, I./Bormann, M. (Hrsg.) (1992): Frauen-Körper, Lust und Last. Tübingen: Deutsche Gesellschaft für Verhaltenstherapie

Völger, G./Welck, K., von (Hrsg.) (1990): Männerbande – Männerbünde. Zur Rolle des Mannes im Kulturvergleich. Bde 1+2. Köln: Rautenstrauch-Joest-Museum f. Völkerkunde

Waldron, I. (1983): Sex Differences In Illness Incidence, Prognosis And Mortality: Issues And Evidence. Soc. Sci. Med., Vol. 17, No. 16: 1107–1123

Waldron, I. (1995): Contributions of Changing Gender Differences in Behavior and Social Roles to Changing Gender Differences in Mortality. In: Sabo, D./Gordon, D.-F. (Eds) : Men's health and illness: Gender, power, and the body. SAGE Publications, 22–45

Weatherall, R./Joshi, H./Macran, S. (1994): Double Burden Or Double Blessing? Employment, Motherhood And Mortality In The Longitudinal Study Of England And Wales. Soc. Sci. Med. Vol. 38, No.2, 285–297

Weidner, G./Kohlmann, C.-W./Dotzauer, E./Burns, L.R. (1996): The effects of academic stress on health behaviors in young adults. Anxiety, Stress, and Coping, 9, 123–133

Wilk, L./Bacher, J. (Hrsg.) (1994): Kindliche Lebenswelten. Opladen: Leske + Budrich

Willems, H./Winter, R. (1990): »...damit Du groß und stark wirst« – Beiträge zur männlichen Sozialisation. MännerMaterial, Band 1, Schwäb. Gmünd und Tübingen: Neuling

Willer, K.I. (1993): Die familiäre und schulische Sozialisation von Grund- und Hauptschullehrerstudenten unter besonderer Berücksichtigung geschlechtsspezifischer Unterschiede und des angestrebten beruflichen Karriereverlaufs. Frankfurt a.M.: Lang

Williamson, P. (1995): Men's health. Their own worst ennemy. Nurse Times, 91 (48), 24–26

Wingard, D.L./Cohn, B.A./Kaplan, G.A./Cirillo, P.M. Cohen, R.D. (1989): Sex Differentials In Morbidity And Mortality Risks Examined By Age And Cause In The Same Cohort. American Journal of Epidemiology, Vol 130, No3, 601–225

Winter, R. (1993): Männliche Lebensbewältigung und Sexualität. In: Winter, R. (Hrsg.): Stehversuche. Sexuelle Jungensozialisation und männliche Lebensbewältigung durch Sexualität. Schwäb. Gmünd und Tübingen: Neuling, 149–168

Winter, R. (1994): No risk, no fun? Jungensozialisation, Gesundheitsprobleme und Jungenarbeit. In: Kolip, P. (Hrsg.): Lebenslust und Wohlbefinden. Beiträge zur geschlechtsspezifischen Jugendgesundheitsforschung, Weinheim: Juventa, 193–219

Winter, R./Willems, H. (Hrsg.) (1992): Was fehlt sind Männer. Ansätze praktischer Jungen- und Männerarbeit. MännerMaterial Band 2. 2. Aufl. Schwäb. Gmünd und Tübingen: Neuling

Winterhager-Schmid, L. (1994): Ist die Moral männlich oder weiblich? Pädagogik, Jg. 46, 29–32

Young, I.M. (1993): Werfen wie ein Mädchen. Eine Phänomenologie weiblichen Körperverhaltens, weiblicher Motilität und Räumlichkeit. Deutsche Zeitschrift für Philosophie, Jg. 41, H. 4, 707–725

Zeiher, H.J./Zeiher, H. (1993): Organisation von Raum und Zeit im Kinderalltag. In: Markefka, M./Nauck, B. (Hrsg.): Handbuch der Kindheitsforschung. Neuwied: Luchterhand, 389–401

Zeiher, H.J./Zeiher, H. (1998): Orte und Zeiten der Kinder. Soziales Leben im Alltag von Großstadtkindern. 2. Aufl. Weinheim und München: Juventa

206

Zeitler, H.-P. (1991): Gesundheitspsychologie. Zur Sozialpsychologie der Prävention und Krankheitsbewältigung. Heidelberg: Asanger

Zenz, H./Hrabal, V./Marschall, P. (Hrsg.) (1992): Entwicklungsdruck und Entwicklungslast. Psychische, soziale und biologische Quellen des beeinträchtigten Wohlgefühls bei Schülerinnen und Schülern der Pubertät. Göttingen, Bern, Toronto, Seattle: Hogrefe, Verlag für Psychologie

Zielke, A. (1998): Blick nach vorn im Zorn. Nach dem Ende des Patriarchats finden sich die Jungen in einer neuen Rolle: die Verlierer. Süddeutsche Zeitung vom 18./19. April 1998, Nr. 89, S. 13

Zilbergeld, B. (1990): Männliche Sexualität. Tübingen: Deutsche Gesellschaft für Verhaltenstherapie, 19. Aufl.

Zimmermann, P. (1998): Junge, Junge! Theorien zur geschlechtstypischen Sozialisation und Ergebnisse einer Jungenbefragung. Dortmund: IFS-Verlag

Zinnecker, J. (1990): Vom Straßenkind zum verhäuslichten Kind. Kindheitsgeschichte im Prozeß der Zivilisation. In: Behnken, I. (Hrsg.): Stadtgesellschaft und Kindheit im Prozeß der Zivilisation. Opladen: Leske + Budrich

Zinnecker, J. (1996): Soziologie der Kindheit oder Sozialisation des Kindes? Überlegungen zu einem aktuellen Paradigma. In: Honig, M.S./Leu, H.R./Nissen, U. (Hrsg.): Kinder und Kindheit. Soziokulturelle Muster – sozialisationstheoretische Perspektive. Weinheim und München: Juventa, 31–54

Zinnecker, J./Silbereisen, R.K. (1998): Kindheit in Deutschland. Aktuelles Survey über Kinder und ihre Eltern. 2. Aufl. Weinheim und München: Juventa

Zurstiege, G. (1998): Mannsbilder – Männlichkeit in der Werbung. Zur Darstellung von Männern in der Anzeigenwerbung der 50er, 70er und 90er Jahre. Opladen, Wiesbaden: Westdeutscher Verlag